单位制度变迁背景下城市风险治理研究

王佳珩　著

中国海洋大学出版社

·青岛·

图书在版编目（CIP）数据

单位制度变迁背景下城市风险治理研究／王佳珩著
. —青岛：中国海洋大学出版社，2023.7
　　ISBN 978-7-5670-3220-0

　　Ⅰ.①单…　Ⅱ.①王…　Ⅲ.①城市管理—风险管理—
研究　Ⅳ.① C912.81

中国版本图书馆 CIP 数据核字（2022）第 138186 号

出版发行	中国海洋大学出版社
社　　址	青岛市香港东路23号　　　**邮政编码**　266071
网　　址	http://pub.ouc.edu.cn
出 版 人	刘文菁
责任编辑	丁玉霞　　　　　　　　　**电　　话**　0532-85901040
电子信箱	qdjndingyuxia@163.com
印　　制	日照日报印务中心
版　　次	2023 年 7 月第 1 版
印　　次	2023 年 7 月第 1 次印刷
成品尺寸	170 mm × 240 mm
印　　张	15.5
字　　数	235 千
印　　数	1–1000
定　　价	50.00 元
订购电话	0532-82032573（传真）

前言

　　新中国成立之后，单位制度是城市中社会主义实践的核心载体。单位前端连接着国家计划经济资源分配体制，后端影响着城市空间的形成与治理，中间则要完成生产任务，保障成员的生活与福利。特定时期内，单位制度是集体主义、全能主义的集中体现。这种高度组织化的形式，推动了我国工业化与国家建设的快速发展。但在党政社重合、资源高度集中的情况下，单位制度也逐渐显露出部分弊端，受集体主义与平均主义思想的影响，对个体的激励不足，抑制了成员的积极性与创造性，导致整体的生产效率低下，造成资源的浪费，城市空间与社会缺乏活力，社会发展缓慢。在此背景下，国家开始推行市场化改革，单位制度由此发生了重大改变。本书以转型时期单位制度变迁为研究背景，探讨了单位制解体过程中城市内不同群体生活环境所发生的改变，以及在改变过程中可能形成的城市风险，并提出针对这些风险的治理建议与规避思路。

　　首先，单位制度的变迁是城市治理模式的重大转变。单位制时期的单位制度在狭义上是指单位内部的生产制度、人事制度以及财务制度；广义上的单位制度还包括城市户籍制度与社会保障制度。因此，单位制度的建立与实施不仅要保障单位内部的生产与运营顺利进行，而且还起到对城市社会的控制与整合作用。改革开放以来，伴随着市场化改革的推进，无论是单位内的生产、人事制度还是单位之外的户籍与社会保障制度都发生了深刻变化。单位制时期，单位在社会管理中发挥着重要作用，伴随单位制度的弱化与变迁不可避免地将会出现社会风险以及社会治理模式的转型。笔者认为，单位制度的变迁，可能将会在三方面形成城市风险：社会成员缺乏归属感导致社会治理基础不牢、资源分配机制改变产生相对剥夺风险以及我国制度转型与现代化发展交互形成的安全风险。同时，转型时期风险环境的形成也助推了城市治理方式与治理主体的改变。一方面，是复杂的城市风险环境逐渐形成，过去由单一主体进行社会管理的方式无法应对多重风险带来的挑战，城市中的社会管理向社会治理转变；另一方面，是单位制解体过程中单位组织对政治与社会职能进行剥离，城市治理单元从单位向社区转移。因此，研究单位制度的变迁、总结其经验教训对进一步深化改革有着重要的现实意义。

其次，单位与城市连接方式转变及其造成的治理困境。单位制时期，社会的连接方式表现为自上而下的管理与控制。城市由各个单位构成，国家通过单位向个体分配资源的同时也对个体进行管理，个体对单位的归属感就是对城市的归属感，由此形成职工角色下的城市归属感。市场转型背景下，单位制逐渐式微，单位将过去的公共服务供给等社会职能剥离，并转移至城市与社区，个体由此形成市民角色下的城市归属感。制度转型的同时，单位成员的角色转换并非一帆风顺，渐进式改革过程中，单位成员过去对单位的全面依附使其难以从职工角色中脱离出来，进一步导致无法形成市民角色下的城市归属感。2013年，党的十八届三中全会通过的《中共中央关于全面深化改革若干重大问题的决定》中，首次正式提出"创新社会治理体制"的改革目标，城市社会管理向社会治理过渡，强调在加强党委领导、发挥政府主导作用的同时，鼓励和支持社会各方面参与到社会治理中来。市民角色下城市归属感的形成是个体参与社会治理的重要前提。转型时期单位制逻辑与市场逻辑、社会治理逻辑等多重逻辑的冲突，导致单位成员难以顺利将职工角色下的城市归属感转换为市民角色下的城市归属感，由此导致社会成员缺乏城市归属感的城市风险，并影响社会治理进程的推进。

再次，市场化改革下单位成员的相对剥夺风险感知与治理。市场转型背景下，对单位成员阶层地位变迁的探讨理论成果较为丰富，但关于其阶层地位变化的主观认知的研究却显得相对匮乏。本研究重点关注转型时期单位成员相对剥夺风险感知的形成与治理，将单位成员分为不同的入职同期群，从个体生命历程与制度改革两个角度出发，深入挖掘单位成员对相对剥夺风险感知形成的差异及其原因。单位内不同入职同期群当前正处于老年、中年和青年的不同生命周期，因此，对相对剥夺风险感知的路径、程度有所差异。此外，在市场化改革不同阶段入职的单位成员占有的资源并不相同，与自身所处的情境发生互动影响单位成员对相对剥夺风险感知的形成。对于单位成员相对剥夺风险的治理应从主客观两个方面进行：一是主观方面，转变过去单位人的心态；二是客观方面，建立社会中的中间组织，激活单位成员对社会参与的积极性，以此应对单位制度的变迁对单位成员造成的影响，加快转型时期单位成员对社会的适应。

最后，单位制度变迁下城市居民的安全风险感知与治理。市场化改革以来，我国进入快速发展时期，但发展背后亦出现安全风险的增加。转型时期，城市治理单元从单位向社区转换，要求我们关注单位之外的社区因素对个体安全风险感知影响的新路径。自住房市场化改革以来，住房从社会福利转变为能够自由流通的商品，城市内居民的聚集空间也从同质性较强的单位大院演变为贫富有别、空间分异的社区。作为市场选择的结果，城市社区呈现阶层化的发展趋势。市场化快速发展过程中，城市居民形成对安全风险感知的新路径，具体表现为市场化制度建立与市场消费秩序的形成影响城市居民对自身的阶层定位，进而影响城市居民对安全风险的判断与感知。

对于转型时期安全风险的治理，笔者认为，社区不应仅仅是文化符号与阶层地位的象征，社区韧性的培育与形成才是应对与化解安全风险的有效途径。

目
录

第一章
单位制度变迁下城市治理模式转变

第一节　单位制度变迁

"单位社会"的形成以单位制度为支撑，是指一整套从单位内部延伸至单位家属、社会管理以及城市管理的制度安排，既包括单位内部的生产分类管理制度、人事制度、财务制度，又包括与单位内部制度相配合的户籍制度与社会保障制度。这两方面制度的制定与实施在保障单位内部生产顺利进行的同时，亦起到对城市社会的控制与整合作用。伴随市场化改革的推进，无论是单位内的生产分类管理制度、人事制度还是单位之外的户籍制度与社会保障制度都发生了变化。单位制时期，单位在社会管理中发挥着重要作用，因此，随着单位制度的弱化与变迁，不可避免地将会出现社会风险以及社会治理模式的转型。

一、单位制度的内容与特征

单位制度的原型实际上是一种公共产品的供给方式，企业不仅为其成员提供工作岗位还提供能就近居住的住房、医疗服务等其他生活所需服务。用这一标准进行衡量，能够发现类似于中国"企业办社会"的制度安排广泛分布于工业化时期的欧美国家以及苏联，也就是说单位制度不是中国所特有的。但就单位对国家发展以及在联系国家与个体之间所产生的重大作用与意义而言，我国的单位是特殊的，其所发挥的政治职能、经济职能以及社会职能都超越了欧美国家一般意义上的单位。

广义上的单位制度不仅指单位内部的规章制度，还包括单位社会中所有的正式制度与非正式制度，正是这些制度从整体上支撑起单位社会的基本框架。微观角度而言，人们在这一框架下行动，并受到这一框架的约束。宏观角度而言，单位制度所形成的基本框架，塑造了特定时期的社会结构，决定了社会整合方式。因此，单位制度的形成与变迁是研究城市风险治理的起点与开端。从不同的视角出发，研究者对单位制度进行了不同方式的梳理。周翼虎和杨晓民从单位本身以及单位之外的社会两个维度对单位制度进行了分类①，本书沿用这样的分类方式对单位制度进行尝试性的研究。

从单位内的视角出发，以单位的分工为标准，市场化改革之前的单位主要分为三种类型：党政机关单位、事业单位以及国有企业单位。此三类单位从分工角度而言承担的责任有所不同，但都具有高度行政化的特征，并且单位内部都具有相似的三类基础性制度，即生产分类管理制度、人事制度以及财务制度。下面将分别对这三类制度进行阐释。

生产分类管理制度主要是指生产制度与生产管理制度。也就是从生产功能的角度出发，单位被划分为党政机关单位、事业单位以及国有企业单位。就所有制形式而言，单位都为国家所有，受原劳动人事部门（现为人事部和劳动部）管理，国家为其成员提供福利服务与保险项目。传统单位制时期，不具备上述特征的组织就不能称之为单位，起码

---

① 周翼虎，杨晓民. 中国单位制度 [M] . 北京：中国经济出版社，1999.

不是完整形态的单位。其中，党政机关广义上包括党的机关、人大机关、行政机关、政协机关、审判机关、检察机关，也包括各级党政机关派出机构、直属事业单位及工会、共青团、妇联等人民团体。事业单位主要是指那些受行政部门领导，从事科教文卫以及提供社会福利的机构。事业单位具有两个显著特征：一是其成员基本都是脑力劳动者，生产产品以知识为核心；二是事业单位具有较强的行政属性，虽然事业单位定位为独立的基层组织，接受行政部门的领导与管理，单位内以及单位之间只有规模大小与轻重的区别，不论权力的大小，但整体单位体系中身份制度的固定以及与身份挂钩的福利待遇，使事业单位也保留了行政级别的划分。国有企业单位是指部分接受行政部门领导，从事具体产品生产，为国家创造利润以及进行资金积累的部门。传统单位制时期的国有企业具有两方面的特征：一是政企不分，也就是说国有企业并没有真正意义上的决策权，其生产决策受上级行政部门的指挥与领导；二是国有企业不仅具有经济生产的目标，而且还具有稳定社会、解决就业等多重发展目标。

传统单位制时期的单位人事制度主要包括四类具体的管理制度，即编制管理制度、用工制度、工资制度、考核与培训制度。

（1）编制管理制度。主要分为三类：行政编制、事业编制以及企业编制。编制制度主要是指党政机关、事业单位以及国有企业对其人员数量以及职务配置的固定。编制管理包括诸多具体的内容，其中机构设置与隶属关系是核心内容，除此之外还包括单位名称、具体规模、主要任务、人员数量、专业技术人员比例等内容。

（2）用工制度。主要区分为干部与工人两种用工制度。其中干部是指公职人员中的管理人员。从中华人民共和国成立以来，国家就开始了对干部人员的管理与录用体系进行建设。1953年，《国家机关吸收工作人员暂行办法（草案）》颁布，是我国干部人员管理与录用制度建设的开端。其中规定那些编制有空余的单位可以按照规定从符合条件的中华人民共和国公民中录用干部，试用期为三个月，通过试用期后可以予以任用。1964年，人事部门拟定《关于国家机关、企业、事业单位录用干部的暂行办法》（以下简称《办法》）。此《办法》的公布将国有企业以及事业单位部分成员扩入到干部任用的范围中，并且对于干部录用的条件做出了更加详细的要求，包括文化水平、年龄等，对于管理原则、工资标准等方面也进行了规定。1982年，劳动人事部关于制定《吸收录用干部问题的若干规定》的通知中，对干部的吸收与录用方式做出更为详细的规定。例如，干部要具备高中及以上文化程度，公开考试，择优录用。除了录用条件与方式，还对干部的管理进行了明确规定，包括废除干部终身制，干部能进能出，还规定了干部的任期与连任届数，制定离休、退休制度，以及干部能上能下的考核机制。实行岗位责任制、职称评聘制以及结构工资制。工人是指在单位体系中直接从事生产劳动的单位成员，可以分为两种类型：一种是固定工人，是单位主要的用工方式，这一部分工人是企业在劳动计划规定之内录用的工人，由国家提供工资待遇与福利保障，没有特殊原因企业不能辞退工人，但同时工人流出企业也较为困难；另一种是企业聘用的临时工、季节工，是签订了劳动合同的工人。

（3）工资制度。新中国成立之初，工资制度分为两种：一种是供给制；另一种是后来的工资制。中华人民共和国成立初期，供给制主要是针对中华人民共和国成立前参加革命的工作人员，期间经历过几次改革后，供给制最终由三部分组成，即伙食费、服装费与津贴，到1955年，这种包干制结束。1956年，国务院陆续发布了《关于工资改革的决定》《关于工资改革中若干具体问题的规定》《关于工资改革方案实施程序的通知》等重要文件。上述文件规范了党政机关单位、事业单位以及企业职工的工资，并且在政策上向重点建设的地区与部门、高级科技与技术人员、待遇较低的乡村教师与干部倾斜。1993年，国家对机关事业单位的工资构成进行了改革。改革后职工工资包括基础工资、职务工资、级别工资和工龄工资。

（4）考核与培训制度。在计划经济背景下，不同类型的单位都被纳入行政权力系统内，单位内的生产要素都由国家计划与分配，单位的使命与目标是完成上级部门分配的任务，执行上级部门的命令。与上文所提到的用工制度相适应，单位内对职工的管理与考核制度也分为两个系统，分别针对干部与普通职工。干部人事考核目的在于对干部的选拔与任用，并且人事考核的重点集中于组织考核，以此为干部任用提供依据。对于普通职工的考核方式主要体现为考勤与等级考试，前者作为工作表现的具象化指标，是对职工奖励与批评的依据。后者则是工资定级的评判依据。

（5）财务制度。主要是指单位会计制度。事业单位的会计制度是指国家举办的公有制事业单位会计，新中国成立初期从属于政府会计。1950年，财政部制定了《各级人民政府暂行单位预算会计制度》。1951年，国务院颁布了《预算决算暂行条例》。财政部和国务院制定的"制度""条例"被称为单位预算会计制度。并根据与总预算会计直接发生经费领报关系的级次，划分为一级会计单位、二级会计单位与三级会计单位，简称单位会计。单位一切的收支都是单位会计的核算对象，人民币为记账本位币，会计年采用历年制，会计基础为收付实现制。1985年，《中华人民共和国会计法》实施。1989年，财政部制定的《事业行政单位预算会计制度》中规定：事业单位预算会计是核算、反映和监督中央地方各级各类事业行政单位预算执行和其他经济活动的专业会计，根据全额、差额以及自收自支三种预算管理方式，制定了三套单位预算会计科目，将会计核算基础规定为收付实现制，简单的成本费用核算的会计事项采用权责发生制。

　　从整体性的视角出发，单位制度除了上述提到的单位内的生产分类管理制度、人事制度、财务制度之外，就社会管理角度而言，还包括户籍制度与社会保障制度。

　　户籍制度：主要是指一种普遍的居住登记形式，具有对人口进行登记与管理、掌握人口流动状况以及维护社会治安等作用。从中华人民共和国成立到1957年，中华人民共和国的居民能够在我国境内自由迁徙。但是到1958年，全国人大常委会出台《中华人民共和国户口登记条例》（以下简称《条例》）。《条例》规定，中华人民共和国的居民迁徙需要有迁入地与迁出地公安机关的批准，户籍制度由此形成。户籍制度形成的主要原因是过多的农村人口流入城市，城市供给产生较大压力。与户籍制度相配合，1960年，中共中央加强了对劳动工资计划的控制，对于单位私自增加的人员，不予拨付工资，粮食部门不提供口粮。由此户籍制度与劳动工资制度产生合力，限制了城乡之间的人口流动。

　　社会保障制度：传统单位制下，单位福利主要由三个部分组成，即福利消费品服务、职工生活补助以及社会保险。单位为其职工提供的福利消费品与服务具有以下特征：一是单位所提供的福利消费品与服务是其职工的生活必需品，并且具有一定的集体属性和公共物品属性，例如，单位幼儿园、单位食堂、单位图书馆、单位浴池、单位医务室等；二是这些消费品或服务如果单独购买会超过单位职工的消费水平或者严重增加职工的生活负担，所以需要由单位提供价格低廉的公共物品或服务；三是这些福利消费品与服务的提供，能从一定程度上解决内部职工以及职工家属的就业问题，部分单位的"三产"就是单位集资自行建立的。

　　单位为其职工提供的生活补助主要包括探亲假补助、交通补贴、粮食和副食品价格补贴、职工生活困难补助。探亲假补助是指单位职工根据政策标准享受探亲假时，单位会照常支付其工资并且按照一定标准对探亲过程中所产生的交通费用与住宿费用给予一定比例的报销。上下班交通补贴是指对于那些在大中城市中，居住地点距离单位较远的单位职工给予一定数额的交通补贴，从单位管理费中支出。粮食和副食品价格补贴是为保障职工生活而为其提供的一部分补贴，根据劳动部与财政部的相关文件，这一部分的经费划入企业成本。职工生活困难补助则是指那些职工本人或家庭负责自身生活具有实际困难时，单位给予其定期或临时的生活补助。

单位为其职工提供的社会保险也是社会保障制度的一个重要组成部分。1951年，国务院颁布的《中华人民共和国劳动保险条例》（以下简称《保险条例》）中规定了四类保险内容，分别是养老保险、医疗保险、工伤保险以及女性生育保险。

对于养老保险的条件及支付情况，《保险条例》规定，男性年满60岁，女性年满50岁能够享受养老金待遇。在本单位工作满5年未满10年的情况，养老金支付本人工资的50%；在本单位工作满10年未满15年的情况，养老金支付本人工资的60%；在本单位工作15年以上的情况，养老金支付本人工资的70%。

工伤保险的待遇表现为当职工因工负伤时应在该企业医疗所、医院或特约医院医治。如该企业医疗所、医院或特约医院无法医治时，应由该企业行政方面或资方转送其他医院医治，其全部治疗费、药费、住院费、住院时的膳费与就医路费，均由企业行政方面或资方负担；在医疗期间，工资照发。当职工因工负伤导致残疾时，根据伤残等级以及情况的划分，由劳动保险基金项下按月付给因工残废抚恤费或因工残废补助费。

医疗保险则主要涉及单位职工非因公负伤或生病的情况。单位职工疾病或非因工负伤，应在该企业医疗所、医院或特约医院医治，如该企业医疗所、医院或特约医院无法医治时，应由该企业行政方面或资方转送其他医院医治，必须住院者，应住院医治。其治疗费、住院费及普通药费，均由企业行政方面或资方负担；贵重药费、就医路费及住院时的膳食费由本人自理。对职工医疗期间的待遇，也做了详细规定。医疗期间连续在六个月以内者，按其在本企业工龄的长短，由该企业行政方面或资方每月发给其本人工资的60%～100%；连续医疗期间在6个月以上时，改由劳动保险基金项下按月付给疾病或非因工负伤救济费，其数额为本人工资的40%～60%，至能工作或确定为残废，或死亡时止。但连续停工医疗期间以6个月为限，超过6个月者按《中华人民共和国劳动保险条例》第十三条丙款残废退职待遇办理。

女性职工的生育保险待遇为产前休假15天，产假90天，流产休假视情况而定，通常为15～45天。产假期间工资照发，所有医疗服务费用，包括检查费、手术费、住院费以及非自费的药品费用由所在单位负担。

通过对上述单位内的运行制度以及延伸至单位外城市制度的梳理，能够发现，从微观角度而言，单位不仅是个体的工作场所，还是社会成员全面依赖国家获取福利的组织；从宏观角度而言，单位既是国家与个体之间的连接纽带，又是城市管理的模块组织。单位制度既有对效率的考虑，又具有浓厚的平等色彩。单位制度制定之初，在效率优先的原则下，产生了分类管理制度、人事制度以及财务制度，但随着时间的推移，单位制度的发展与演进开始向着公平的方向发展，最为典型的就是单位福利制度的推行。

二、单位制度的弱化与改革

中华人民共和国成立初期，单位成为我国社会主义建设的主要载体，单位前端是计划经济下的资源分配机制以及国家对社会的管理与控制，后端则连接着单位职工的就业方式、个体及家庭所享有的福利甚至是单位人思维模式的形成，中间是单位内部的资源分配、生产管理、人事制度、财务制度等一整套制度安排。单位制度的形成与发展将我国的城市社会塑造为一种全能与集体的形态，在较长一段时间内对城市风险进行了有效控制。但在政社合一以及资源高度整合的情况下，单位制度的一些缺点与弊端也逐渐显现，例如，对集体主义与平均主义的过分强调，导致单位内工作效率的低下；个体全方位的组织化要求削弱了个体的积极性与创造性，整体社会缺乏活力，并且造成了普遍的贫困与资源短缺。在此背景下，对单位制度进行改革势在必行。承接第一章第一节对单位制度的阐释，单位社会中不仅包括单位内的各项制度，还包括"单位办社会"模式下延伸至单位生产领域之外的福利制度与户籍制度。在此，也从这样的划分标准出发，重点将单位制度改革划分为单位生产管理制度改革、福利制度改革以及户籍制度改革。

（一）单位生产管理制度改革

单位制时期的分类生产管理制度从整体上将单位划分为三种类型：党政机关单位、事业单位以及国有企业单位，这一部分将从国有企业改革、政府职能改革以及非公有制经济发展的角度论述单位生产管理制度发生了怎样的变化。

1. 国有企业改革

随着计划经济的解体，国有企业改革成为我国经济体制改革的重中之重。从改革开放至今的40多年间，为实现国有企业从计划经济体制下国家政权的附属品转变为市场经济体制下独立的市场主体，整体上我国国有企业改革历经了四个阶段的调整与转变。

第一阶段，为增强企业活力，开始了对国有企业的经营机制"放权让利"。通过承包制、股份制、租赁制等方式推动企业的所有权和经营权相分离。1979年9月，国务院颁布的《关于扩大国营工业企业经营管理自主权的若干规定》，提出了多项企业改革措施：一是在完成国家计划的前提下，允许企业根据燃料、动力、原料、材料的条件，按照生产建设和市场的需要，制订补充计划。企业按照补充计划生产的产品，首先由商业、外贸、物资部门选购，商业、外贸、物资部门不收购的，企业可以按照国家规定的价格政策自行销售，或委托商业、外贸、物资部门代销。企业的生产能力有富余时，可以承担协作任务和进料加工、来料加工。二是实行企业利润留成。将过去按照工资总额提取企业基金的办法，改为将职工的直接利益与企业的经营状况相关联。对不同行业、企业的具体利润留成比例进行规定，企业的利润留成用来建立发展基金以及职工福利基金等。三是实行固定资产有偿占用制度。企业对占用的固定资产，要向国家缴纳固定资产税。企业对多余、闲置的固定资产，有权进行有偿转让或出租。四是实行流动资金全额信贷制度。企业所需的流动资金，由银行贷款。五是鼓励企业发展新产品。企业有关新产品的试验研究、设计和试制等费用（除增添设备等所需的费用），可以规定一定比例，从企业实现的利润中留用。六是企业有权向中央或地方有关主管部门申请出口自己的产品，并按国家规定取得外汇分成。分成可用于进口必要的技术、设备、材料和派人出国考察、实习等方面的开支。

第二阶段，进一步对国有企业经营机制进行改革探索。1993年，党的十四届中央委员会第三次全体会议通过了《中共中央关于建立社会主义市场经济体制若干问题的决定》，对国有企业改革提出了如下要求：一是必须坚持以公有制为主体、多种经济成分共同发展的方针，进一步转换国有企业经营机制，建立适应市场经济要求，产权清晰、权责明确、政企分开、管理科学的现代企业制度；建立全国统一开放的市场体系，实现城乡市场紧密结合，国内市场与国际市场相互衔接，促进资源的优化配置；转变政府管理经济的职能，建立以间接手段为主的宏观调控体系，保证国民经济健康运行；建立以按劳分配为主体，效率优先、兼顾公平的收入分配制度，鼓励一部分地区一部分人先富起来，走共同富裕的道路；建立多层次的社会保障制度，为城乡居民提供同我国国情相适应的社会保障，促进经济发展和社会稳定。二是转换国有企业经营机制，建立现代企业制度。产权关系明晰，企业中的国有资产所有权属于国家，企业拥有包括国家在内的出资者投资形成的全部法人财产权，成为享有民事权利、承担民事责任的法人实体。企业以其全部法人财产，依法自主经营，自负盈亏，照章纳税，对出资者承担资产保值增值的责任。出资者按投入企业的资本额享有所有者的权益，即资产受益、重大决策和选择管理者等权利。企业破产时，出资者只以投入企业的资本额对企业债务负有限责任。企业按照市场需求组织生产经营，以提高劳动生产率和经济效益为目的，政府不直接干预企业的生产经营活动。企业在市场竞争中优胜劣汰，长期亏损、资不抵债的应依法破产。建立科学的企业领导体制和组织管理制度，调节所有者、经营者和职工之间的关系，形成激励和约束相结合的经营机制。

第三阶段，强化对国有企业的监管，增强国有企业的经济活力。党的十六大以后，国资委成立并对国有企业资产进行监管，在深化所有制改革的基础上增强国有企业的经济活力，尤其对于垄断行业的市场竞争力的提升进行改革实践。2003年5月，国务院颁布了《企业国有资产监督管理暂行条例》，对国有资产的监督管理机构、企业负责人管理、企业重大事项管理、企业国有资产管理、企业国有资产监督以及法律责任等方面进行了规定；2006年4月，国务院国有资产监督管理委员会发布了《地方国有资产监管工作指导监督暂行办法》。到2006年底，从中央到地方全部组建了国有资产监督管理机构，出台了1 200多个相关监管规章和条例，涉及企业产权管理、企业资产和财务监督、企业负责人业绩考核和选聘薪酬制度、法律事务管理等各个方面。2007年，国务院下发了《国务院关于试行国有资本经营预算的意见》，对国有资本经营预算的收支范围、国有资本经营预算的编制和审批、国有资本经营预算的执行、国有资本经营预算的职责分工、国有资本经营预算的组织实施等方面提出了建议和指导。

第四阶段，进一步深化、细化对国有企业的精准改革。党的十八大以后，国有企业改革继续深化，并以"国有企业分类"作为改革的基础，对国有企业的分类和功能做出了界定，对不同类别的国有企业制定不同的改革措施。2015年，由中国国务院国有资产监督管理委员会、中国财政部、中国国家发展和改革委员会印发的《关于国有企业功能界定与分类的指导意见》（以下简称《意见》）出台。《意见》提出立足国有资本的战略定位和发展目标，结合不同国有企业在经济社会发展中的作用、现状和需要，根据主营业务和核心业务范围，将国有企业界定为商业类和公益类。具体的分类管理则包括分类推进改革、分类促进发展、分类实施监管、分类定责考核。2015年11月，国务院印发了《关于改革和完善国有资产管理体制的若干意见》，对推进国有资产监管机构职能转变、改革国有资本授权经营体制、提高国有资本配置和运营效率、协同推进相关配套改革提出原则性的要求。时隔一年半，又发布了《国务院国资委以管资本为主推进职能转变方案》，明确了国资监管事项，迈出了从以管企业为主的国资监管体制向以管资本为主的国资监管体制转变的重要一步。

2. 政府职能改革

1986年，第六届全国人民代表大会第四次会议在国务院《关于第七个五年计划的报告》中，首次提出了"政府机构管理经济职能转变"的概念。1998年以后，在新一轮裁撤的机构中，诸多经济管理部门和若干工业部门被撤销，经济管理部门的职责被界定为制定行业规划，维护行业秩序等。从整体性视角出发，改革的目的在于提高行政管理系统的办事效率，提高行政管理的专业化程度，完善国家公务员制度，最终建立适应社会主义市场经济体制的政府行政管理体系。此次改革的重点是国务院的组成部门，突出表现为撤销了几乎所有的工业专业经济部门，包括10个部门：电力工业部、煤炭工业部、冶金工业部、机械工业部、电子工业部、化学工业部、地质矿产部、林业部、中国轻工业总会、中国纺织总会。改革后，除国务院办公厅外，国务院组成部门由原有的40个减少到29个（包括国家政务部门12个，宏观调控部门4个，专业经济管理部门8个，教育科技文化、社会保障和资源管理部门5个）。改革的方向是，依据发展社会主义市场经济的要求，转变政府职能，实现政企分开。政府的职能向宏观调控、提供公共服务以及进行社会管理等方面倾斜，将生产的任务交给企业。

另外，这一时期的政府职能改革还包括减少行政审批，反映出政府在关注经济发展之外开始关注社会的全面发展。与政府职能转变相对应的是政府机构"条块"关系的调整。曹正汉等认为，市场化改革初期的"条块"关系整体呈现为"条强块弱"的局面。[1]1980年后，计划经济体制向市场经济体制转型过程中，中央削弱了中央部委在经济领域的控制权和管理权，裁撤了国务院直属的行业管理部门，同时，扩大地方政府的经济管理权限，包括扩大财权、投资审批权、外贸管理权、物资分配权、对国有企业的管理权等。

3. 非公有制经济发展

从我国的发展经验来看，非公有制经济发展与国有经济发展有着密切的关联，一方面，生产组织的国有化与单位化通过消除非公有制经济得以在事实上确立。这一点从城镇个体就业人数可见端倪，柴彦威等（2016）通过统计提出："1952年我国城镇个体就业人数有883万人，1954年下降至16万人，到1988年全国有1 000多万户个体企业和20万家私营企业，个体城镇就业人数达648万"[2]；另一方面，非公有制经济的再

---

① 曹正汉，王宁. 一统体制的内在矛盾与条块关系［J］. 社会，2020，40（4）：77-110.

② 柴彦威，肖作鹏，刘天宝，等. 中国城市的单位透视［M］. 南京：东南大学出版社.2016.

次出现与发展帮助了国有经济实现部分改革与转换，具体而言，在国有企业改革过程中，非公有制经济的发展具有一定的吸纳与示范作用，如经营方式的探索以及下岗人员的再就业等方面。改革开放以后，乡镇企业得到迅速发展，受改革开放政策的影响，在引进国外先进管理技术与资金的同时，外资企业也得到了迅速发展。1984年进行的城市经济体制改革进一步推动了城市非公有制经济的发展。1988年，全国已有1 000多万户个体企业和20万家私营企业，城镇个体就业人数上升至648万。特别是邓小平南方谈话之后，非公有制经济又迎来一波快速发展，1993年私营企业数量达到23.7万家，1994年大幅增长至43.2万家。整体上，非公有制经济的快速发展成为弱化单位制度的重要力量，并且市场化改革之后，私营企业在我国的经济与社会发展中扮演了重要角色，包括增加税收、解决就业以及方便生活等。

非公有制经济发展与过去单位组织的行动策略有着显著的不同，在其飞速发展过程中也给单位的经营管理带来一定影响。其与单位组织的不同主要表现在如下几方面：一是效率追求。与单位组织对公平原则的追求不同的是，非公有制经济体制注重对效率的追求，并根据效率原则组织生产，进行管理，无论是在机构设置上还是在办事流程上都以效率为先。二是利润追求。私营企业追求利润最大化，而国有单位则追求平均收益最大化。三是劳动力的进入与退出。非公有制遵循企业与个人的双向选择，劳动力能够自由选择进出。单位制时期个体通过国家分配进入到单位，并且逐渐形成对单位的全面依附，无论是退出单位还是要在单位之间流动都极其困难。但在非公有制经济体制中，劳动力的进入与退出都遵循市场的自由就业与失业原则，企业对其成员并不具有全方位的责任。四是效益追求。非公有制经济受盈亏自负的影响，相比于单位组织更看重投入产出比。虽然在市场化改革初期非公有制经济在管理运行方式上与过去单位组织的管理运行方式上都有较大差别，但非公有制经济体制内的管理运行方式也对单位制度的改革造成一定影响，产生了示范效应。

（二）单位福利制度改革

1. 社会保障制度社会化改革

从1949年到1958年是我国社会保障制度的开创阶段，在总结了革命根据地和解放区经验的基础上，1951年，劳动部制定了《中华人民共和国劳动保险条例》，这是我国制定并执行的第一部社会保障法规。除了社会保险之外，还同步推行了一系列社会救助、社会福利以及社会优抚制度。1957年完成了第一个五年计划，我国的社会保障制度的框架基本搭建完成。从第二个五年计划开始，从整体上完善了社会保障制度。从1969年至1977年，国家-单位保障机制形成，保障重心向单位转移并持续扩张。1978年至1985年，这样的模式仍然得以维持并得到巩固，这一时期的制度虽然多有完善，但更多的是在解决历史遗留问题。所以，从1969年至1985年，国家-单位保障机制中以单位为核心的情况始终没有得到大的改变。随着改革开放的进一步深入发展，从1986年开始，我国的社会保障制度改革进入一个新的阶段。

此时，社会保障制度改革主要受到两方面因素的影响：一是市场经济改革动摇了原有单位制下的社会保障制度实施的经济基础与社会基础；二是计划经济时期的社会保障制度本身具有一定的弊病与缺陷，在运行实施过程中愈发明显。因此，必须改革社会保障制度，使其与经济社会发展相适应。从1986年开始，我国社会保障制度的改革经历了三个阶段。

第一阶段，从1986年到1993年。这一阶段虽然原有的社会保障制度仍在继续，但相比于过去以单位为核心的保障方式，新的社会化保障方式正在形成。这一阶段的改革主要为了与国有企业改革相配合，提出社会保障社会化的原则，在中央政府的推动下改革取得了一定的进展，改变了单位制时期由单位包办职工各项保障的状况，并对国家的责任进行了一定的调整与控制，个人开始承担部分缴费责任，开始从社会保障单位化向社会保障社会化转变。

第二阶段，从1993年到1997年。1993年，党的十四届三中全会通过的《中共中央关于建立社会主义市场经济体制若干问题的决定》明确提出，对社会保障制度进行改革，社会保障社会化成为改革的主要目标，并且将社会保障视为市场经济发展的重要支柱。这一阶段对社会保障制度改革的方向与目标都更加明确，但旧有的社会保障制度也并没有完全废止，整体呈现新旧社会保障制度共存的局面。

第三阶段，从1998年至今。社会保障成为一项基本的社会制度。这一阶段的社会保障制度改革主要有三方面的进展：一是在政府机构设置上保留民政部的同时，新成立了劳动与社会保障部，对社会保障体系的管理趋于统一；二是社会保障逐渐与单位脱离，形成独立于企事业单位的社会保障体系，区别于过去单位制时期的社会保障，新的社会保障体系具有筹资渠道多元化、服务供给社会化的特征；三是将社会保障作为一项基本的社会制度进行建设。2004年，全国人大十届二次会议通过的宪法修正案，正式将建设同经济发展水平相适应的社会保障制度写入了宪法，标志着社会保障正在成为国家发展过程中必要的制度安排。

2. 住房市场化改革

在单位制度改革的过程中，福利性住房是维持单位与职工庇护-依附关系的最重要纽带。市场化改革之初，阻碍高素质人才向非公有制经济流出的最主要因素即为住房问题。因此，住房的市场化改革既是市场经济发展的重要组成部分，又是单位制瓦解的重要原因。但从住房制度的整体改革过程来看，由于这一过程是渐进式的，在住房的建设与分配方面也给单位作用的发挥留有一定余地，并因此形成了由市场、单位、家庭、个人等多元参与的局面。尤其是在住房制度改革初期，单位在获取住房方面的作用不降反升。李路路在其研究中提出：多数单位职工依靠单位集体购买，再通过"补贴价""成本价"等优惠价格从单位购入住房，单位对住房分配发挥了极大的作用。①

从1978年到1985年，这一时期是单位建房扩大供给、改善分配、尝试出售公有住房阶段。为了改变过去由国家对城镇住房投资建设的方式，形成了国家、单位以及个人多主体投资的形式，单位建成大量的单位大院、新村以及家属楼。然而，这一阶段的住房政策也加大了单位对城市空间的分割。研究显示，在20世纪80年代，我国70%的城镇住房投资来源于单位自有资金。②在此情况下，单位依旧是其职工住房的主要供给者。此外，这一时期也开始对公有住房以补贴的形式出售进行试点，即在低租金和实物分房的住房福利制度不变的情况下，在局部地区对职工出售公有住房开始试点。

从1986年到1991年，这一时期提高住房租金，同时，以优惠的价格或者补贴的形式对住房进行出售，以此推进公有住房向私有住房转变。1988年，国务院住房制度改革领导小组发布《关于印发在全国城镇分期分批推行住房制度改革实施方案的通知》，提出："改革的目标是按照社会主义有计划的商品经济的要求，实现住房商品化"。为了实现这一目标而提出的这一阶段的住房改革内容主要包括以下几方面：一是将住房消费基金以及实际用于职工建房、修房的资金从过去的不统一、不正规的暗贴转为明贴，并最终纳入到职工的工资中；二是将过去的住房视为固定资产投资的计划管理体制，改变为将住房划入商品生产的指导性计划管理体制；三是理顺资金渠道，通过财政、税收、工资、物价、金融以及房地产开发管理等配套措施的改革，建立住房基金，逐步实现住房

① 李路路. 单位组织中的资源获得 [J]. 中国社会科学，1999（6）：90-105.

② 张亚萍. 中国城镇住房制度改革的重大突破 [M]. 桂林：广西师范大学出版社，1999.

资金的良性运行；四是调整产业结构，开放房地产市场，发展房地产金融和房地产业，把包括住房在内的房地产开发、建设、经营、服务纳入整个社会主义有计划的商品经济大循环。

1998年，国务院发布《关于进一步深化城镇住房制度改革加快住房建设的通知》（以下简称《通知》），明确提出："停止住房实物分配，逐步实行住房分配货币化；建立和完善以经济适用住房为主的多层次城镇住房供应体系；发展住房金融，培育、规范住房交易市场。"虽然《通知》规定了在国家统一政策目标下，各地因地制宜，坚持国家、单位以及个体共同负担，按照"新房新办法，老房老办法"的方式实现平稳过渡，综合配套。但随着大量经济适用房的建设，利率下调以及各种刺激消费政策的出台，配合住房公积金制度的建立，市场化住房模式形成，并逐渐形成多层次的住房市场。这一时期的住房制度改革中，确立了住房分配货币化的改革目标，进一步深化了住房的市场化改革。通过公房出售、住房分配货币化等方式，住房从过去的单位福利转变为市场商品，实现了住房福利制度从单位化向市场化与货币化的过渡。

（三）户籍制度改革

户籍制度在特定时期内对于社会管理与控制曾经起到过积极的作用。计划经济体制背景下，为了控制农民盲目流入城市，实施了一套对人口流动进行严格限制的政策，包括户口管理制度、城镇粮食供应制度、遣返制度以及国有企业的招工制度等，受这一系列政策的影响，形成了城乡之间的二元隔离与分割。1958年，全国人民代表大会常务委员会颁布《中华人民共和国户口登记条例》，将户口划分为城市户口与农村户口。其中城市每户发放一本户口簿，农村以合作社为单位进行户口簿的发放。并且对人口的流动与迁移进行了严格的限制。户籍制度与社会保障制度、就业制度、票证制度相结合，形成了城乡分立的社会管理制度。在城乡二元制度背景下，在限制农村人口向城市迁移的同时，也造成了城乡之间差距的持续扩大。如前文所述，从单位社会的视角出发，户籍制度与单位内部的各种制度规定相配合共同形成了城市空间内的单位制。因此，城市户籍的绝大多数人口都被分配到各个单位，拥有普通的就业权，并享有完善的福利、社会保障与福利服务。在城市空间内，户籍制度与单位制度共同发挥作用，通过单位介绍信与户籍的登记管理限制了城乡流动，并以此进行城市社会的管理。计划经济时期，以户籍制度与单位制度相配合的城市社会管理，将个体的不同社会角色进行区分，并依据个体不同的社会角色来提供社会保障与福利服务。这样的社会管理方式在当时计划经济体制、物资短缺的背景下，起到了积极的作用。例如，避免了城市盲流的出现，造成城市物资供给困难等问题。但随着市场化改革的推进，户籍制度对城乡分割以及人口流动迁移的限制，造成了两方面的弊端：一方面，农村劳动力剩余严重；另一方面，经济与社会发展缺乏活力。因此，户籍制度改革势在必行。

户籍制度的改革始于允许行业内部人员进行配置调整，解决"双职工"两地分居的问题，与户籍制度相配合的是单位用工制度也发生了改变，国有企业开始从农村招工，原来严格限制人口流动的户籍制度在一定程度上发生了松动，在特定地区实施特殊的迁移政策。同时，随着生产力的提高，粮食产量不断增加，城市有能力接纳更多的进城务工人员，由此对农民进城务工经商的限制有所放宽，大量农村剩余劳动力进城谋生。1984年，国务院发布的《关于农民进入集镇落户问题的通知》中，允许农民自理口粮落户集镇，实现了户籍制度改革的突破。1998年，国务院下发的《国务院批转公安部关于解决当前户口管理工作中几个突出问题意见的通知》中，对居民的落户情况进行了重新规定：一是关于婴儿落户随父随母自愿的问题。在全国范围内实行新生婴儿落户随父或者随母自愿的政策。新生婴儿可以在父亲也可以在母亲常住户口所在地户口登记机关申报常住户口。任何地方不得在新生婴儿落户随父随母自愿政策上增加任何限制条件。二是关于放宽解决夫妻分居政策问题。解决夫妻分居的户口问题，以投靠人在投靠的配偶所在城市的实际连续居住年限为条件，各地根据自身情况确定年限，到达规定年限后准许在该城市落户。三是关于父母投靠子女落户问题。父母投靠子女，以年龄和身边无子女为基本条件。凡男性超过60周岁、女性超过55周岁，身边无子女需到城市投靠子女的公民，应当准予落户。对于多子女的，由申请人自行选择要投靠的子女。四是对在城市投资、兴办实业、购买商品房的公民及随其共同居住的直系亲属在城市落户的情况进行试点。1992年，大量的大学毕业生、专业人士以及弃官从商人员也具有地域流动的需求，造成了这一时期的人口流动高峰，"居住证""蓝印户口"等政策的出台为区域、城乡间的人口流动提供了便利，人口流动的频率加快、范围扩大并且距离更远。2001年，国务院下发的《国务院批转公安部关于推进小城镇户籍管理制度改革意见的通知》中，进一步推进了小城镇户籍制度的改革，并且放宽了农村人口迁移到小城镇的条件，将更多的户籍改革权力下放至地方政府，让地方政府更多地参与到户籍改革中来，根据当地的情况，因地制宜地进行改革。2003年以后，各地方政府又陆续推出新的户籍改革政策，包括停办"蓝印户口"，取消农业户口与非农业户口的区别，降低城市落户门槛，推行针对专门人才的"居住证"制度。2013年，党的十八届三中全会提出"推进农业转移人口市民化，逐步把符合条件的农业转移人口转为城镇居民"。"全面解除建制镇和小城市落户限制，有序解除中等城市落户限制，合理确定大城市落户条件，严格控制特大城市人口规模"。由此，与单位内部的制度改革同步的户籍制度也得以改革。单位制时期的城市管理基础瓦解，在产生一定风险的同时，也逐步形成新的城市治理单元。

第二节　单位制度变迁下的城市风险

如上文所述，单位制度的弱化与变迁主要以单位生产管理制度、单位福利制度以及户籍制度的转变为主要内容。单位制度的影响不仅存在于单位内部，而且对整体城市的秩序进行了搭建，"单位办社会"的模式为当时的城市管理奠定了基础。但随着改革的深入，单位制度开始弱化，导致资源分配机制改变，区域之间、城乡之间的流动增多，个体生活中的不确定性元素增加，城市风险骤增。

一、风险研究路径

（一）制度主义视角

自乌尔里希·贝克提出"风险社会"以来，越来越多的研究者对风险研究产生了浓厚的兴趣。乌尔里希·贝克认为，风险社会的出现是现代性发展到一定阶段的必然产物，并且全球化将这一产物进行了全球范围的同步。[①]由此，风险社会是世界性的风险社会，全球化的过程包含了风险社会的形成与扩张。在这一过程中，每一地区无论自愿与否都会被卷入到风险社会之中，或者说至少在承受风险社会所造成的后果，中国也不例外。关于风险社会中风险的来源，乌尔里希·贝克认为，其来源于现代性的发展。不同于哈贝马斯对"现代性的未完成性"的强调，乌尔里希·贝克认为，从工业社会中产生的现代性具有自我再生产的特性，并且会逐渐从工业社会内消解工业社会的合理性，即所谓的"现代

---

① 〔德〕乌尔里希·贝克.风险社会［M］.何博闻，译.南京：译林出版社，2004.

性的自反性"。①工业社会时期，现代性在推动发展的同时，也制造了部分风险，但整体而言，那一时期风险的生产主要来源于"他者"，相比于人类集中力量对抗自然，现代性所产生的风险显得不值一提。然而，当生产力得到极大发展，外部"他者"的问题得以解决之后，现代性所造成的风险开始呈现在人们眼前，并开始出现普遍化、抽象化的特征。乌尔里希·贝克认为，这是现代性自我破坏和消解的结果，由此现代性的发展催生出了"风险社会"。乌尔里希·贝克还对传统风险以及现代风险进行了区别，同时指出，现代风险主要指的是"人为制造的风险"，具体而言就是由于人类知识的增长，以及科学技术的发展所带来的副作用，比如全球变暖、环境污染、核辐射等。②相比于能够看得见、感知得到的传统风险，现代风险具有不可感知、不可预测、不可控制、危害巨大、相对平等以及不可逆转等特征。如上文所言，在全球化发展的助推下，现代风险超越了地理的边界与文化的界限。除了不受空间的限制，在时间上也呈现出持续性的特征，并可能影响到好几代人，例如，一些完全超乎人类感知能力的放射性空气、水和食物中的毒素和污染物，以及相伴随的短期和长期的对植物、动物和人类的影响。

除了乌尔里希·贝克的观点之外，吉登斯认为，西方社会的现代风险的产生源于资本主义制度。他认为，西方社会受到资本主义制度以及资本逻辑对社会生活的全面主宰，为工具理性的发展提供了肥沃的土壤。③资本主义的背后是利益集团错综复杂的利益关系。西方现代风险的产生是由资本扩张所引起的，是资本主义发展的必然结果。

除了风险的起源之外，乌尔里希·贝克、吉登斯所代表的制度主义学者还提到了风险社会的另一个方面，即个体化。他们认为，工业社会

---

① 〔德〕乌尔里希·贝克. 风险社会［M］.何博闻，译.南京：译林出版社，2004.

② 〔德〕乌尔里希·贝克. 风险社会［M］.何博闻，译.南京：译林出版社，2004.

③ 〔英〕安东尼·吉东斯. 现代性的后果［M］.田禾，译.南京：译林出版社，2011.

的社会结构是以社会阶级、性别角色、家庭以及事业为核心的，但同时劳动力市场又是允许自由流动的，这两个方面在本质上具有张力。[①]前一个维度，在着力维护社会中的稳定性与集体性，启蒙运动的"个体化"就是以这样的集体为基础与前提的；后一个维度，则是对集体边界的消解，例如，家庭与工作场所、男性与女性，劳动力市场所具有的自由流动的特征，帮助个体获得了高度的流动性与个体性，要求个体对自身负责，塑造自己的生平。同时，个体化的过程经历了大致三个阶段：第一个阶段是"脱域"或者说是"解放"阶段，即个体从传统的阶级、家庭等支配模式中解放出来；第二个阶段是"稳定感的丧失"或者说是"安全感的丧失"阶段，即在过去社会中所形成的知识、经验以及信任甚至是指导性规范都不再起作用，因此，个体经常性地感到不确定或者充满风险；第三个阶段是"再嵌入"或者说"再整合"阶段，即产生一种新的规范与社会承诺，使个体化成为一种制度化的存在。

除了风险类型的变迁之外，从客观角度出发研究者还关注个体所拥有的庇护资源，并认为个体所获得的庇护越多，所面临的风险就越小，其中既包括个体资源对自身的庇护也包括共同体对个体的庇护。对个体的庇护，无论从微观角度还是从宏观角度，社会资本都是一个较为合理的切入视角。社会资本概念从产生之初，就与风险有着紧密的联系，研究者也提出合理利用社会资本解决社会风险，关注到社会资本在风险治理中的重要作用，认为社会资本的缺失将会导致社会自身无法承担社会管理的高压。从内生的视角来看，社会网络是从个体自身向外推。费孝通将这样的现象描述为像是将一块石头丢在水面，以自我为中心形成一圈圈的波纹向外推去，象征着与个体关系的远近亲疏，并将这样的现象称为差序格局。[②]虽然伴随着社会的发展，原有的社会结构发生变化，

---

① 〔德〕乌尔里希·贝克.风险社会［M］.何博闻，译.南京：译林出版社，2004.
② 费孝通.乡土中国［M］.上海：东方出版中心，2021.

导致传统社会下以血缘、地缘为纽带的社会网络发挥的作用受到限制，但是在新的社会结构下也依旧在不断形成新的社会网络。通过社会网络的连接，满足个体作为社会成员对组织归属感的需求，将个体固定在社会之中，形成共同体，并对个体进行庇护，消除个体的脆弱性。

此外，社会网络的信息传递属性，是风险信息从个人到组织，从组织再到个人的传递路径，体现了社会与个人的连接。社会网络的连接使社会与个体之间联系紧密，降低了人们对风险的感知，提高了公众对社会参与的积极性。这意味着，在纵横交错的社会网络中，处于社会网络中的个体可能具有不同的身份，每个个体从政府部门、社会组织以及其他社会网络中获得的社会资本可以在社会网络中进行扩展。个体在社会网络中进行互动，获取不同的信息与资源，在为个体提供风险庇护的同时亦能矫正个体对风险感知的偏差。通过社会网络的沟通与互动，能够减少风险本身的不确定性。

宏观角度下整体社会资本的培育对风险感知以及风险治理也具有重要意义。罗伯特·帕特南指出，社会网络能够培养互惠规范，进而加强社会认知，提高社会的组织效率。[1]这样的规范形成不仅指个体之间，个体通过与政府部门以及社会组织的互动亦会形成一定的社会规范以及地域内的传统。反之，社会资本作为一种社会资源，形成与扩散都要由制度作为支撑，良好的公私互动能够使个体更容易从外部获取资源，也利于社会资本的不断生长。就风险沟通而言，高山（2019）等学者认为，如果政府对社会风险采取保密且盲目乐观的态度，容易导致风险管

---

① 〔美〕罗伯特·帕特南. 流动中的民主整体：当代社会资本的演变〔M〕. 李筠，译. 北京：社会科学文献出版社，2014.

理的失败。①由此可见，整体社会资本的生成意味着透明公开的风险信息、多方参与的治理格局以及多方主体共同认可的制度规范，由此能够消除个体对风险的感知偏差，以及可能由此引发的社会后果。

（二）建构主义视角

与乌尔里希·贝克以及吉登斯等制度研究者观点不同的是玛丽·道格拉斯、斯科特·拉什、斯洛维奇为代表的"风险文化"的研究者与"风险的社会放大框架"的研究者，他们关注的重点在于人们如何感知风险，②即风险的主观面向，其他研究者将这样的研究方向称之为建构主义视角。在建构主义视角下，风险并非仅仅受到客观因素的影响。个体的主观因素，如风险事件是否是人们自愿接受的，个体对风险的规避能力，人们对这一风险的熟悉程度以及人们对风险可逆性、毁灭性的潜在认知都会影响个体对风险情况的判断，而人们对风险的这一判断又会进一步影响人们的态度以及行为选择。这一过程即是风险的建构过程，风险的建构视角强调社会因素对个体风险感知的影响，以及社会结构与个人感知作用的交叠可能会引发的新风险。

20世纪70年代英国人类学家玛丽·道格拉斯提出的"风险文化理论"是典型的从建构主义视角出发对风险的研究。通过不断地拓展与延伸，王郅强等认为，这一理论具有了文化主义—集体主义的社会学范式特征。③在理论视角上，它从建构主义出发对风险认知进行研究，构建了通过以群体为单位对风险感知进行解释的社会学范式，形成囊括不同文化群体以及跨文化群体风险感知分析的工具。这一理论对我国当前特

---

① 高山，李维民，凌双. 社会资本对风险的社会放大的阻抑作用研究［J］. 中南大学学报（社会科学版），2019，25（1）：147-153.

② 〔美〕斯科特·拉什. 流动中的民主政体——当代社会中社会资本的演变［M］. 李筠，王路遥，张会芸，译. 马克思主义与现实，2002（4）：52-63.

③ 王郅强，彭睿. 西方风险文化理论：脉络、范式与评述［J］. 北京行政学院学报，2017（5）：1-9.

殊风险环境的研究也具有一定的借鉴意义。伴随工业社会逐渐走向成熟，人类社会进入到"风险社会"时代，由于现代风险所具有的"脱域"特征，使其发生不再受到时间与地域的限制，但不同国家、地区以及不同文化背景下的人们对风险的感知却存在巨大的差异。风险社会对客观维度的关注无法解释人们对风险感知的差别。由此风险文化理论诞生，对传统风险研究中文化价值观和群体的动机、观点以及行为的忽略进行了补充。

英国人类学家玛丽·道格拉斯首先从群体文化的角度关注人们对风险的感知情况。[①]随后20世纪90年代，斯科特·拉什在总结道格拉斯等研究者的观点之后提出了文化视角的现代性观点，最终形成了风险文化理论，并成为风险社会学中重要的组成部分。玛丽·道格拉斯通过人类学与社会学学科之间的借鉴与融合，在分析了原始部落与现代社会的区别与联系之后，对不同群体的文化偏好进行分析，随后提出：具有不同文化背景的群体会将注意力集中于某些特定的风险上，而忽略更明显、更具破坏性的风险，同时也会将风险的产生归咎于特定的群体。[②]在分析中，玛丽·道格拉斯认为，就感知方式而言，现代人与原始人并没有区别，其感知方式都受到社会秩序、道德价值以及特定群体的知识结构的影响，对风险进行挑选与识别。不同文化偏好意味着在某种文化群体中规定了各个事务的秩序，如污染与洁净、安全与危险这些相对的概念在反映实际情况的同时，也表达了事物在这一文化框架中的位置是契合还是偏离的状态。[③]由此，对不同群体的文化偏好区分就成为玛丽·道

---

① Mary D, Aaron W. Risk and culture: an essay on the selection of technological and environmental dangers [M]. Auckland: University of California Press, 1983.

② Mary D, Aaron W. Risk and culture: an essay on the selection of technological and environmental dangers [M]. Auckland: University of California Press, 1983.

③ Mary D, Aaron W. Risk and culture: an essay on the selection of technological and environmental dangers [M]. Auckland: University of California Press, 1983.

格拉斯思想中的核心任务。玛丽·道格拉斯一直尝试找到一种能够囊括所有文化类型的分类体系，在同一体系中对不同文化偏好中的风险感知进行比较。基于此，她提出了"网格/群体"文化分类分析图式。[①]根据不同的文化分类，玛丽·道格拉斯提出了一种对风险的阐释，即风险并没有增加，只是我们能够察觉与识别的风险增多了，每种文化类型对风险的挑选与识别都映射了这一群体的集体文化与价值信仰。既然现代风险不可预测，那么不同群体如何判断风险就成为一个值得研究的课题。玛丽·道格拉斯认为，文化偏好是人们判断风险的关键。[②]文化偏好代表了一个社会内部的既定规则，服务于既有社会制度的利益，并对风险进行识别。此外，不同的文化偏好还为不同群体回答了风险生成的责任应该归咎于谁的问题，不同的社会类型与文化偏好决定了存在于这一社会中的人们对哪些风险最恐惧以及认为谁应该为这些风险负责。例如，在前工业化时期以及非西方社会，人们普遍认为科技的发展能够为人类生活服务，但在后工业时期以及当前的西方社会，人们却对科技可能造成的风险产生深切的担忧，反映出不同文化偏好与社会情境中的人们对风险的识别与感知所具有的建构主义色彩，这也为客观社会结构与主观个体感知之间架起了桥梁。

除了风险文化理论外，从建构主义视角出发，研究者还提出了风险传播过程对人们风险感知的影响。例如，为什么人们对于每天造成成百上千人死亡的交通风险感知较小，却对一些更具社会性的"毒奶粉"事件造成的风险感知较强？其中，一部分原因是风险文化所阐述的文化偏好选择的结果；另一部分则可以用风险事件的传播过程进行解释，研究

① Mary D, Aaron W. Risk and culture: an essay on the selection of technological and environmental dangers [M]. Auckland: University of California Press, 1983.

② Mary D, Aaron W. Risk and culture: an essay on the selection of technological and environmental dangers [M]. Auckland: University of California Press, 1983.

者将这一路径称为"风险的社会放大"。风险的建构是一种普遍现象，社会结构、群体文化偏好以及信息的传播与解读、个人的理解等因素都对风险进行了塑造，并进一步影响风险的后果。从风险的建构主义视角出发，就能解释为什么一些微小的风险事件却能够引起整个社会的强烈反响，并造成严重的经济与社会后果。社会语境中造成实质性损害的事件是风险事件，风险事件的曝光，以及曝光后一系列组织与个人对这一事件中所反映的风险信息进行收集、解释并且传播的过程会对人们对此类风险的感知产生影响。其中，收集风险信息的组织与个人被称之为"放大站"，在风险信息传播过程中最常见的"放大站"有政府、企业以及新闻媒体。在风险的社会放大过程中，风险的直接后果是由风险事件本身造成的，但风险事件最终后果的严重性，则由风险事件所发出的信息以及所激发的风险信号所决定。某一风险事件传播过程中信息系统所激活的信息丰富程度会影响这一事件所造成后果的危害性与严重性。刘岩认为，风险事件传播过程中涉及的风险信息越丰富，意味着能被建构的风险就越多，最终整体的风险与初始风险事件的偏离与差异也可能越大。[①]

（三）我国的风险研究路径

虽然，西方学者对风险的产生与感知都进行了较为详细的研究，并对我国学者产生了一定的影响，但我国的研究者普遍认为，我国社会风险的产生与感知原因要复杂得多，具体表现为，一方面，受西方风险社会的影响；另一方面，具有自身的特征。从风险的形成角度而言，我国在较短时间内实现了西方国家花几百年才完成的工业化过程，研究者将我国的快速发展称之为"压缩的现代性"，这意味着社会发展过程中同

---

① 刘岩. 风险的社会建构：过程机制与放大效应［J］. 天津社会科学，2010（5）：74-76.

时存在传统、工业化以及后工业化三个不同阶段的发展逻辑与风险。就整体而言，我国的发展还处于城市化与工业化的发展过程中，从乌尔里希·贝克的风险分类来看，发展问题依然是我国当前面临的主要矛盾，财富分配的逻辑与风险分配的逻辑相配套。另外，由于我国正处于转型时期，制度转型以及资源分配机制转变等因素亦可能导致新的风险产生。张广利等认为从我国的社会现实出发，在市场化制度推进以及社会转型的过程中，原有制度无法应对新产生的风险，新的制度还未建立，制度的失效是我国部分风险产生的直接原因。[①]

从庇护角度而言，市场化的推进与单位制解体同步进行，意味着风险庇护机制的转变。单位制时期，单位制度与户籍制度相结合，形成单位对城市空间以及配套资源的分割与隔离，单位对其成员进行全方位的庇护，个体在单位共同体的庇护下对风险感知较弱。改革开放以后，随着单位制度的改革，无论是城市空间还是单位空间的流动性都大大增强，单位也不再对其成员进行全方位负责，风险庇护也向两个方向进行发展：一方面，是个体化庇护机制的形成，如上文所言我国当前阶段的风险分配仍与财富分配逻辑相匹配，并且随着市场化的发展，个体可能通过市场的手段对风险进行延后与转移。因此，个体可以通过自身努力获得更多财富、更高的社会地位，在风险环境中对自身进行庇护；另一方面，是组织化的庇护方式，当单位无法也无力再对个体提供组织化庇护时，需要有其他组织的形成让个体找到归属感并对其进行庇护，社区、社会组织都被认为是替代单位对个体进行庇护的中间组织，但从当前的情况来看，这一转换过程还不能完全实现对接，还需要更长时间的摸索与实践。

---

① 张广利，黄成亮. 风险社会理论本土化：理论、经验及限度［J］. 华东理工大学学报，2018，33（2）：10-16.

二、缺乏归属感导致社会治理基础不牢

不同于单位制时期的社会管理，2013年党的十八届三中全会通过的《中共中央关于全面深化改革若干重大问题的决定》中，正式提出："创新社会治理体制"的改革目标，并进一步阐明治理过程中社会参与的重要性。在社会流动性增强的背景下，个体对单位、对社区以及对城市的归属感是其进行社会参与的前提和基础。归属感是一种集体性的观念，对社会而言是增强社会凝聚力的关键。从社会学角度来看，归属感与社会认同等概念所表达的内涵较为相近，都强调社会成员对共同体的承认以及对共同体价值规范的遵守。通过对既有文献的总结，研究者认为公共服务的获得、意义系统以及其所拥有的社会网络状况影响个体对共同体的归属感。其中，公共服务的获得是指共同体进步与个体能够获取的福利的相关程度，相关程度越高，个体的归属感越强，社会参与的动力越足。意义系统则是指共同体内的，由一系列象征符号所构成的规则体系，比如，道德、法律机制取向等，一般通过传媒、教育以及社会网络进行传播。社会网络则是指共同体内成员彼此之间形成的密切关系，一方面，社会网络能够在个体遇到困难时提供必要的帮助；另一方面，社会网络中的互动也是共同体内制度规范以及价值认同形成的过程。

市场化改革与单位制解体导致过去单位职工的身份发生了很大的变化，通过纵横交错的社会比较，单位成员对如今的身份地位已经有了较为清楚的认知，但在情感上的归属感却难以比拟过去对单位的归属感。一方面，单位制解体，市场化改革后单位将其所具有的社会功能进行剥离，单位封闭空间的打破与单位福利的弱化使单位不再具有对其成员全方位庇护的功能，单位成员对单位的归属感减弱；另一方面，在对单位归属感减弱的同时，社区共同体与城市共同体还没有建立，整体上导致

社会成员缺乏归属感。在市场化改革背景下，城市人口流动加速，过去的"单位人"转变为"社会人"，陈进华认为，由于缺少集体需求的表达机制，"社会人"的集体诉求、权益表达渠道缺失，容易形成群体事件，并成为破坏社会秩序的强大力量。[1]

卡尔·波兰尼在《大转型》中提出，"就近百年而言，现代社会由一种双向运动支配着：市场体系快速地发展着，它吞没了空间和时间，与此同时，同步的反向运动也在进行中。它不只是社会面临的一般防御行为，更是对损害社会组织的那种混乱的反抗"。[2]卡尔·波兰尼认为，面对市场的挑战，工会、协会、志愿者组织等社会组织及其所代表的社会规范应运而生，社会进入到强调协同与参与的时代。与这一思想相近，伴随市场化改革的深入推进，以社会治理的方式替代过去社会管理的方式，同样强调社会的协同与参与，但个体的社会参与需要其处于一定的共同体内，通过一定的规范渠道进行参与。单位制下，单位除了具有自上而下分配资源的功能，还具有自下而上对其成员集体诉求向上传达的功能。单位制解体背景下，需要其他形式共同体的建立，将单独的个体纳入进去，使其需求能够获得集体性、组织性的表达。

此外，在单位制解体的过程中，过去由单位组织承载的公共性事务也发生了萎缩。李明伍（1997）提出，公共性是指"某一文化圈里成员所能共同（其极限为平等）享受某种利益，因而共同承担相应义务的制度的性质"[3]。单位制时期，李汉林等认为"单位组织作为一个利益主体和整体的意义日益突出。在社会资源的占有和支配日益单位化的情况

---

① 陈进华.中国城市风险化：空间与治理［J］.中国社会科学，2017（8）：43–60.

② 〔英〕卡尔·波兰尼.大转型［M］.冯钢，刘阳，译.北京：当代世界出版社，2019.

③ 李明伍.公共性的一般类型及其若干传统模型［J］.社会学研究，1997（4）：108–116.

下，形成了一种愈来愈强烈的利益单位化倾向"①。在单位制解体背景下，过去由单位承担的公共性事务面临萎缩，映射为个体心态层面即为归属感的缺失。单位制度变迁造成的影响不仅体现在单位职场、单位成员的生活空间与生活方式的改变，还体现在单位成员对自身的认同与归属等心态上的改变。涂尔干认为"集体的角色不仅仅在于在人们相互契约的普遍性中确立一种绝对命令，还在于它主动积极地涉入了每一规范的形成过程。"②社会整体处于舆论的氛围之中，而舆论本身就是一种集体的形式，是集体产生的结果，对于社会中失范情况的治愈，是要首先建立一个集体，并在集体中形成规范体系。从这一论述中，能够发现，对社会而言，集体的重要性；对个体而言，置身于集体之中，并对集体具有归属感，对社会行为以及社会参与具有重要意义。俞可平提出："公民身份意味着一定的社区或文明社会在人与人和群体与群体之间有某种联系或网络，而且有某些规范和价值观使他们的生活有意义"③。共同体中的身份在单位、社区或者是城市都能适用。一致的共同体身份意味着拥有与同样处于这一共同体中其他成员的联系网络，无数条这样的网络规划出共同体的价值规范，使个体处于这一共同体中，感到更多的确定性与归属感。从城市风险的角度而言，制度变迁的同时也是社会、经济、文化以及心理调适的过程，这一过程所产生、触发的结构性问题有可能形成城市中的风险。因此，在城市治理过程中，不仅要关注制度转变可能造成的风险，还要关注转型过程中社会成员的社会心理层面的状况，并从这一视角出发了解转型过程中可能出现的城市风险。

---

① 李汉林，李路路.资源与交换：中国单位组织中的依赖型结构［J］.社会学研究，1999（4）：46-65.

②〔法〕埃米尔·涂尔干.社会分工论［M］.渠敬东，译.北京：生活·读书·新知三联书店，2000.

③ 俞可平.社会主义市民社会：一个新的研究课题增量民主与善治［M］.北京：社会科学文献出版社，2003.

三、社会风险与相对剥夺感知

乌尔里希·贝克的"风险社会"理论虽然着重强调现代性发展所造成的风险类型对整个人类社会的影响，并指出风险社会时期的风险分配与工业时期的风险分配具有很大的不同。在风险研究中，风险类型以及风险发生得到研究者的普遍关注，但同时也应该注意风险的分配与转移也是风险发生以及风险感知中的重要组成部分，应该受到重视。保险制度是现代社会一种常见的风险分配制度，这一制度通过货币化与市场化的方式将个体的风险转移为系统性风险，从一定程度上解决了市场化中需要由个体应对以及解决风险的问题。此外，从当前的经济制度安排来看，郑永年和黄彦杰认为一部分大型具有垄断性质的国有企业，在风险分配过程中也占据一定的优势，在其保证稳定的市场占有率以及销售额的同时，相对而言另一些企业则处于风险分配的劣势地位。[①]这样的例子还包括体制内与体制外劳动力市场的差别，相对而言，体制内劳动力市场不仅具有更为完善的社会保险制度，同时，还具有更稳定的雇佣关系。相比之下，体制外的劳动力市场不仅经常面临雇主不缴纳社会保险的情况，还经常要面临失业的风险，也就是说，体制内成员在风险的分配过程中处于优势地位。由此，能够发现制度的制定与实施通常意味着风险的分配，那么当制度发生变革时，风险的分配方式也会随之发生变化，当一部分人的风险分配情况与过去产生落差，即会形成相对剥夺风险，与归属感相似，相对剥夺风险也是一种转型过程中所形成的社会心态。

市场转型过程中，如果说精英阶层还能依靠传统获得一定安慰的话，那么在转型后处于社会底层的群体则面临无法规避的风险，并容易产生更为消极的心态。当不安全与不确定性发展到一定程度的时候，会形成一种普遍的受害者心态，破坏不同群体之间的联结与信任。以斯科

---

① 郑永年，黄彦杰.风险时代的中国社会［J］.文化纵横，2012（5）：50-56.

特·拉什、玛丽·道格拉斯为代表的风险文化理论认为，个体所处的群体以及群体的文化对其风险感知的情况具有较大的影响。风险文化理论强调风险的主观层面，并提出现代社会并不是风险增多了，而是人们感知到的风险增多了。除了风险感知的情况不同，不同的群体文化还会影响群体对风险原因的判断，即根据自身的处境与情况，基于相似或对立的原则想象他人的处境与情况。例如，近年来引起广泛关注的"食品特供""饮水特供"甚至是"空气特供"等问题。虽然这样的情况并不一定真实，但是有些人却愿意相信这样的情况存在。社会贫富差距的扩大也会加剧弱势群体的相对剥夺感以及不同群体间的断裂。资源分配的差距是社会断裂的表层显示，其深层的表述是社会不同群体诉求的差异，这一差异甚至会逐渐发展为相互之间的不理解与断裂。社会群体之间断裂的后果是社会不同群体、各个阶层之间难以形成公共利益，实现有效的社会动员以及社会整合。各个群体、阶层之间的隔离与断裂还会导致彼此的猜忌与不满，阻碍社会信任的形成，刺激着各种纯粹自利的短期行为。社会群体间的不同心态与风险感知方式，会进一步导致社会群体的分裂。由此，在缺乏信任且有可能相互怀疑的群体之间，达成一致并寻求共享的价值与目标，将会困难重重。

从计划经济体制到市场经济体制，改革是资源分配机制的转变，改革的实质是利益的重新分配，也必然会影响原来的利益分配格局。新的利益分配格局中，过去在分配中占优势地位，如今不再具有优势的群体以及利益重新分配中的弱势群体，都会产生"相对剥夺感"，这样的社会心态在特定时期，受特定事件的影响容易产生普遍的不满情绪，甚至是反抗行动。改革无法让社会中所有群体的受益程度都相同，但没有多数人理解与支持的改革一定是不会成功的，少数人的利益受到暂时的损失以及对改革的不理解所产生的社会冲突，是改革必须面对的。我国的改革不仅涉及经济制度的改革，还包括社会的转型和政社关系的调整。

在国有企业改革中一大批国有企业员工面临下岗以及失业的风险。社会转型过程中政府机构的改革力度加大，公务员队伍精简。这些改革措施都引起较大的社会反响，过去处于优势地位的群体，在改革中可能丧失优势地位，而处于相对剥夺地位。

除了过去处于优势地位的群体在改革中丧失优势地位会有相对剥夺感外，市场化改革后，社会的不平等与非均衡发展加剧，也容易让社会成员产生相对剥夺感。随着计划经济向市场经济体制转变，整体的社会分层结构从政治-身份型向经济-职业型转变，社会资源的分配方式发生转变，社会阶层的划分动力向多元化发展。但同时整体社会也面临分配不平等，甚至是两极化的风险，利益格局纷繁复杂，这一时期是改革的阵痛时期，也是各类社会矛盾激化的高风险时期。社会的不平等主要表现为收入分化，受资源分配机制改变的影响，过去单位制时期的资源再分配模式下，城市中的个体收入整体上较为平均，随着市场化改革的推进，多种所有制并存，要素分配形式不断扩张，资本收益的分配方式逐渐拉开了收入的差距。

除了收入差距之外，不平等还表现为财富以及资产的不平等。在住房制度改革中，住房的属性除了居住属性还逐渐衍生出消费属性与投资属性，随着房价的不断上涨，有房产的与没有房产的、房产位于不同区域的以及房屋面积不同的群体之间获利情况不同，即在改革中财富的增值情况不同，由此导致财富与资产的不平等情况加剧。当然除了房产增值之外，贫富差距拉大还有许多复杂的原因，其中包括市场经济倡导的效率优先准则的建立，以及"先富"战略、市场机制的不健全等因素。贫富差距的扩大还会进一步导致其他方面社会不平等的产生，例如，市场化背景下拥有更多的财富，通常也意味着后代能够接受更好的教育，拥有更丰富的社会资本，不同资源的聚集会导致不平等程度的加深以及不平等的再生产。总体而言，适度资产与财富差距对于刺激经济增长以及维护社会稳定具有一定的积极意义，但贫富差距的过度悬殊则容易导致社会动荡，造成社会风险。

市场化改革中的不平等还表现为职业稳定性的不同。个体与家庭的收入与财富都与职业有着密切关系。从时间维度上来看，市场化改革前后，个体的职业稳定程度不同，单位制时期城市人口几乎都被纳入不同的单位之中，单位内部的流动性小，虽然这样的组织方式在发展过程中存在一定问题，但是对个体而言，也无须面临失业的风险。市场化改革后，国有企业的下岗职工以及从农村流动到城市的劳动力都需要在劳动力市场中通过双向选择获得工作，并且随时都可能面临着失业的风险。从体制内外的维度来看，与体制内成员相比，体制外的社会成员通常面临的失业风险更大。宋林飞认为，在整体社会结构中，当失业、下岗的人员增多，并占据人口总规模的一定比例时，会扩大社会结构的下层，导致社会结构失衡，增强社会风险。[①]从这一角度而言，就业不稳定的风险会影响整体社会结构的改变。研究者认为，我国的中产阶层比重偏小，距离现代化国家应该呈现的"橄榄型"社会阶层结构还具有一定差距。中产阶层能够在社会结构两极分化过程中起到"社会稳定器"的作用，所以中产阶层发育缓慢也容易造成社会风险的加剧。

经济发展的不平衡也是形成社会风险的重要原因之一。市场化改革过程中，我国的经济发展不平衡主要表现为两个方面：一方面，是不同区域、不同行业之间的发展不平衡；另一方面，是经济发展与公共服务供给发展的不平衡。钟君认为，社会结构调整滞后于经济结构调整。市场化改革初期，经济增长被过分强调，而与之相适应的社会改革却在一定程度上被忽视，由此导致发展的不平衡。城市就业问题也是经济发

---

① 宋林飞. 中国社会风险预警系统的设计与运行［J］. 东南大学学报（社会科学版），1999（1）：69-76.

展与就业结构不匹配的一个原因，此外，还存在城乡结构、社会阶层结构、人口结构、家庭结构与产业结构、消费结构的不匹配。①

社会风险与群体的相对剥夺感具有相互影响的关系。李萍认为，社会风险的内涵在于"它承认基本社会结构和社会关系的有效性，同时，也主张社会风险是社会自身的一部分，社会风险不是根本性的颠覆，更非全部性的溃败，它主要在社会领域发生，并不危及国家制度、政党权力等层面，不过，持续且频繁发生的社会风险会逐渐累积，并因'破窗效应'的作用也会产生难以估量的严重后果，所以，社会风险是我们更应予以重视的迫切现实问题"。②社会风险中的"社会"指的是政党政治活动、市场领域之外的生活空间，是公民进行意志表达以及交往的公共空间。社会不平等的加剧，导致不同群体间的断裂与对立，外在表现为不同群体之间的价值判断与行为准则的差异与矛盾，其中，较为突出的就是对风险的理解与阐释。当不同群体对风险的来源与动因具有截然不同的阐释时，在无法达成共识的情况下可能产生不同的集体行为，形成新的社会风险。

整体而言，社会风险的产生源于市场转型过程中发展的不均衡与不平等，发展的不均衡与不平等又会导致一部分群体处于相对剥夺地位，产生相对剥夺感并由此产生新的风险。因此，转型过程中有几对关系尤其值得我们关注并进行妥善处理，从而弱化社会风险的产生以及相对剥夺感的形成。一是经济增长与改善人民生活水平之间的关系。只有让人民群众在经济建设与发展中具有参与感、获得感，让人民共享改革的成果，改革与发展才能具有源源不断的动力。二是经济发展及其配套服务的关系。例如，随着市场化改革的推进，人口快速城镇化，但与之配套

---

① 钟君.当前中国的社会风险外壳初探［J］.国家行政学院学报，2014（4）：59-63.

② 李萍.从国家-社会关系看社会风险控制［J］.理论探讨，2014（6）53-57.

的人口老龄化措施、城市规划管理以及其他人口流动措施不完善的情况下，容易导致社会问题的产生。随着城市化的进一步发展，当城市的人口结构发生变化，也要求城市内的就业、养老服务等与人口结构的变迁状况相匹配。[①]三是处于资源分配优势地位的群体与弱势群体之间的关系。不同群体之间的差距是否合理，利益分配格局是否具有固化风险，是影响不同社会群体以及阶层间矛盾的重要因素，只有将不同群体的差距控制在合理范围内，才有利于整体社会信任以及社会治理基础的形成。

四、城市复合型安全风险的形成

关于风险的研究最具代表性的是20世纪80年代乌尔里希·贝克提出的"风险社会"理论。这一理论被视为对现代性的一种总体性诊断。乌尔里希·贝克认为，从历史演进的角度来看，现代性的发展具有自反性特征，整体社会的分配逻辑已经从工业社会时期的财富分配逻辑演化为风险社会时期的风险分配逻辑。[②]与之观点相近，吉登斯也将不同历史时期的风险进行了分类，认为传统社会以及工业社会时期，人们面临的风险主要源于外部自然风险，例如，饥荒、洪水、地震等；但到了后工业社会时期，人们面临的主要风险来源于自身所制造的人为风险。[③]斯科特·拉什提出，当前对风险的判断不应仅仅关注我们所面临的自然风险是否有所增加，而应关注整体社会结构所面临的风险。[④]乌尔里希·贝克认为，从整体来看，个人与国家所面临的风险都大大增加了。

---

① 张超. 社会风险指标体系及其评估［J］. 世界经济与政治论坛，2015（6）：154-167.

② ［德］乌尔里希·贝克. 风险社会［M］. 何博闻，译. 南京：译林出版社，2004.

③ ［德］乌尔里希·贝克. 风险社会［M］. 何博闻，译. 南京：译林出版社，2004.

④ ［英］斯科特·拉什. 风险社会与风险文化［J］. 王武龙，译. 马克思主义与现实，2002（4）：52-63.

乌尔里希·贝克对传统社会、工业社会以及后工业社会的风险类型进行了区分，还对现代性风险的来源进行了详细的论述。①

任何社会的制度改革与社会转型都可能是一个充满风险的过程。安东尼·吉登斯认为，现代性风险存在于现代的社会制度中，即后工业时期的社会风险是一种制度风险。②乌尔里希·贝克（2004）也认为风险与社会转型关系密切，风险社会开始于传统社会的终结。安东尼·吉登斯与乌尔里希·贝克在对风险的解释上被视为制度主义者，认为现代风险产生于现代制度中，是现代性自反性的产物，是一种制度性风险以及一种难以预料的后果。简单来说，风险社会的主要观点包括风险社会中的风险普遍存在并且主要源于工业社会自身；风险社会的形成反映了现代性的自反性。乌尔里希·贝克认为风险社会来源于现存制度的危机。③现代工业文明发展，无节制的资源需求与有限的资源存量之间存在根本上的矛盾，生产力不断扩张的过程也蕴含着摧毁人类生存环境的风险，即现代性的发展最终会导致文明体系的全面崩溃。所以，乌尔里希·贝克将当前人类所面临的风险视为一种"文明的风险"，认为人类生活在"文明的火山上"，并且这样的风险不受时空的限制，具有全球化特征。现代性风险的普遍存在还从整体上改变了社会结构。过去人们的群体以阶层划分，群体的团结与联结以利益分配为动力，但在现代性风险全球化发展背景下，共同的风险威胁成为群体团结与联结的动力，面对这种"文明风险的全球化"，世界上所有的国家与地区结成了"非自愿的风险共同体"。从这一视角出发，现代性风险改变了社会结构，形成了风险社会，标志着一个新的时代的到来。安东尼·吉登斯认为现代性的发展使整个世界逐渐演变为一个"失控的世界"，"各种新风险

①〔德〕乌尔里希·贝克.风险社会［M］.何博闻，译.南京：译林出版社，2004.
②〔英〕安东尼·吉登斯.现代性的后果［M］.田禾，译.南京：译林出版社，2011.
③〔德〕乌尔里希·贝克.风险社会［M］.何博闻，译.南京：译林出版社，2004.

有如悬在人类头顶的达摩克利斯之剑，现代社会发展模式本身就是一个巨大的自杀装置”[①]。乌尔里希·贝克与安东尼·吉登斯都认为，风险社会的出现代表了一种新的历史阶段下的社会形式。

市场化改革后，风险的概念也受到国内研究者的关注。改革开放是我国融入全球化市场以及加速经济建设的过程，一方面，是现代性风险的全球化发展；另一方面，是市场化改革后我国对全球化市场的融入，意味着我国在发展的同时还要承担西方国家所产生的现代性风险，受到风险社会的影响。肖瑛认为中国的风险社会既是全球化风险社会发展的一部分，同时又有自身的特征与运行逻辑。[②]中国风险社会所呈现出的独特性，也引起了研究者的广泛讨论。通过总结、整理现有的文献能够发现，研究者对我国所面临的风险主要从两个方面与现代性风险进行区分与联系。

一部分研究者认为，我国当前所面临的风险既具有传统特征，又具有现代特征，表现为历时性的风险类型共时态的存在。研究者对这样的情况有多种表述，例如“压缩的现代性”“风险的共生现象”等，具体而言就是认为代表传统的风险，例如，传染病、自然灾害等风险依旧会对人民的生活与社会安定构成威胁；同时，还要面对以城镇化、工业化为代表的现代化发展过程中不断涌现出的失业、不平等、生产中的风险、劳资冲突以及各种犯罪行为等各类风险；除此之外，受全球化发展的影响，后工业时期的风险，例如，环境污染、食品安全、核辐射等现代性风险对个人与社会的影响逐渐加深。如果从乌尔里希·贝克、安东尼·吉登斯对风险类型划分的视角出发，无法准确指出我国当前面临的主要是哪种类型的风险。就整体而言，我国当前所面临的风险既具有传

---

① 〔英〕安东尼·吉登斯.现代性的后果［M］.田禾，译.南京：译林出版社，2011.
② 肖瑛.风险社会与中国［J］.探索与争鸣，2012（4）：46-51.

统特征又具有现代特征，甚至具有不同特征的风险会产生连锁反应。当前对我国风险环境的研究也关注到我国社会转型的背景，并将我国社会转型的这一过程视为从传统社会走向现代社会的一部分，梁文群和张永红提出"社会转型是一种社会框架的变化过程，对于任何一个国家现代化的实现都具有必然性，它包含经济体制从计划经济走向市场经济的变化，社会体制由传统迈向现代化，农业化迈向工业化的转变、从自上而下的集权体制向民主集中体制的转变"①。吴金芳和郭镜认为，我国正"处于从计划经济向市场经济、从农业社会向工业社会和知识型社会、从同质单一性社会向异质多样性社会转型的关键时期"②，因此，转型过程本身就包含了传统风险与现代风险。

另一部分研究者同样认为，当前我国的风险环境是复杂的，但这部分研究者认为，我国当前的风险产生于市场与社会转型，内部转型与外部现代性风险产生了碰撞，造成我国当前风险环境的复杂性、复合性。从转型角度而言，风险的出现总是与改革的脚步相一致，郑永年和黄彦杰认为"风险首先产生于经济改革的核心区域，例如，私人企业、股市、保险业以及改制中的国有企业，然后随着市场化的脚步扩展到教育、医疗、住房、土地和就业等与生活息息相关的领域，最后通过食品安全、公共安全、公共卫生、环境污染、生态灾害、粮食安全等全局性议题，逐步成为关乎整个社会稳定和国家治理的核心问题"③。洪大用认为转型时期的风险主要源于各项制度的调整，当结构调整与体制转轨同步进行时，过去旧有的资源分配体制、社会整合方式、控制机制逐渐

① 梁文群，张永红. 转型经济中我国政府的经济职能探讨 [J]. 经济师，2005（5）：75-76.

② 吴金芳，郭镜. 贝克风险社会理论及其对构建和谐社会的意义 [J]. 合肥学院学报（社会科学版），2006，23（1）：15-20.

③ 郑永年，黄彦杰. 风险时代的中国社会 [J]. 文化纵横，2012（5）：50-56.

解体，各项功能趋于弱化，但新的体制机制还不够完善，能够起到的作用有限，由此导致一部分风险的发生与加剧。[①]这些风险既有转型本身所造成的风险，如社会中的贫富差距扩大、社会成员间的信任减弱以及社会控制失灵等，也有转型过程中受各项制度以及保障、监管机制不完善而加剧的风险，例如，社会越轨乃至犯罪激增、传染病控制难度加大等。我国在社会转型与现代性风险交叠的情况下，功利主义意识形态、政府能力和利益追求等因素在风险生成中占据关键位置，而非理性主义的内在悖论在风险构成中处于核心地位，由此造成了我国风险环境的特殊性。

虽然上述两类观点从不同维度对我国的风险环境进行了分析，但是都对我国的风险环境进行了一致的判断，即当前我国面临的风险具有复合性特征，不能用单一的属性或标准对其进行界定。就社会角度而言，整体社会面临"多重风险共生"的威胁。就个体而言，随着市场化改革的推进以及单位制的解体，整体社会结构发生改变，原来的庇护机制失去作用，新的庇护机制还有待完善，由此增加了个体应对风险的脆弱性。虽然从整体视角出发，社会中存在纷繁复杂不同种类的风险，但是从个体视角出发，个体对各类风险的感知能够集中表达为对安全风险的感知。心理学上将个体对安全的感知划分为两种：一种是由交通事故、火灾、地震等引起的暂时性不安全感；另一种则是类似于失业、低收入以及社会变迁等长期的不易改变因素引起的不安全感。安东尼·吉登斯认为长期的不安全感会导致个体本体性不安全的产生，即个体会将外在的不安全内化为自身的不安全感。[②]

从安东尼·吉登斯的论述中能够发现，个体对安全风险的感知分为

---

① 洪大用. 应对高风险社会［J］. 瞭望新闻周刊，2004（2）：61.
② ［英］安东尼·吉登斯. 现代性的后果［M］. 田禾，译. 南京：译林出版社，2011.

两个步骤：第一个步骤是外部安全风险的形成。外部安全风险的形成，有环境因素也有社会因素。自然环境受到污染以及生态系统的崩溃会对人类的生存环境造成极大的消极影响，也会对社会稳定运行造成沉重打击，例如，发生自然灾害、传染病等。社会系统内部的竞争、冲击、动乱甚至颠覆所导致的社会生活环境的混乱与紧张，严重时会导致一个原有的社会面临瓦解。同时，社会安全还直接受经济安全、政治安全的影响，没有必要的经济基础，没有稳定的政治环境，都谈不上社会安全。此外，社会的安全环境还受许多其他具体风险的影响，例如，在上文提到过的失业、贫富差距、生产安全事故、劳资冲突等。自然因素以及社会因素都会造成外部环境的不安全。概括而言，外部的安全环境是指社会系统能够良好地运行，并且能够将阻碍系统正常运行的因素进行控制与排除。第二个步骤是外部不安全的环境内化为个体内部的不安全感，造成个体对安全风险的感知。依据维尔的分类，他将个体的安全风险感知分为五种类型①：一是对个体自身的安全感知，主要包括身体健康情况、食品安全、生活环境等安全状况；二是个体对经济安全的感知，包括金融安全、个人财产安全、工作安全以及个体投资环境的安全状况；三是社会安全状况，主要指当其自身或家庭遭遇生活风险时，能否获得政府部门、社会的兜底与帮助；四是个体对政治安全的感知，即公共生活的秩序，政治组织的合法性能否受到保护，以及国家安全；五是个体对自然环境安全的感知，主要是指社会成员对自然环境中危险的感知。

　　如上文所言，从我国当前社会风险的出现到社会风险内化为个体对安全风险的感知，这一过程以市场化转型为背景，以城市为容器。并且在城市这一容器中，社会风险可能转换为城市安全风险，并且受到城市

---

① Vail J. Insecure times: Conceptualizing insecurity and security [M]. New York：Routledge，1999.

化的影响，产生新的特征。伴随城市的不断扩张，大型以及超大型城市的形成，人口数量多、密度大以及生产、住宅的聚集使安全风险在城市中具有突发性、传播速度快、影响范围广等新的特征，也进一步提高了城市安全风险的治理难度。

第三节　基层社区治理模式的形成

单位制解体背景下，单位将过去承载的社会职能进行剥离，基层社会治理的单元从单位向社区转移。经历了聚焦福利供给、全面建设以及深化社会治理三个发展阶段，社区治理已经从制度完善、主体形成等方面进行了卓有成效的建设，并在供给公共服务、调节邻里关系以及整合社会资源等方面发挥了重要作用，但是在当前社区治理的过程中，仍然存在部分问题，需要从多个方面进行处理与完善。

风险全球化发展背景下，社会管理必然面临更为复杂的状况，也会推动社会管理的整体转变。从当前我国风险环境出发，传统的自然风险、工业化风险、全球化所带来的现代风险以及所面临的转型风险，形成了社会管理面临的复杂环境。从结构角度而言，一方面，是过去由政府、单位所构成的社会管理主体转变为多元主体共同参与的社会治理；另一方面，过去自上而下的管理方式也向网络化的连接模式转变。张海波认为从应对风险的管理过程而言，社会管理面临常态管理与应急管理的平衡与结合。① 从价值目标而言，则要兼顾安全与发展。就整体而

---

① 张海波. 风险社会视野中的公共管理变革 [J]. 南京大学学报（哲学社会科学版），2017，54（4）：57-65.

言，为了应对转型时期各类风险的挑战，我国的基层治理无论是在理论上还是实践上都应该进行重新审视，探索出一条既适应我国风险环境又能应对全球风险的治理之路。

在对社会治理的探索过程中，空间是一个重要的切入点。无论是"单位办社会"时期，还是转型时期，社会的管理都与空间的划分有着密切联系。由此，研究者在探讨风险背景下的社会治理时尤其关注城市空间以及城市内的空间划分。陈忠认为城市空间应当具有一定的弹性，而城市空间具有弹性的一个重要表现就是对空间的私人性以及公共性关系进行妥善处理。[①]当前在市场化的影响下，人们过多地强调空间的私人性，期望将空间固化为个体的私有物，而这样的发展倾向正在成为制约城市发展以及应对风险的阻碍。从单位制时期到转型时期，个体的生活空间从单位空间向社区空间转移。因此，如何更有效地进行社区治理是城市风险治理的重要课题之一。

一、社区治理的制度演进

2000年，中共中央办公厅、国务院办公厅转发的《民政部关于在全国推进城市社区建设的意见》中指出："社区是在一定地域范围内的人们所组成的社区生活共同体"。2017年，《中共中央、国务院关于加强和完善城乡社区治理的意见》中，又赋予了"社区"新的内涵："城乡社区是社会治理的基本单元"。社区由此被纳入国家治理体系的整体布局中。社区在我国语境中有两种属性：分别是社会属性与政治属性。社会属性体现为社区是一个生活单元；政治属性体现为社区是一个治理单元。在强调国家治理与治理能力现代化的背景下，从国家治理的基础

---

① 陈忠. 城市社会：文明多样性与命运共同体［J］. 中国社会科学，2017（1）：46-62.

单元社区进行研究，可以更好地解决社区治理过程中遇到的困境，最终建成共建共治的社会治理格局。社区治理的发展可以分为如下几个阶段：

第一阶段，聚焦福利功能的社区服务阶段（1986—1990年）。市场经济改革是城市社区改革的逻辑起点。改革开放以后，企业改制逐渐深化，企业为寻求更好的发展逐步将福利服务职能向社会释放。但企业改制的同时也产生了大量的下岗职工等困难群体，如何将困难群体的福利服务运行好，是企业改制路上的一块巨石。国有企业改革转移出来的福利服务职能需要一个社会化的承接载体。由此，现代意义上的社区概念被官方用于具体实践。1986年，中华人民共和国民政部第一次把社区概念引入城市管理工作，提出城市开展社区服务的必要性。1987年，中华人民共和国民政部召开了"全国城市社区服务工作座谈会"，主要谈到社区服务首要的对象是老年人、残疾人、困难户、儿童，并且社区福利服务功能要倾向于慈善化，社区服务是一种选择性而非普惠性的福利安排。

第二阶段，全方位蜕变的社区建设阶段（1991—2011年）。这一阶段是从最初的"慈善化"到全面化推进，使福利服务覆盖更加全面的发展阶段。民政部在20世纪90年代初提出了"社区建设"的概念。1991年，时任民政部部长崔乃夫提出：社区建设是健全、完善和发挥城市基层政权组织职能的举措。崔部长认为，社区现阶段已不能应对新出现的问题，需要对福利服务进行全方位的覆盖。1998年，民政部将"基层政权建设司"变更为"基层政府与社区建设司"，社区建设正式被纳入国家行政职能范畴。这一阶段，改革的方向是组织建构、管理体制、平台建设、完善功能等全方位推进。2000年，中共中央办公厅、国务院办公厅转发《民政部关于在全国推进城市社区建设的意见》中，提出要推动各地区将社区建设纳入国民经济与社会发展计划。2001年，社区建设被列入《国民经济和社会发展第十个五年计划纲要》（以下简称《"十五"计划纲要》）中。这一时期社区建设的重点工作包括三个方面：第一，在组织建设方面。根据党的十六大报告的指导思想，《"十五"计划纲要》提出要健全基层自治组织和民主管理制度，完善城市居民自治。第二，在社区服务方面。《"十五"计划纲要》提出，服务对象要覆盖所有居民，不能仅停留在"慈善化"阶段，服务内容上也需要进行拓展。第三，在社区服务的功能进行定位方面。《"十五"计划纲要》则提出，要建立起覆盖社区全体成员、服务主体多元、服务功能完善、服务质量和管理水平较高的社区服务体系。2006年，为进一步强化社区建设，在国务院印发的《国务院关于加强和改进社区服务工作的意见》中，提出："要推进公共服务体系建设，使政府公共服务覆盖到社区。"从"重服务"演变为"服务和管理并重"。党的十七大报告提出"把城乡建设成为管理有序、服务完善、文明祥和的社会生活共同体"。2009年，民政部发布《关于进一步推进和谐社区建设工作的意见》中，重点突出了社区的基层社会管理职能，包括应急管理、治安综合治理、特殊人群的管理监督和教育，并开始实施网格化管理。通过努力，社区建设逐步走向制度化、规范化。

第三阶段，社区深化改革治理阶段（2012年至今）。党的十八届三中全会首次提出了国家治理体系与治理能力现代化，社区作为社会治理的基础单元和治理中心下移的承接载体，其地位也随之被提升到了一个新的高度。中共中央、国务院在2017年将民政部的"基层政权与社区建设司"更名为"基层政权与社区治理司"，标志着我国的社区改革开始进入以推进社区治理体系和治理能力现代化为主要目标的发展新阶段。主要表现在三方面：一是从社区治理主体结构的构建出发，重点强调基层党组织领导、多元主体参与及其协同合作机制的构建。《中华人民共和国国民经济和社会发展第十二个五年规划纲要》（以下简称《"十二五"规划纲要》）提出："健全社区党组织领导下的基层群众自治制度。""积极培育社区服务性、公益性、互助性社会组织,发挥业主委员会、物业管理机构驻区单位的积极作用,引导各类社会组织及志愿者参与到社区管理与服务当中。"《中华人民共和国国民经济和社会发展第十三个五年规划纲要》(以下简称《"十三五"规划纲要》)进一步提出"完善城乡社区治理体制。依法厘清基层政府和社区组织权责边界,建立社区、社会组织、社会工作者联动机制"。二是进一步突出社区的公共服务职能。从2011年开始,民政部根据《"十二五"规划纲要》和《"十三五"规划纲要》的要求,相继出台了《社区服务体系建设规划》(2011—2015年、2016—2020年),对社区服务体系的建立提出了步骤和目标。《"十二五"规划纲要》提出了基于社区综合服务平台,建设和服务城乡社区服务能力提升计划。《"十三五"规划纲要》进一步提出,健全城乡社区综合服务管理平台,促进公共服务、便民利民服务、志愿服务有机衔接,实现一站式服务,实现城市社区综合服务设施全覆盖。在"十三五"时期,将更多公共服务覆盖到社区,并且加强以民生需求为导向的社区基本公共服务体系建设。三是在物业管理方面。2017年,中共中央、国务院发布的《关于加强和完善城乡社区治理的意见》中,强调了社区党组织和居委会对物业管理的监督职能,将物业管理确定为社区治理的重点任务。

二、社区治理结构的内涵

在单位制度变迁背景下,学者开始探索社区治理结构的变革和创新。在单位制末期,一种新的政府委托代理模式开始出现,居委会的作用逐渐凸显。在这一时期,政府主要依靠行政权力领导群众,而社区依靠情感动员城市居民,社区呈现出一种动员式的治理结构。社区建设是在"全能政府"和"万能市场"失灵的背景下提出的。单位制度变迁背景下,居委会有效填补了后单位制时期社会管理的空白。社区建设以居委会为中心，形成以民主选举、民主管理、民主决策和民主监督为配套的城市基层民主制度。但居委会也不是完全自治的组织，国家将居委会作为政府治理体系的末端，实现纵向的委托代理。社区的人事安排、规章制度、自治章程等都由街道制定，社区自治属性较弱。这主要是因为社区工作经费来源于政府且不拥有独立账户，所有经费都要经过上级政府的审批，严重削弱了社区的自治属性，造成了居委会对上级政府的严重依赖。虽然，居委会相对于传统的单位制而言有很大改变，但是，居委会的性质和运行机制并没有从根本上改变，只是增加了一些自治权。

党的十八届三中全会报告明确指出，加强和创新社会治理以来，社会治理主体逐渐完善，形成社区、社会组织、企业的联动。从政府全能主义到政府通过购买社会服务的转变，社会组织嵌入社区，整体呈现为嵌入式治理结构。政府通过购买服务的方式将社会力量嵌入到社会治理体系中，不再直接介入社区，以购买服务的方式替代行政权力关系，重构了公共服务主体和主体间的联系和规范。2017年，中共中央、国务院发布的《关于加强和完善城乡社区治理的意见》（以下简称《意见》）中明确提出，将城乡社区服务纳入政府购买服务指导性目录中。地方政府不再将居委会当成行政链条的末端，而是将具体事务交给专业社会机构。随着《意见》的提出，地方政府大量向社会组织购买公共服务。社会组织通过嵌入的方式参与到社区的治理与服务当中：一是提供公共产品和服务，社会组织的参与可以弥补以政府为主体时，不能满足居民需求的缺口。在实践中，社会组织在养老服务、青少年教育、环境保护等方面发挥了重要作用。二是调节邻里关系，当前，整体社会压力较大，邻里之间矛盾频发，以往人民调节以司法裁决为主，成本高且周期较长，还无法及时解决矛盾。专业社会组织的调节既具有及时性又可以根据具体矛盾进行定向解决。如家庭纠纷、夫妻感情依靠专业社会组织力量可以灵活解决。三是整合社区内外资源。一方面，社会组织可以提升社区现有资源的利用率；另一方面，社会组织能够利用自身优势联结外部社会资源，弥补社区内部资源不足的劣势。

2014年，中共中央、国务院印发《关于全面深化农村改革加快推进农业现代化的若干意见》，提出："探索不同情况下村民自治的有效实现形式"的要求，同时，提出社区需要继续下沉才能有效地发挥作用，由居民自发成立社区社会组织可以使社区更好地下沉，避免与现有的治理基础相脱节，并在一定程度上解决集体行动的问题，社区呈现出一种内生式治理结构。社区社会组织相对于居委会具有较强的社会属性，能够成为社区治理主体的原因在于：一是规模较小。曼瑟尔·奥尔森认为，小集体更具有凝聚力，个体搭便车的行为较少，达成集体共识的可能性较大。[1]社区社会组织规模较小，一般人数在30人以内，成员之间相互熟识，协调成本低，大多数分歧可以通过自行协商来解决，自主合作的可能性较大。二是利益关联度大。相关利益是居民参与的动力，社区社会组织内部利益关联度大，大多数社区社会组织都是由具有相同利益居民自发组成的，组成的目的就是为了满足自身需求。三是文化认同感高。任何有效的治理形式都要与本土文化相适应，社区社会组织是由一群志同道合的居民组成的，他们有共同的居住环境、生活习惯以及思维方式，组织内部文化认同度高，集体行动的文化基础强。相比专业社会组织而言，社区社会组织更加"接地气"，因为社区社会组织是由居住在本社区的居民自发成立的，所以能够代表共同的利益与需求，且能够长期存在。而专业社会组织是从外部嵌入进来的，会随着相关事件的解决退出社区。

在社区内成立的各类社区社会组织，既是一个利益共同体，更是一

---

① 〔美〕曼瑟尔·奥尔森. 集体行动的逻辑［M］. 陈郁，郭宇峰，李宗新，译. 上海：上海人民出版社，2014.

个意愿共同体。居民根据自身的需求与爱好加入各类社区社会组织，并与组织共同成长。社区社会组织的形成需要具备三个条件：一是组织的领袖。一个社区社会组织的成立需要领袖存在，领袖大多是在组织中具有一定威信且具有一定特长，能够更好地带动与团结社会组织的人。二是组织规则的约束。规则应由组织成员协商确定，主要是规定组织成员的责任与权利，通过规则对组织成员行为的不断修正可以使社区社会组织更加规范。三是组织制度的激励。曼瑟尔·奥尔森认为，社区激励可以在潜在集团中形成集团导向行动，使个体理性逐渐向公共理性转变。①组织成员协商制定激励制度，积极参与社区事务的居民会获得物质、精神、荣誉等方面的奖励，将极大激发居民的参与动力。总体来看，政府通过改变介入方式，不断培育社区社会组织，推动居民组织化参与，社区治理转向内生式治理。社区社会组织扎根于社区形成一种内生的社会力量，具有较强的自治性，它代表了居民的需求，参与程度与效果都有很大程度的提升。从深层次看，宏大的社区治理分解成无数个细微的社区社会组织治理，通过改变环境，推动社区治理结构的优化。

从当前的社区治理的实际情况来看，治理过程既体现了一定程度的行政性，又具有部分的社会性，但整体而言行政性更强。焦若水的研究中提到从历史发展的眼光来看社区，我国的社区发展经历了传统农业社会的保甲制到单位制时期的街区制，再到市场化改革之后的社区制。②从这一发展过程来看，我国的社区发展与西方所谓的"社区"内涵并不完全相同。西方对社区的关注始于滕尼斯对"社区"内涵的定义与挖掘，斐迪南·滕尼斯认为社区是由同质性较强的、有相同价值取向的人

①〔美〕曼瑟尔·奥尔森.集体行动的逻辑［M］.陈郁，郭宇峰，李宗新，译.上海：上海人民出版社，2014.

②焦若水.变迁中的社区权力与秩序［M］.北京：中国社会科学出版社，2015.

口构成的，是能够相互帮助的亲密共同体。①相比而言，我国历史上的社区制度发展着重强调对社会的管理与控制，而社区这一功能的保留与延续可以被视为新政权对过去政权经验教训的吸取。就社区制而言，其形成与出现于市场化改革时期，当单位制解体并将过去所具有的社会职能进行剥离时，社区对这一职能进行承接。单位制时期，单位代替国家对社会进行严格的管理与控制，虽然在转型时期，由社区承接单位的社会职能，国家对社会领域的管控有所放松，但是，受渐进式改革的影响，国家与社会关系依然存在一定程度的路径依赖，二者关系的转换与调节也需要一段较长时间的适应。因此，当前社区治理过程中不可避免地呈现出一定的行政性。

当然，除去历史原因，当前社区治理的实践过程中也具有明显的行政性特征。社区居委会是社区治理的主要实践载体，但在工作内容、组织形式以及资金来源等方面都与政府部门有着密切关系，体现出较强的行政性，具体表现介绍如下。

第一，就社区居委会的工作内容而言，从政府文件对居委会性质的定义中能够了解到居委会的主要工作内容。1954年12月31日，第一届全国人民代表大会常务委员会第四次会议制定并通过了《城市街道办事处组织条例》和《城市居民委员会组织条例》。《城市居民委员会组织条例》中，对居委会的任务做出如下规定："办理居民的公共福利事项，向当地人民委员会或者它的派出机关反映居民的意见和要求，动员居民响应政府号召并遵守法律，领导群众性的治安保卫工作，调解居民间的纠纷"。这一规定中社区居委会的主要任务是，作为群众性自治组织为社区居民服务、反映社区居民的需求与利益，充当政府部门与个体连接与对话的纽带。但是，在1989年12月26日，第七届全国人民代表大会常务

① 〔德〕斐迪南·滕尼斯. 共同体与社会纯粹社会学的基本概念 [M]. 林荣远，译. 北京：北京大学出版社，2010.

委员会第十一次会议通过的《中华人民共和国城市居民委员会组织法》
与1954年全国人民代表大会常务委员会第四次会议通过的《城市居民委
员会组织条例》相比，《中华人民共和国城市居民委员会组织法》对居
委会任务的规定主要增加了两点：一是"宣传宪法、法律、法规和国家
政策，维护居民的合法权益，教育居民履行依法应尽的义务，爱护公共
财产，开展多种形式的社会主义精神文明建设活动"；二是"协助人民
政府或者它的派出机关做好与居民利益有关的公共卫生、计划生育、优
抚救济、青少年教育等各项工作"。增加的两项工作内容都是对政府工
作的辅助，也奠定了社区居委会工作内容具有行政性倾向的基础。

　　第二，就社区居委会的组织形式而言，1989年颁布的《中华人民共
和国城市居民委员会组织法》对居民委员会的组织形式、工作流程、经
费来源等问题进行规范。居民委员会的组织形式由5～9人构成，由居民
委员会主任、副主任和委员构成。居民委员会的成员由社区居民选举产
生，居委会主任任期为3年，此后，在2018年修订中改为5年，成员可
以连任，居民会议可以对居委会成员进行裁撤和补选。居民委员会负责
主持与召开居民会议，当"有五分之一以上的十八周岁以上的居民、
五分之一以上的户或者三分之一以上的居民小组提议，应当召集居民
会议"，涉及所有居民重要利益的事件，必须经居民会议讨论决定。虽
然，社区居委会的组织流程与选举方式已经具备了居民自治的架构，但
是，在实际操作中受多方面因素的影响。刘春荣提出，在选举过程中通
常需要社区居委会的工作人员以及体制内具有行政职位的居民对社区居
民进行组织与动员，通常选举出的居委会成员也与政府部门以及上级
街道具有紧密的联系。①这意味着通过社区居民选举出的居委会工作人
员，在行事风格上依旧会向政府工作方式靠拢。

---

　　① 刘春荣. 选举动员的框架整合——银杏居委会换届选举个案研究［J］. 社会，
2010（1）：22–45.

第三，就社区居委会的资金来源而言，1989年颁布的《中华人民共和国城市居民委员会组织法》规定，社区居委会的经费与资金的来源主要由三部分构成，包括政府划拨、居民委员会营业性收入以及向居民与辖区单位筹集资金。其中，居委员会成员的生活补贴由上级政府划拨，办公地点由政府统筹解决；经居民会议同意，可从居民委员会经济收入中适当补助；居民委员会兴办公益事业的费用，通过居民会议讨论后，可以以自愿原则向居民、辖区内单位筹集，收支账目应该及时公布，并接受监督。从这一规定的内容来看，政府划拨经费是社区居委会经费来源的重要组成部分，从这一角度而言，社区居委会也很难脱离政府部门，实现完全的社会性。整体而言，受社区历史发展过程以及社区居委会实际运行过程的影响，社区治理呈现出较强的行政性特征。

但社区治理过程中也具有一定的社会性特征。从社区居委会的初始定位而言，1954年出台的《城市居民委员会组织条例》中就明确提出，"办理居民的公共福利事项以及反映居民的意见和要求，是居民委员会的主要任务"，到1989年《中华人民共和国城市居民委员会组织法》的出台，这两项内容都没有改变。虽然为社区供给公共服务以及反映居民需求的工作内容一直没有改变，但是伴随近年来制度安排的变迁以及社会领域的发展，社区对公共服务的供给成为其社会性的主要体现。雷洁琼认为，受政府职能改革的影响，政府将更多的社会权力下放，社区主体承担了一部分的社会权力，[①]空间角度下的社区也成为实现城市社会治理的主要场域。政府职能改革还促进了政府购买公共服务的兴起，即政府通过向社会组织购买公共服务来满足社会成员对公共服务的需求。社区作为公共服务供给的主要场域，也意味着更多的社会组织进入到社

---

① 雷洁琼.转型中的城市基层社会组织［M］.北京：北京大学出版社，2001.

区内，与社区内的行动主体进行协同与合作。

由此，在社区治理过程中，涉及社会组织、社区居委会、街道以及上级政府和社区居民等多个主体。在住房市场化改革后，商品房社区逐渐增多，社区内的组织结构亦发生了变化。一部分研究者认为，当前社区治理中形成了以行政连接为基础的社区居委会，以社会连接为基础的业主委员会以及以市场为连接的物业公司。三者之间由于具有不同的形成基础，不存在隶属关系，但又都具有正式组织的特征，三者间的合作与互动形成了社区治理实践。因为三者具有不同的行为方式，社区居委会遵循科层等级制、社区业主委员会遵循认同原则，社区物业公司遵循等价交换原则，意味着在社区治理过程中，也会存在对治理权的争夺问题。李友梅认为，当三种具有不同性质的组织主体进入到社区场域内，形成"共治"格局，只要进入到"共治"格局中，就会遇到"谁指挥谁"的问题。①从治理的概念内涵出发，这一问题的解决，需要通过一系列的沟通与协商，在承认不同主体基本利益的前提下，建立互惠共赢的合作模式。在具有不同情境的社区内，这一沟通协商的过程以社区的具体情况为根据，会展现出参与协商的多元主体的价值取向，每个主体都试图在当下情境中影响对方，使合作朝着对自身有利的方向发展。李友梅认为，这样的"合作关系是一个具有权力特征的合作关系，其秩序得以建立的调节机制是独特的，而且不会受任何一个组织的单一理性的完全支配"②。

除了内部系统的形成，社区治理还受到外部系统的影响。焦若水提出，从整体性的视角出发，社区是"宏观系统的节点"，这一节点意味着社区外部系统与内部系统的连接。③将外部系统定义为纵向模式，

①李友梅. 社区治理：公民社会的微观基础［J］. 社会，2007（2）：159-169.

②李友梅. 社区治理：公民社会的微观基础［J］. 社会，2007（2）：159-169.

③焦若水. 变迁中的社区权力与秩序［M］. 北京：中国社会科学出版社，2015.

具体是指"不同的社会单位和子系统互相之间的结构与功能",将社区内的多元主体协同与合作定义为水平模式,具体指"社区内不同的单位和子系统互相之间的结构与功能关系"。从社区治理的行政性与社会性的角度出发,社区治理的行政性意味着其受到社区外部即上级街道以及政府部门的影响,社区居委会受垂直行政体系中上级部门的领导与管理。社区治理的社会性则代表了社区内部具有不同性质,代表不同领域的行动主体按照平等独立的原则进行协商与合作。两种系统以及其所遵循的行为逻辑在社区进行对接,共同形成了社区治理的实践。

多元力量的形成以及彼此之间形成合作是社区协商制度形成的基础。2015年7月,中共中央办公厅、国务院办公厅发布《关于加强城乡社区协商的意见》,明确了社区协商所具有的重要意义、主要任务以及组织方式。《关于加强城乡社区协商的意见》的发布意味着社区治理中多元主体间的协商与合作正朝着制度化的方向发展。王海宇(2018)认为,从社区协商的制度思想来看,社区治理实践的重要组成部分——"人民当家作主"是社区协商的理念基点。[①]从发展的眼光来看,社区协商制度的出现是经济社会发展的产物,也是社区建设与发展的重要手段。从社区外生角度出发,经济社会的发展与进步为多元主体的形成以及社区协商制度的形成提供了必要条件,并要求各个主体间打破隔离与对立的状态,共同参与到社区公共事务中来;从社区内生角度出发,社区内多元主体的协商合作,是对社区内居民利益从各个维度的表达,并通过组织化的形式进行博弈与互动。因此,社区治理的社会性更多体现在多元主体的协同合作中。虽然合作的主体

---

① 王海宇. 有限度的自主——当前社区治理中的社区干部[J]. 青年研究,2018(2):67-76.

各自具有不同属性，有代表行政性的社区居委会，有代表社会性的社会组织，还有代表市场性的企业，但各个主体进行平等协商的过程，体现了更广泛意义上的社会性。从目标定位来看，我国的协商民主最为突出的特点是，协商民主促进民生问题解决。从这一角度而言，社区不只是行政权力在基层的延展空间，而是涉及政治民主、公共管理、社会发育等多重意义的生活共同体。总体而言，社区协商是与社区治理相适应，为不同社会主体的公共参与利益表达提供了制度化的渠道，促进治理结构从单一主体向多元化、多面向以及扁平化发展，体现了社区治理的社会性。

三、社区治理的现实困境

（一）治理主体单一化

社区社会组织作为城市基层地域性的社会组织和管理单元，表现出分化程度低，管理主体单一的特点。社会组织的类型繁多，主要包括社区居民代表大会、社区居委会、社区党组织、社区服务站、业主大会、业主委员会、社区共建联席会、社区事务协商会、社区社会组织、物业服务企业等，其中，作为管理主体的只有社区居委会，相比其他社会组织，社区居委会力量相对强大、资源相对充足并且属于常驻机构，可以成为独立的管理主体。

社区服务平台作为社区中的常设组织，存在职责不清的问题。开展社区规范化建设之前，北京市在社区层面存在较多社区工作站、社区服务站、社区居民事务办理站、社区事务代办站等名称不一的社区事务办理服务机构，社区服务平台中主要工作人员为社区聘用人员及社区协管员。在我国当前的制度环境中，社区居委会相比其他社区组织具有存在时间最长、发挥作用的合法性最强、权威性最高、法律保障最充分、社会认知度最高、群众基础最广泛、与政府的关系最为紧密、掌握的社会资本最丰富等特征。在对比其他社区社会组织后，社区居委会成为唯一的管理主体，近乎负责管理社区的一切公共事务。并且在实际工作中，"社区"与"社区居委会"词意指代基本相等同，这种单一化的管理模式会产生以下几方面的问题。

一是社区居委会功能的混乱。1982年，第五届全国人民代表大会第五次会议通过的《中华人民共和国宪法》第一百一十一条规定："城市和农村按居民居住地区设立居民委员会或者村民委员会，是基层群众性自治组织"，它的主要任务是"办理本居住地区的公共事务和公益事业，调解民间纠纷，协助维护社会治安，并向人民政府反映群众的意见、要求和提出建议"。1989年，第七届全国人大常委会第十一次会议又提出，居民委员会是"自我管理、自我教育、自我服务的基层群众性自治组织"。社区居委会从法律上讲作为非政府组织的一种形式。但是，在实际社会生活中，随着改革开放的不断深入，我国的社区居民委员会功能发生了巨大的变化，现代企业制度的建立明确了企业的生产、经营功能，把计划经济体制中所承担的社会服务、社会管理、社会保障等功能转移到城市社区当中。社区居委会作为社区唯一的管理主体的同时实现功能多样性，其身份在整个社会系统中具有独特的地位。功能多样性主要表现在社区居委会承担着多方面的职能和任务，集中了多方面的权力和责任，同时，发挥着"基层群众自治的组织者""居民利益代言者""部分社区事务的实际决策者""大部分社区事务的实际执行者""社区矛盾纠纷的协调者""党和政府在社区的代言者""党和政府与社区的连接者"和"政府公共服务及行政性事务的承担者"等多种功能，功能全面的同时也危害了社区居委会存在的合法性和认同度，降低了其原本拥有的职能与办事效率。

二是造成了社区居委会成员的角色冲突。随着社会的发展，社区居委会承担着两方面的角色，行政性公共事务和自治性公共事务。政府的行政功能和居民的自治功能成为社区居委会承担的多种功能中最重要的两种功能，这样社区居委会扮演着"政府办事员"与"居民领导者"的双重角色。一方面，社区工作人员是街道聘任的工作人员，由街道支付工资；另一方面，部分社区工作人员还要参加选举，通过选举流程才能当选居委会成员。这样的双重身份意味着，社区工作人员既要对上级街道负责，完成其下派的各项行政性任务，同时，也要向社区居民负责，代表居民的利益，反映居民的需求，帮助居民解决遇到的问题。当居民需求与上级部门要求不一致时，意味着社区工作的完成需要花费更多的时间与精力，在行政任务"层层发包"与"层层加码"的情况下，社区工作处于可用资源少、工作任务多的困难局面。

（二）治理机制行政化

在社区治理过程中，政府部门始终发挥着决定性作用，承担着社区治理的政策制定、组织规划、提供人力财力支持以及推动日常工作开展等职能。政府部门在社区治理中投入大量的人力、物力和财力，这样的方式在社区建立与发展的前期无疑是起到巨大积极作用的。但是，伴随社区治理理论的提出及实践，这一方式的弊端也逐渐显现，其中，最主要的弊端是对行政角色的扮演以及职能履行过程中，社区出现职责不清、管理体制不顺，并且在社区治理运行过程中呈现出较强的行政化特征。社区治理体制行政化主要表现在如下几个方面：

第一，社区工作内容的行政化。市场转型过程中，在户籍管理制度放松，城乡之间、区域之间的流动性增强，城市流动人口增多，以及单位制逐渐解体的情况下，单位将原本承担的对社会进行管理的职能进行剥离。因此，转型时期单位的社会管理职能开始向社区转移，《中华人民共和国城市居民委员会组织法》中明确规定，社区居委会应当"协助人民政府或者它的派出机关做好与居民利益有关的公共卫生、计划生育、优抚救济、青少年教育等各项工作"。在政府治理体系运行过程中，社区居委会实际已经成为行政链条上的一环，政府各职能部门都向社区延伸，在"层层发包"的行政治理体系下，职能部门都将政策落实的任务交给社区，造成了社区工作内容具有行政化偏向。

第二，社区治理运行过程行政化。治理理论强调公共事务治理过程中多元主体的参与，吴群刚和孙志祥认为，我国的社区社会组织发育不足，社区治理过程中存在"以政代社"的情况，政府以及社区居委会对城市居民日常事务管理的过多，承担了部分不该承担的职能以及包揽了部分应由社区社会组织承担的服务供给。①由此导致行政因素对社区治理过程影响较大，同时，也使社区社会组织缺乏发挥作用的空间，发展受到一定阻碍。

第三，社区治理方式行政化。主要表现为社区治理过程中，政府部门与社区居委会的关系以及社区居委会与其他治理主体之间的关系。在《中华人民共和国城市居民委员会组织法》中，将政府部门以及政府派出机构与社区居委会的关系定义为指导、支持与帮助，社区居委会协助政府部门完成工作。但在实践工作中，政府部门与社区居委会呈现出领导与被领导的关系，政府部门从工作内容、人员配置以及资金支持等多方面影响社区居委会的工作与运行。此外，社区治理过程中社区居委会与其他治理主体通常也并非呈现出平等、协商的合作关系，而是管理与被管理的关系，尤其是社区居委会与社会组织之间。这样的关系形成与我国社会组织的发展情况有着很大的关系，由于我国社会组织发展整体上受到政府购买公共服务的影响，因此社会组织发展方向与资源获得都对政府具有较强的依赖性。当社会组织通过政府购买公共服务进入到社区，一方面，受到社区居委会的监管；另一方面，进入以及在社区开

---

① 吴群刚，孙志祥. 中国式社区治理——基层社会服务管理创新的探索与实践［M］. 北京：中国社会出版社，2011.

展工作都需要社区居委会的帮助，由此双方的关系并非是平等的合作关系，通常呈现为管理与被管理的关系。

（三）社区参与浅层化

社区参与是社区治理的重要组成部分，也是推动社区治理得以运转的主要动力。无论是学界还是政府部门都相当重视转型时期社区参与在社区治理中发挥的作用。早在2000年发布的《民政部关于在全国推进城市社区建设的意见》中提出，要"在党和政府的领导下，依靠社区力量，利用社区资源，强化社区功能，解决社区问题，促进社区政治、经济、文化、环境协调和健康发展，不断提高社区成员生活水平和生活质量"。即重视社区自身作用的发挥。其中，就包括社区居民的积极参与。但在实践过程中，社区居民、社区内的社会组织以及驻区单位的参与呈现浅层化，参与的制度与规范不完善，个体与组织的参与积极性不高，通常进行社区参与的基本都是社区内的老年人或低保居民，并且参与的内容也较为浅层化。

社区参与的浅层化：首先，表现为整体的参与程度不高。近年来对社区居民社区参与的调查都显示出个体对社区事务参与并不积极。例如，在2014年的JSNET问卷调查中，参加过社区志愿活动的人仅占所有样本的19.7%，由此能够发现社区居民对社区活动参与的积极性不强。社区的驻区单位与社区居委会之间受到"条块分割"的影响，通常受到不同上级部门的管理，在单位利益与社区利益未能捆绑的情况下，单位对于社区举办的活动很难自觉加入。其次，社区参与的浅层化还表现为参与结构的不均衡。当前的社区参与在年龄结构上呈现出两极化：一方面是老年人退休之后空闲时间较多，容易动员，社区能够为老年人组织休闲娱乐活动以及提供部分养老服务，老年人具有参与条件也拥有参与动力；另一方面是学龄儿童的参与，社区有时会为放寒暑假的青少年开办辅导班，让青少年在社区具有归属感。但处于中间年龄层次的社区居民通常对社区活动参与程度较低。此外，社区领取低保以及生活困难的群体，相对而言对社区活动参与更为积极，因为涉及最低生活保障金的领取以及就业服务等，这一部分群体会更多地参与到社区活动中。相对而言，其他不存在生活困难的群体社区参与程度较低。

第二章
单位与城市连接方式转变及其造成的治理困境

第一节　单位制变迁下城市治理模式转变

传统单位制时期，单位的形成与城市化、工业化发展同步进行，计划经济体制下城市人口被有组织、有计划地纳入单位中。从自上而下的角度看，国家通过单位向个人分配生活资源；从自下而上的角度看，个体通过单位参与国家建设，并且以组织化的方式表达自身的需求与利益。这一时期单位不仅具有生产职能，同时还具有社会职能，以单位为中介，国家通过单位进行社会管理，个体通过单位进行社会参与，在此背景下国家对社会领域进行了高度控制。市场化改革后，在经济制度改革的同时政府职能也发生了转变，为适应市场经济发展，一方面，政府将过去直接参与经济生产的方式转变为间接调控；另一方面，政府也放松了对社会领域的管控，并在"服务型政府"的建设过程中，期望社会领域能够参与到社会建设以及公共服务供给中来，发挥更多的积极作用。因此，在形成多元社会行动主体的同时，过去的社会管理方式也发生了转变，从强调纵向管控的社会管理转变为强调协同合作的社会治理。

一、单位制时期的城市管理结构

对于单位在我国发展过程中所起的作用，不同研究者从多角度进行了分析。单位具有多方面的功能与作用，单位制是复合性的，田毅鹏认为"单位既是一种统治和控制，又是一种动员和组织；既是生产性组织，又承载了政治、社会、文化的功能。"[1]研究者从不同角度、不同维度对单位的研究，也意味着单位制度在我国发展过程中具有重要作用，田毅鹏认为"在社会主义初期的中国社会，单位制不是一般性的组织和制度，而是中国迈向现代化的进程中建立的带有总体性的组织和制度，它决定了现代中国社会的总体结构和体制"[2]。

田毅鹏提出，从单位的起源来看，单位是中国社会面临总体性危机与西方列强现代性挑战时所进行的组织重构与制度重建。[3]在新中国成立以后，单位制又作为社会主义工业制度的具体实施方式而被推出，从发展时间上来看，单位制从十二世纪四五十年代开始实行，并且在我国的社会主义工业建设中发挥过重要作用。因此，仅仅将单位制视为一种经济组织形式、控制形式或者是计划经济的一种执行手段都是不全面的。既有的研究通常都强调单位起源过程中所具有的"统治""控制"以及其所具有的社会革命含义，认为民主革命时期的"根据地经验"对单位制的建立具有重要的启发意义。但田毅鹏却提醒我们注意单位制发展与我国工业发展之间的关系。[4]他认为，从单位制起源到发展，与工业主义始终具有紧密的联系，工业主义更是从组织形式、价值观念以及制度规范等方面深度嵌入到单位制中。

---

① 田毅鹏."单位研究"70年［J］.社会科学战线，2021（2）：211–221.
② 田毅鹏."单位研究"70年［J］.社会科学战线，2021（2）：211–221.
③ 田毅鹏.单位制与"工业主义"［J］.学海，2016（4）：63–75.
④ 田毅鹏.单位制与"工业主义"［J］.学海，2016（4）：63–75.

在世界文明发展史上，城市化与工业化是相伴而生的，工业化的发展需要劳动人口的集中与分工，而整体的一套工业化流程亦需要有组织的工厂建立。由此，工业化的发展过程或是推动人口向城市集中，或是形成新的城市，工业化的过程亦是社会的组织化过程。早期的社会学家提出"工业文明越发展，劳动组织机构从广义上说越具有集体性并且志愿地接受引导，个人劳动问题就更加是从属的问题 ……历史主体越来越直接地进入集体性组织机构和整体社会中"[①]。从组织方式的视角透视工业化发展过程，不同于以个人或家庭为生产单位的农业生产，工业生产离不开大型机械操作与一定数量工人的集结，工业社会是建立在一定生产制度与组织规范上的。由此，工业化与组织化成为贯穿单位制的主线，并且在很大程度上推动了城市化的发展。

早期工业社会的空间构成主要表现为"工厂-社区"的复合形式。例如，英国工业革命时期，突然出现了多个新兴城市。据统计，1785年，在英格兰和苏格兰，除伦敦以外，5万人以上的城市只有3个。1855年以后，这样规模的英国城市已经有31个。工业化发展过程中，工厂成为城市的重要整合力量以及城市的核心，城市中其他方面的建设以及社会功能的拓展都与其有关。围绕工厂形成与发展的城市中，住房扩建形成工人阶级的社区，社区周边又发展出各项生活、娱乐服务。在工业社会的发展历史中，工人"职住合一"以及由此导致城市空间的"工厂-社区"复合形式产生，这样的模式较为常见。伴随我国工业化发展，这样的城市空间构成模式也在我国出现。虽然这样的空间构成模式在民国时期就已经出现，但最为明显的还是在新中国成立以后，尤其是在"一五"期间。当时的重点工程建设中，苏联模式对我国的建设具有很大影响，在建立工厂时还要同步建立职工生活区，这样的组建方式不仅

---

① 阿兰·图海纳.行动社会学［M］.北京：社会科学文献出版社，2012.

便于生产，更重要的是对社会主义制度优越性的体现。"一五"期间基本形成了"工厂–社区"复合的城市空间模式。不同于西方国家传统的工业社区，这一时期依托于超大型企业而形成的工业社区普遍具有占地面积广、社会互动规模大的特点，在一定的空间范围内形成较为完善的福利体系，城市中"单位办社会"的氛围也更加明显。就单位空间内部而言，具有一定封闭性，受整体资源分配机制的影响，单位职工无法自由流动，一个或是多个相对封闭的单位构成整体的城市空间。因此，单位制时期城市管理通常以单位为单元进行。在这一过程中，单位既起到了自上而下的资源分配与社会动员的作用，又具有自下而上对单位职工需求表达的作用。张静提出"新中国成立以来的社会重组过程中断了自然的'阶级'组织化进程，工作机构在生产性职能之外，还有着利益组织化单位成员的政治性角色，它们承担局部利益的聚合及上达任务。"[1]从这一角度而言，单位的这种组织化特征也影响了个体的社会参与方式。因此，传统单位制时期，城市发展与单位关系密切，单位是城市场域内社会管理的主要单元，这一时期个体也能在单位内实现社会参与，表达自身利益，实现自身追求。

二、转型期多元治理主体形成

相比于传统社会，科学技术在为生活提供便利的同时也导致生活环境的复杂性不断增加，社会中不断生成新的系统，不同系统的要素增多，以及要素之间的互动增强了整个社会的复杂性。对治理理论进行研究的学者认为，复杂性、多元性以及动态性是现代社会的突出特点，乌尔里希·贝克将这样的特征概括为风险社会[2]。为了应对现代社会的这

---

① 张静.社会冲突的结构性来源［M］.北京：社会科学文献出版社，2012.
② 〔德〕乌尔里希·贝克.风险社会［M］.何博闻，译.南京：译林出版社，2004.

些特征，研究者提出治理理论。詹姆斯·N.罗西瑙是治理理论的主要创始人之一，他在《没有政府统治的治理》中，将治理的内涵概括为一系列活动领域里的管理机制，它们有可能并未得到正式授权，但却能有效发挥作用，这些管理活动的主体并不一定是政府，也无须依靠国家的强制性力量来实现。詹姆斯·N.罗西瑙认为虽然治理不具有正式的授权与强制的执行力量，但总体而言治理的目标与行政目标是一致的，而治理过程与行政管理过程相比要更简约。①在复杂、多元且具有动态特征的社会环境中，单一主体的力量是远远不够的，社会组织以及其他社会力量正在迅速地成长起来，并且在社会治理中扮演越来越重要的角色，从社会管理到社会治理也意味着治理过程中的行动者从政府–单位，转变为政府、社会组织、企业等多元主体。

其中关于参与社会治理的主体，较为普遍的看法是社会治理的实现是政府、市场以及社会力量三个领域分工合作的结果。自市场化改革以来，单位制度发生变迁，单位作为城市中的管理单元主要从两个维度发挥作用：一是空间维度，即城市被分割为一个个相对封闭的单位，单位是社会管理实践的主要场域；二是主体维度，单位作为参与社会管理的主体，既能自上而下地向个体分配资源，又可以自下而上地对单位职工的需求与利益进行表达。单位制解体后，单位将社会职能剥离，过去单位的作用也分别从两个维度被社区与社会组织承接。首先，从空间维度而言，单位的封闭性被打破，随着住房市场化改革的推进，城市空间从单位划分转变为社区划分，社会治理的过程下沉至社区，社区为其居民提供一定的公共服务，社会治理的多元主体参与在社区场域内实现。其次，从主体维度而言，社会组织代替单位供给部分公共服务，此外社会组织还具有对社会利益以及社会需求表达的作用。继单位制解体后，社

①〔美〕詹姆斯·N. 罗西瑙.没有政府的治理〔M〕.张胜军，刘小林，译. 剑桥：剑桥大学出版社，2001.

区与社会组织从两个维度实现对单位社会职能的替代。

当前多元社会治理的形成是一个渐进的过程，国家以基层社区为改革的着力点，在能够积累有效经验的同时亦能控制风险，逐步实现整体性的改变。社区作为单位制解体后承载个体生活的主要空间，是国家与社会交会的区域，是公共服务传递与供给的重要载体，同时还是微观社会发育的孵化器。党的十八大以来，国家一直强调城乡社区建设，并出台了《中共中央国务院关于加强和完善城乡社区治理的意见》等一系列文件，这些政策从健全完善城乡社区治理体系、提高社区服务供给能力、优化社区资源配置、增强社区信息化应用能力等方面对当前城乡社区建设指明了改革的方向。李友梅认为在地方治理多层次创新方面，尤其是在探索城乡社区多层次公共服务体系、构建社区多元治理模式等领域，许多地区都取得了重要经验与成绩。[1]

将社区作为治理实践的场域还是治理主体，不同的观察视角，导致研究者关注重点的分化，甚至形成相互冲突的观点。西方研究者以公民社会为理论基础，将治理的实践首先选择在社区，并经历了从个体参与到组织参与的发展历程。萨顿认为，社区性是衡量社区活动的关键性指标，具体包括三个方面：一是与地方性相关的活动；二是参与者都认同这一地方性；三是当地的居民参与到活动中。[2]威尔曼认为，社区研究的出发点并不在于社区整体关系或是邻里情感，其本质在于从个体出发通过各种社会关系与社会连接形成的社会网络。[3]这些学者将社区视为社会关系发生连接的场地，社区中行动者以个体为单位。我国的社区

---

① 李友梅. 中国社会治理的新内涵与新作为［J］. 社会学研究，2017，32（6）：27-34.

② George S. Introduction to the history and philosophy of science［J］. Isis, 1921, 4（1）: 23-31.

③ Karl W. Real rights［M］. Oxford: Oxford University Press, 1995.

研究同样不乏从个体角度对社区参与的关注。刘岩和刘威认为，单位制解体后，社区参与成为满足国家自上而下管理需求的制度安排，带有权威性质的动员过程，一方面，依靠原有的行政体系；另一方面，依靠地方性的社会网络，以此将社区居民纳入社区建设与国家政权的建设中来。① 随着这一研究视角的不断深入，其局限性也逐渐暴露出来。由于生产与生活的分离，使社区参与的实践研究始终停留在对老人等特殊群体的关注上，无法观测到具有整体性、规律性的社区参与活动。由此，研究者开始探索组织视角下社区内各组织化主体间的互动。

诚如普特南所言，公民参与是考量社会成熟的一个重要维度，但不仅仅要考察公民社团"内部效应"，更重要的是，考量这些社团对社区、社会与代表国家的政府发生互动时所具有的作用，这种转换将狭窄的个体转换为更为宽广的视域，大量的二级社团组成的密集网络增进了有效的社区合作。②国内对于社区治理的研究也逐渐发生了转变。方亚琴和夏建中认为，社区治理的推进与社会资本密不可分，相比于以个人为中心的社会资本，集体性社会资本与社区治理结构、社区居民参与等方面具有更直观、更可靠的关系。③集体性社会资本建设是社区治理的前提与基础，研究者还从系统论的角度提出组织化的参与者的互动是决定社区治理成功与否的关键。孙锋和王峰提出，区域内政府、组织以及个人通过协商合作，盘活既有资源解决社区问题，并在沟通中不断优化

---

① 刘岩，刘威. 从"公民参与"到"群众参与"——转型期城市社区参与的范式转换与实践逻辑［J］. 浙江社会科学，2008（1）：86-92.

②〔美〕罗伯特·帕特南. 流动中的民主整体：当代社会资本的演变［M］. 李筠，译. 北京：社会科学文献出版社，2014.

③ 方亚琴，夏建中. 社区治理中的社会资本培育［J］. 中国社会科学，2019（7）：64-84.

治理结构，增进公共利益的能力是社区治理能力的主要表现。[①]马西恒认为，对社区内部而言，社区内社会组织是居民对社区公共事务持续参与的规范化渠道，社区内社会组织是社区治理结构的基本支撑点；对整体社会而言，社区内社会组织是与政府、其他社区以及其他社会组织的联结点。[②]由此可见，社区治理的推进依靠其内部的各类组织化主体，其中尤以社区居委会与社区内社会组织的互动实践最为关键。

在当前社区治理的研究中，社区除了作为场域外，也常作为社区居委会的指代，被当作社区治理的行动主体。社区居委会是指城镇居民的自治组织，但学界对社区居委会在社会治理中的作用进行了研究，普遍认为单位制解体后，社区代替单位成为社会控制的基本单元，社区居委会被视为政府边界的延伸。林尚立认为，社区居委会是国家法律认可的权威性社会组织，国家通过赋予其"官""民"两重身份，使其由国家权力的"末梢"一跃成为联系政府与社会的枢纽，因此，社区居委会在社区治理中成为不可替代的关键力量。[③]但也有研究者质疑社区居委会在社区治理中的角色，认为社区居委会不再是政府与社会的中介，而代表了政府本身。社区在上级政府的领导下代表政府对城市基层行使行政管理权，这样的工作职责必然会弱化其自身的自治功能。桂勇和崔之余认为，"虽然政府尝试用各种措施来发掘居委会的民主功能（如居委会的直接选举），但要把本质上冲突的两类功能（基层控制与基层民主）融入一种组织形式内，是十分困难的"。[④]一面是代表居民自治的定位，一

① 孙锋，王峰. 城市社区治理能力：分析框架与产生过程［J］. 中国行政管理，2019（2）：53-59.

② 马西恒. 社区治理框架中的居民参与问题：一项反思性的考察［J］. 上海行政学院学报，2004（2）：59-67.

③ 林尚立. 社区民主与治理——案例研究［M］. 北京：社会科学文献出版社，2003.

④ 桂勇，崔之余. 行政化进程中的城市居委会体制变迁——对上海市的个案研究［J］. 华中理工大学学报（社会科学版），2000（3）：1-5.

面是对街道以及政府的服从，社区居委会往往在实际工作中承受着来自居民与政府的双重压力。但无论在怎样的价值和实践下，社区居委会都是社区治理研究的核心所在。

党的十八届三中全会通过的《中共中央关于全面深化改革若干重大问题的决定》中，首次提出"创新社会治理体制"，在社会治理过程中要"坚持系统治理，加强党委领导，发挥政府主导作用，鼓励和支持社会各方面参与，实现政府治理和社会自我调节、居民自治良性互动"。由此能够看出，社会治理的实现需要政府与社会力量。此外，党的十八届四中全会通过的《中共中央关于全面推进依法治国若干重大问题的决定》中，首次明确提出"加强社会组织立法"，明确提出积极发挥社会组织在立法协商、普法和守法、推进法治社会建设等方面的作用。多个官方文件的发布为社会组织参与社会治理指明了方向。从当前我国社会组织参与社会治理的情况来看，社会组织对社会治理的参与主要体现在公共服务的供给上，一方面，社会组织对社区资源的动员能够减轻仅由政府主体供给公共服务的压力；另一方面，社会组织由个体自发组成，它的出现本身就是社会需求与利益的体现。

社会治理不同于社会管理，在实施过程中社会治理不仅包括纵向上自上而下的管理，亦包括横向间不同组织的连接。从纵向角度来看，党委领导、政府负责能够从制度层面保证治理过程稳定有序地进行。但纵向的管理过程也容易导致人们对强制命令产生反感，缺乏参与公共事务的积极性，无法发挥个体的能动性。而横向连接能够弥补纵向管理中存在的短板。横向连接将零散的个体编织到不同的治理主体中，不同治理主体间形成互动网络，在激发个体能动性的同时，充分盘活社会资源，尤其在公共服务供给过程中创造性地增加人力、物力资源。此外，横向连接不同于纵向管理中存在的上下级关系以及强制性命令，横向联系遵循包容、尊重以及信任等准则，互动方式通常表现为谈判、协商等方式，能够对纵向管理的有限资源以及刚性制度存在的短板进行修补。其中，社会组织是横向联系中的重要构成主体，并且具有数量多、灵活性强以及多元化、人性化等优势。社会组织像毛细血管一样遍布于社会中的各个角落，不同类型社会组织的出现都是社会需求的反映。由于社会组织具有如上优势，意味着它能够提供更专业、更精细以及更适合的公共服务。

在组织化、系统化视角下，社会组织是社会治理的重要参与主体。李友梅提出，激发社会活力，大力发展社会组织是近年来我国社会治理制度创新的重要内容。[①]过去社会组织的发展面临准入门槛高、缺少支持资源等困难，在党的十八届三中全会后这样的局面得到有效改善，国家主要从两方面改善了社会组织发展的政策环境。一方面，明确提出"重点培育、优先发展行业协会商会类、科技类、公益慈善类、城乡社区服务类社会组织""成立这些社会组织，直接向民政部门依法申请登记，不再需要业务主管单位审查同意"，这意味着准入门槛放宽了，一系列政策出台推动了社会组织登记和管理体制的重大改革；另一方面，多部委联合推动了政府向社会组织购买服务制度的快速发展，民政部、财政部、工商总局等部门自2014 年以来先后出台了一系列政策，鼓励中央各部门和地方政府通过向社会组织购买服务的方式来改进公共服务模式，这为当前社会组织的快速发展奠定了重要基础。地方政府尤其是基层政府更加注重通过发展社会组织来提升公共服务质量。杨丽等提出以"2014年深改元年"为分界，我国社会组织发展从探索阶段向稳步发展阶段转变。[②]根据国家民政部统计数据，截至2014年12月底，我国在民

---

① 李友梅. 中国社会治理的新内涵与新作为［J］. 社会学研究，2017，32（6）：27–34.

② 杨丽，赵小平，游斐. 社会组织参与社会治理：理论、问题与政策选择［J］. 北京师范大学学报（社会科学版），2015（6）：5–12.

政部门登记注册的社会组织达60.6万个。

当前对社会组织参与社会治理的研究重点在于厘清社会组织与政府以及市场主体间的关系。从国家与社会的视角出发，西方研究者对社会组织研究的理论基本上起源于公民社会与法团主义，奠定了西方研究体系中社会组织与政府对抗、博弈的基调。我国的社会组织发展与政府政策引导紧密相关。政府购买公共服务的方式使供给公共服务的社会组织有了长足的发展，因此，有研究者认为，政府、市场与社会组织的关系是补充与被补充的关系。但无论是从社会治理的理论内涵出发，还是从长期实践考虑，社会组织与政府以及其他参与主体都应该是合作关系。

单位制时期，单位的作用具有复合性，社会职能是其中一个重要面向。对于单位社会职能的发挥，主要分为两个维度：一个是空间维度；另一个是主体维度。一方面，城市以单位进行划分，国家自上而下的社会管理通过单位进行，也主要在单位场域内发生；另一方面，单位本身亦是社会管理的主体，国家管理单位，单位管理个人，单位是这一社会管理过程中的重要主体。单位制解体后，单位对其社会职能进行了剥离，单位过去在社会管理中所起的作用从两方面得到承接，空间方面，社区代替单位成为公共服务供给以及社会治理实现的载体；主体方面，社会组织承担了一部分单位的作用，但单位、社区居委会以及各级政府等也都是参与社会治理的主体。相比于单位制时期的社会管理，社会治理强调多元主体的参与，以及主体间的理性协商，并在协商过程中解决社会问题，化解社会矛盾，降低社会风险。

三、从社会管理到社会治理

治理理论的出现代表了国家与社会关系的调整。这样的调整源于现代化背景下，生产、生活要素的频繁互动与不断更新。研究现代性的学者将多元、动态以及复杂描绘为现代社会的基本特征。安东尼·吉登斯从制度维度出发，提出现代性具有严重后果的风险，包括经济增长机制的崩溃、极权的增长、核冲突大规模战争与生态破坏和灾难。[①]乌尔里希·贝克认为，工业社会的发展使其进入一个自我消解的过程，普遍化、抽象化的风险开始呈现在人类面前，同时传统的家庭、阶级以及国家的组织构成都不再是风险分配的基础，个体化与全球化是风险社会的主要特征。[②]当原有的"统治"基础被破坏，如何找到新的平衡秩序成为现代性研究的主要议题，治理理论即是在此背景下提出的。

"治理"概念自被提出伊始总是伴随着与"统治"概念的比较。虽然对"治理"与"统治"的比较众多，但概括而言，两者间的本质不同在于对主体和过程的区分。研究者从相互补充的五个方面对治理的主体与过程进行了描绘：第一，治理主体包括政府以及其他社会组织机构等行动者。这里的政府并非仅指法律法规定义的政府机构，在社区、地方、国家以及国际的不同场域内，国家权力的中心并非一成不变。除政府以外，各类经济组织以及社会组织也逐渐通过协商沟通与提供公共服务的方式参与治理。第二，经济以及社会问题的责任界限模糊，福利国家不再被认为是最优解，研究者建议享有福利的同时也应该承担相应的责任。第三，治理过程中的行动主体相互依赖。共同目标的达成需要主体间的协商与谈判，并通过资源交换互补的形式实现最终目标。第四，治理形成的是自主行动者的网络。行动者通过长期的沟通协作、交换互惠培育出相互支持与信任的社会资本。第五，政府在治理过程中的任务不再是命令达成与权威压制，而是表现为建构与消解联盟的能力、合作与引导的能力以及整合与控制的能力。[③]上述对治理框架的构建主要包

---

① 〔英〕安东尼·吉登斯.现代性的后果［M］.田禾，译.南京：译林出版社，2011.

② 〔德〕乌尔里希·贝克.风险社会［M］.何博闻，译.南京：译林出版社，2004.

③ 王诗宗.治理理论及其中国适用性——基于公共行政学的视角［D］.杭州：浙江大学.

括以下四个关键点：一是公民的参与是治理实现的基础；二是治理主体的多元与分散；三是短期而言治理以合作的方式实现，但形成具有多个自主主体的社会网络是治理的长期实践方式；四是以平等代替强制是治理的规则与环境。

从社会治理的内涵意义而言，"社会治理"实际上是指"治理社会"。社会治理是治理理论的重要构成部分，西方国家的治理理论与其社会中心主义与公民个人本位等研究传统有着较深的渊源。从一定程度而言，能够将西方的社会治理视为以"理性人"为基础的社会自我治理。理查德·C.博克斯提出："如果说19世纪至20世纪之交的改革家们倡导建立最大限度的中央控制和高效率的组织机构的话，那么21世纪的改革家们则将今天的创新视为是一个以公民为中心的社会治理的复兴实验过程。"①相比而言，社会治理理论在我国治理情境中的侧重点则有所不同，我国的社会治理是在党的领导下，由政府主导，社会组织、企业、个人等多元主体参与，对公共事务的治理，是"以实现和维护群众权利为核心，发挥多元治理主体的作用，针对国家治理中的社会问题，完善社会福利、保障与改善民生，化解社会矛盾，促进社会公平，推动社会有序和谐发展的过程。" 李友梅认为，"当前的社会治理模式转型是一个多线程改革的复合体，涉及以经济建设为中心到'五位一体'均衡发展政策目标下的政府运行机制优化过程，以及在开放、流动的社会形态下塑造中国特有的党委、政府、社会力量多元合作治理结构的历史进程。"②

转型时期政社关系从社会管理转变为社会治理。在风险全球化扩张的背景下，社会问题的出现逐渐呈现出广泛性、复杂性以及不确定性。

---

① 〔美〕理查德·C.博克斯.公民治理：引领21世纪的美国社区［M］.孙柏瑛，译.北京：中国人民大学出版社，2013.

② 李友梅.中国社会治理的新内涵与新作为［J］.社会学研究，2017，32（6）：27-34.

政府单一主体应对这些问题的困难较大，为了能够更好地解决各类社会问题，社会治理理念受到了广泛的关注。相对于过去社会管理理念，社会治理主要从三个维度发生变化：第一，治理主体从过去的政府主体，转变为包括政府、企业、社会组织、社区居委会以及广大的人民群众在内的多元主体。第二，治理过程从纵向管理，转变为纵向与横向结合的网状联系方式。社会管理强调自上而下的政策执行与社会控制，而社会治理则重点关注社会问题的解决，社会矛盾的化解，社会福利的提升，由此需要对社会资源进行调动。纵向联系保证社会治理平稳有序地进行，横向联系增强社会治理的活力，以保证从整体上实现社会治理的目标。第三，社会治理模型的形成与维系离不开多元主体的参与，多元治理主体的有效参与以其独立性为前提。复杂风险环境下，社会治理模式之所以优于社会管理模式，是因为社会治理能够充分发挥不同主体的作用，且不同主体间所发挥的作用能够相互补充，相比于社会管理，社会治理的参与主体应该具有相当的独立性。

第二节　国有企业成员单位依附对城市归属感的影响

探索转型期国有企业成员城市归属感的影响因素具有重要的现实意义。本节以单位依附为核心概念，用"新传统主义"对单位依附的分类作为分析框架，试图提出角色认同、社会交换与社会网络的理论解释机制，解读单位依附对国有企业成员不同角色下城市归属感的作用及差异。实证结果表明：国有企业成员对单位的社会身份依附、经济稳定依附、政治晋升依附、社会资本依附对其职工角色下城市归属感有显著正向作用，国有企业成员对单位的社会地位依附、生活保障依附以及政治晋升依附对其市民角色下的城市归属感有显著负向作用，而经济稳定依附与社会资本依附对其市民角色下的城市归属感具有显著正向作用。这一实证结果在一定程度对角色认同理论进行了证实，也对社会交换理论以及社会网络理论进行了补充。

笔者提出，以单位依附为核心对国有企业成员城市归属感的解读是一个可行的视角，但有必要对笼统的单位依附进行分类。转型时期，国有企业成员不同形式的单位依附是城市场域内不同逻辑的表征，只有对单位依附形式进行分类才能理顺城市运行逻辑间的关系。在对单位依附的研究中，具有代表性的是魏昂德提出的"新传统主义"，他将单位依附分为"工人对企业社会和经济方面的依附，工人对领导在政治上的依附以及工人对直接领导的个人依附"。①本节沿用这一分类并从角色认同理论、社会交换理论以及社会资本理论出发，将单位依附调整为对单位的身份地位依附、经济稳定依附、生活福利依附、政治晋升依附以及社会资本依附。

已有的研究对城市归属感的关注集中于两个方面：一是流动人口的城市归属感问题；二是城市居民的归属感获得。此类研究虽与本研究的关注群体不同，但同属城市市民范畴，在把握群体差异性特征的基础之上对本书具有一定借鉴意义。虽然对城市归属感的研究不断深入，但在概念的使用上还较为笼统，缺乏更深入的理论视角，特别是缺乏对转型期城市归属感结构性变化的关注。本节以国有企业成员作为具体研究群体，以单位依附为研究框架，依据角色认同理论、社会交换理论以及社会网络理论提出身份依附、经济稳定依附、生活福利依附、政治晋升依附以及社会资本依附对城市归属感的影响，关注转型期单位依附对国有

---

① Walder A G. Communist neo-traditionalism: work and authority in Chinese industry [M]. Berkeley: University of California Press, 1986.

企业职工不同角色下城市归属感的影响。

本节以东北地区大型国有企业职工群体为研究对象，考察单位依附与城市归属感间的关联与作用机制。尝试回答以下问题：第一，当前国有企业成员对单位的依附形式和程度情况如何？第二，不同类型的依附是否对国有企业成员城市归属感具有影响？第三，单位依附对国有企业成员城市归属感的影响是否具有角色差异？

一、身份地位依附与城市归属感

角色认同之所以能够为自我提供意义，不仅是因为它提供了具体的角色规定，而且是因为它将那些相互关联的互补或对立角色有效地区分了开来。长久以来，在计划经济时期所形成的城乡二元社会经济结构的影响下，城乡间的户籍制度、就业制度、教育制度、社会保障制度等一系列的制度分割，不仅阻碍了城市化的进程，也迫使农民工既脱离了农村又无法被城市接受，陈丰认为，城市归属感的缺乏使这一群体在城市与乡村之间形成了一种"虚城市化"的现象[①]。城乡制度的二元化将农村居民和城市居民分为两个不同群体，并作为集体性中介机制造成了两个群体之间的不平等。户籍制度是城乡社会分层的制度性因素，体制内外同样是单位制下城乡社会分层的制度性因素。

布迪厄认为，"体制化关系的网络"是与某个团体的成员资格制度相联系的，获得这种成员资格身份就为个体赢得声望，并进一步为获得物质的或象征的利益提供了保证。[②]个人通过群体认同，把自己定位在某一群体之中，并产生"归属感"，视这个群体为"自我"，而视群体之

---

① 陈丰. 从"虚城市化"到市民化：农民工城市化的现实路径［J］. 社会科学，2007（2）：110-120.

② 〔法〕布迪厄. 文化资本和社会炼金术［M］. 包亚明，译. 上海：上海人民出版社，1997.

外为"他者"。《论集体记忆》一书的作者哈布瓦赫·莫里斯指出:"集体记忆不是一个既定的概念,而是一种社会建构的过程"。[①]在单位制社会结构中,人们在社会中的行动和交往需要以单位身份为前提。李汉林(2004)认为,"单位身份赋予其成员社会行动的合法性,给予人们在社会上行为的资格"。[②]单位共同体内,成员拥有一致的社会身份,且与体制外群体相比,这一社会身份占据相对优势,并在社会交往和社会参与中构建了共同的集体记忆。国有企业成员对单位身份地位的依附,源于与单位外群体的比较和职工角色下的集体记忆,因此,对其职工角色下的城市归属感具有正向作用。

相比于职工角色,市民角色下的社会参与更提倡社会地位的平等。国有企业成员对单位身份地位的依附,亦是对国有企业优势地位的依附,这与市民角色下多元主体共同参与社会治理的理念相冲突。国有企业成员对其单位社会地位的依附是对国有企业职工这一集体记忆的不断强化,并以此区隔体制内和体制外。因此,国有企业成员对单位的社会地位依附将阻碍其市民角色下城市归属感的形成。

在单位制结构下,国有企业成员形成对单位的身份地位依附,对单位的身份地位依附有助于国有企业成员形成职工角色下的城市归属感,但会阻碍国有企业成员市民角色下的城市归属感的形成。由此,提出假设2-1与2-2:

假设2-1:国有企业成员对单位的身份地位依附越强,越容易形成职工角色下的城市归属感。

假设2-2:国有企业成员对单位的身份地位依附越强,越不容易形成市民角色下的城市归属感。

---

① 〔法〕哈布瓦赫·莫里斯. 论集体记忆〔M〕. 毕然,郭金华,译. 上海:上海人民出版社, 2011.

② 李汉林. 中国单位社会议论、思考与研究〔M〕. 上海:上海人民出版社, 2004.

二、经济稳定依附与城市归属感

社会交换理论认为，组织承诺源于组织对个体需求的满足，而组织承诺的缺乏是因为组织难以满足个体最低水平的需求。组织承诺可以视为是员工对企业的"成本"支出，其受到员工从企业获得的"报酬"的影响。此外，在交换关系建立的过程中存在着不确定性和风险，刘小平的研究中提到个体会对交换过程中存在的不确定性和风险进行评估并通过重复多次的交互行为形成组织信任，最终演变为稳定的交换关系[1]。

国有企业作为市场中的行为主体，其核心职能在于对其职工的经济保障。但国有企业的经济职能特殊之处在于对其成员收入稳定性的保证。由于国有企业与政府的密切关系，导致国有企业在面对市场风险时具有天然的优势地位。国有企业的工资构成与企业绩效、个人绩效的关联性不强，无论企业经营如何，国有企业职工的工资都能得到有效保障。李汉林和李路路提出，单位组织是利益交换与强制命令结合下的统治形式。[2]随着社会转型的持续推进，国有企业中强制命令的成分不断下降，取而代之的是国有企业在市场交换中垄断地位的获得。在东北地区具有"一城一企"的特征，城企关系密切，政策倾斜较大，国有企业生存与国有企业成员待遇都具有稳定性优势。因此，国有企业在满足其成员需求的基础上，通过稳定性极大地控制了交换过程中的风险，国有企业成员对单位经济稳定的依附会对职工角色下城市归属感的形成产生积极的影响。

城市归属感的反面是城市人口迁出。古典经济学理论认为，人口流动的原因是迁入地相比迁出地能够获得更好的经济收益，而返迁的重要原因之一是迁入地的工资没有达到所期望的要求。因此，收入水平被众多研究

①　刘小平. 员工组织承诺的形成过程：内部机制和外部影响——基于社会交换理论的实证研究［J］. 管理世界，2011（11）：92–104.

②　李汉林，李路路. 资源与交换——中国单位组织中的依赖性结构［J］. 社会学研究，1999（4）：45–63.

者认为是决定流动人口归属感的重要因素之一。从市民角度出发，城市多主体参与社会治理模式的构建并不意味着单位共同体的消失，单位的经济职能并没有发生改变。社会结构的变革，不仅仅是社会治理单元从单位到社区的简单过渡，社会治理概念的提出，核心意涵在于治理主体从一元到多元，社会结构从条状到网格状，组织方式从管理到治理。"单位"在保持经济职能的情况下，不应完全被排除在社会治理的结构之外，而是以企业身份作为社会治理的主体之一。因此，国有企业成员对单位的显性经济收入的依附对市民角色下的城市归属感同样具有促进作用。

企业职工对于单位的经济依附具有普遍性，但由于单位制结构下国有企业具有一定的特性，所以国有企业成员对单位的经济稳定依附会对职工角色下的城市归属感造成正向影响。从城市市民的角度来说，稳定的经济收入必然有助于其城市归属感的形成，这不仅适用于国有企业成员，对所有城市市民都是如此。由此提出假设2-3与假设2-4：国有企业成员对单位经济稳定的依附对其不同角色下城市归属感的形成具有影响，且都具有正向作用。

假设2-3：国有企业成员对单位经济稳定的依附越强，越容易形成职工角色下的城市归属感。

假设2-4：国有企业成员对单位经济稳定的依附越强，越容易形成市民角色下的城市归属感。

三、生活福利依附与城市归属感

最直接影响城市的归属感和认同感的因素是对城市公共服务的认同度。李芳等认为，市民对城市当地的公共服务认同度越高，其对城市认同度也相应越高。[1]侯慧丽（2016）以公民权理论中的公民资格概念为

---

① 李芳，龚维斌，李姚军. 老年流动人口居留意愿的影响因素分析——以布迪厄理论为视角［J］. 人口与社会，2016，32（4），3-12.

基础，将公共服务分为工业公民资格的公共服务和社会公民资格的公共服务，她认为城市提供的两种公共服务均对流动人口具有吸引力，流动人口在获得公共服务后更稳定也更具归属感。[①]

乔纳森·特纳提出："人们确实在市场交易中有追踪物质性资源的目的，但他们也动员并交换非物质性的资源。"[②]单位制下国有企业与其成员进行交换的过程中，除了提供物质性资源外，还能为其成员提供多种稀缺资源。单位对稀缺资源的掌控导致国有企业成员对单位生活福利的依附，这种依附促成国有企业成员职工角色下城市归属感的形成。

从国有企业职工角色向城市市民角色的转变意味着国有企业成员需要到城市中寻求公共设施和公共服务。例如，东北地区经济发展缓慢，公共服务体系发育不健全，城市公共设施、服务质量明显低于单位提供的生活福利，这在无形中巩固了国有企业成员对单位生活福利的依附，也阻碍了国有企业成员市民角色下城市归属感的形成。同时，由单位提供的生活福利往往是无偿或是低偿的，当国有企业成员通过市场渠道获取生活服务价格越高，也会导致国有企业成员对单位依附越强，难以形成市民角色下的城市归属感。

国有企业成员对单位的生活福利依附有助于其职工角色下城市归属感的形成。但国有企业成员对单位生活福利的依附，却会阻碍其市民身份下城市归属感的形成。由此提出假设2-5与假设2-6：国有企业成员对单位生活福利的依附对其不同角色下城市归属感的形成有影响，且作用方向不同。

假设2-5：国有企业成员对单位生活福利的依附越强，越容易形成职工角色下的城市归属感。

① 侯慧丽. 城市公共服务的供给差异及其对人口流动的影响［J］. 中国人口科学，2016（1）：118-125.

② 〔美〕乔纳森·特纳. 社会学理论的结构［M］. 邱泽奇，张茂元，译. 北京：华夏出版社，2006.

假设2-6：国有企业成员对单位生活福利的依附越强，越不容易形成市民角色下的城市归属感。

四、政治晋升依附与城市归属感

周晓虹认为，认同理论汲取了符号互动理论的思想，并提出："自我并不是一种自动的心理过程，而是源于人们在社会扮演的各种角色的一种多重社会建构；在社会生活中承担的角色不同决定了人们自我概念的不同。"[1]泰斐尔认为，角色认同经历了"各种自我知觉、自我参照认知以及自我界定"，[2]最终人们以他们所占据的结构性角色位置对自我进行定义。从角色认同到组织认同的延伸，是个体对自我与组织关系的定义，是将个体特质归类为组织特质的过程，是从"我"到"我们"的转变。郭晟豪和萧鸣政认为，组织中的角色认同对组织承诺的形成有显著的正向影响。[3]组织认同的员工在内心上与组织关系越紧密，在与组织的关系上界定自己存在于组织内部，越认为与组织不可分割。

新传统主义认为，单位除了是一种经济组织之外，还承担了一系列政治和社会功能。[4]从社会组织形式上看，单位起到对社会和个人的管理作用，具有明显的层级划分；从单位内部来看，政治行政级别是资源配置的主要依据，从上到下的科层制结构造就了国有企业成员对单位政治晋升的依附。单位制下，政治行政级别意味着权力、资源分配以及利

① 周晓虹.认同理论：社会学与心理学的分析路径［J］.社会科学，2008（4）：46-53.

② Henri T. Social psychology of intergroup relations［J］. Annual Review of Psychology，1982，33：1-39.

③ 郭晟豪，萧鸣政.认同还是承诺?国企员工组织中的认同、组织承诺与工作偏离行为［J］.商业经济与管理，2017（8）：48-57.

④ Walder A G. Communist neo-traditionalism: work and authority in Chinese industry ［M］. Berkeley: University of California Press，1986.

益的表达和实现。①魏昂得曾提出，西方企业中工资由不同类别的工种决定，但中国国有企业中不同工种之间并无差别，工资的差别在于政治行政级别的不同。②同时，行政级别的高低还意味着不同数量和质量的资源占有；行政级别高的领导同时拥有资源分配的权力，这种权力在国有企业成员对单位全面依附的助推下更具威慑力。因此，国有企业成员的行政级别越高，对单位制下资源分配的逻辑认同程度越高，对单位的政治晋升依附越强。依据认同理论的观点，国有企业组织以政治晋升作为资源分配逻辑，其成员在社会互动过程中将这种组织价值内化为自我价值，随之产生组织认同，即对单位政治晋升的依附。组织认同对国有企业成员职工角色下城市归属感产生正向影响。

随着单位制的解体，城市中市场机制的形成，行政级别的差异不再影响城市中的资源分配。与国有企业资源分配逻辑不同，市场化方式和普惠型方式是转型期城市资源分配的主导逻辑。当国有企业成员将单位场域内的分配逻辑内化，更不易接受城市中资源分配的逻辑。国有企业内部以行政级别为依据的资源分配逻辑和城市中的市场分配资源、平等分配资源的逻辑有所冲突，使国有企业成员难以形成市民角色下的共享价值观。布劳认为，宏观层次的交换以共享价值观为中介，③共享价值观的建立源于对角色范围内的组织认同。因此，国有企业成员对单位政治晋升的依附对其市民角色下城市归属感具有负面作用。

在单位制结构下，资源的分配往往与行政级别挂钩，所以国有企业成员对单位的政治晋升依附有利于国有企业成员在职工角色下城市归属

① 李汉林.中国单位社会议论、思考与研究［M］.上海：上海人民出版社，2004.

② Walder A G. Communist neo-traditionalism：work and authority in Chinese industry［M］. Berkeley：University of California Press，1986.

③ Peter M B. Structural context of opportunities［M］. Chicago：University of Chicago Press，1994.

感的形成，但却不利于其在市民角色下城市归属感的形成。由此提出假设2-7与假设2-8：国有企业成员对单位政治晋升的依附对其不同角色下城市归属感的形成有影响，且作用方向不同。

假设2-7：国有企业成员对单位政治晋升的依附越强，越容易形成职工角色下的城市归属感。

假设2-8：国有企业成员对单位政治晋升的依附越强，越不容易形成市民角色下的城市归属感。

五、社会资本依附与城市归属感

科尔曼认为，社会资本是以其功能进行定义的，它不是一个单一体，而是以多种方式呈现的，但相互间有两个共同之处：它们都反映了社会结构的某些方面，而且有利于身处同一结构中个人的某些行动。[①]福山提出："社会资本是处于同一个共同体之内的个人、组织通过长期与内部、外部对象的互动合作形成的一系列认同关系，以及在这些关系背后积淀下来的历史传统、价值理念、信仰和行为范式。"[②]单位制下，国有企业成员对单位社会资本的依附亦是对社会资本形成过程中所积淀的行为范式、交换规则以及单位场域逻辑的认同。因此，国有企业成员对单位社会资本的依附越强，越容易形成职工角色下的城市归属感。

一方面，吕青发现，在角色转换的过程中，农民工旧有角色下的原始社会资本造成了其社会交往的局限，吕青提出新型社会资本在农民工的社会地位的提高和城市融入中作用更大[③]。另一方面，边燕杰与王文彬认

[①]〔美〕科尔曼. 社会理论的基础［M］. 邓方，译. 北京：社会科学文献出版社，1991.

[②]〔美〕弗朗西斯·福山. 信任——社会道德与繁荣的创造［M］. 李宛蓉，译. 呼和浩特：远方出版社，1998.

[③]吕青. 新市民的社会融入与城市的和谐发展［J］. 江南论坛，2005（2）：12-13.

为，当人们的个人关系网络跨越两种体制时，将产生跨体制的社会资本，而跨越者的社会资本总量、家庭年收入、个人月均工资收入、获得工资以外其他收入的机会均高于非跨越者①。笔者认为，国有企业成员的角色转换与农民工的角色转换不同，国有企业成员的角色转换是工作与生活分离的过程，而农民工的角色转换是工作与生活的双重转换。市民角色下社会治理模式的形成并不意味着单位共同体的消失，国有企业成员对单位社会资本的依附是其跨体制社会资本建立的基础，跨体制社会资本的构建带来收入的增长，对国有企业成员市民角色下的归属感具有正向影响。例如，从东北的区域特征来看，国有企业与社区多有重合，国有企业成员对单位社会资本的依附同样有利于其市民角色下城市归属感的形成。因此，国有企业成员对单位社会资本的依附越强，越容易形成市民角色下的城市归属感。

由于东北地区大型国有企业与城市的关系密切，国有企业成员对国有企业社会资本的依附有利于其职工角色下城市归属感的形成，也同样有利于其市民角色下城市归属感的形成。由此提出假设2-9与假设2-10：国有企业成员对单位社会资本的依附对其不同角色下城市归属感的形成有影响，且都具有正向作用。

假设2-9：国有企业成员对单位社会资本的依附越强，越容易形成职工角色下的城市归属感。

假设2-10：国有企业成员对单位社会资本的依附越强，越容易形成市民角色下的城市归属感。

六、数据使用及分析结果

（一）使用的数据

目前，对国有企业的研究多从国有企业制度改革着手，而对国有企

---

① 边燕杰，王文彬，张磊，等. 跨体制社会资本及其收入回报［J］. 中国社会科学，2012（2）：110-126.

业成员这一群体的关注相对较少，尤其是在"一城一企"现象下忽略了对国有企业成员的城市归属感的研究。本节使用的数据来自"东北'一城一企'区域单位体制变迁中大型国有企业社会资本作用"项目对国有企业成员的调查数据。调查于2017年开始，采取分层随机抽样，在东北地区抽取长春、吉林、大庆三个城市，在这三个城市分别选取一家大型国有企业进行随机抽样，共获取有效样本数据769份，包括国有企业成员的社会人口特征、城企间关系以及成员对单位的社会身份依附、经济保障依附、生活设施依附、政治晋升依附、社会资本依附等信息，适合对国有企业成员的城市归属感做定量研究。

（二）使用的变量

对城市归属感的测量分为两个维度：一是测量国有企业成员在职工角色下的城市归属感，即国有企业职工是否会因为工作原因在当地安家；一是测量国有企业成员在市民角色下的城市归属感，即国有企业职工在离开单位后，对这座城市是否还有归属感。这两个维度的测量都是二分变量，都将有归属感赋值为1，没有归属感赋值为0。

对国有企业成员社会身份依附的测量主要包括下列四项：第一项是其单位给予的身份待遇；第二项是在向陌生人进行自我介绍时是否会首先介绍工作单位；第三项是对目前工作的社会声望满意程度；第四项是在本企业工作获得的社会地位对其留在该企业工作的影响程度。其中，将第一项处理为二分变量，将正式员工赋值为1，将非正式员工赋值为0。第二项为二分变量，将选项会和不会分别赋值为1和0。第三项和第四项为正向问题，被访者感到越满意或影响越大，表示对单位的依附越强，所以，将选项非常满足及影响很大、满意及影响比较大、一般、不满意及几乎没影响、非常不满意及完全没影响分别赋值为5、4、3、2、1。

对经济稳定依附变量的测量，主要包括下列三项：第一项是稳定的生活保障对其选择留在本企业工作有多大影响；第二项是对自己退休后的生活保障的担心程度；第三项是基本工资是否在企业任何经营状况下都会得到保障。第一项为正向问题，生活保障对其留在本企业的影响越大，其对单位经济稳定的依附越强，所以，将选项影响很大、影响比较大、一般、几乎没影响、完全没影响分别赋值为5、4、3、2、1。第二项为反向问题，越担心退休生活对单位经济稳定依附越弱，所以，将非常担心、比较担心、一般、比较不担心、完全不担心赋值为1、2、3、4、5。第三项为二分变量，将选项会和不会分别赋值为1和0。对生活福利依附变量的测量，主要包括下列两项：第一项是否觉得企业提供的生活便利优于其他企业员工；第二项是对日常生活配套设施的需要可以在单位或厂区内部得到何种程度的满足。第一项为二分变量，将选项是和否分别赋值为1和0。第二项为正向问题，满意程度越高对单位生活福利依附性越强，所以，将选项非常满足、比较满足、一般、不太满足和非常不满足分别赋值为5、4、3、2、1。

对政治晋升的测量，包括下面三项：第一项是职务级别；第二项是假如晋升一个级别，经济社会地位的变化；第三项是在单位中职位高低的不同在多大程度上影响个人社会经济地位的获得。将第一项处理为二分变量，将选项有级别和无级别分别赋值为1和0。第二项和第三项为正向问题，即提升越大依附越强，所以，将选项提升非常大、提升比较大、提升一般、基本不提升、完全不提升分别赋值为5、4、3、2、1。

对社会网络的测量包括一个连续变量，即在拜年总人数中，单位的人所占比例。其他控制变量：将性别男和女分别赋值为1和0；将教育程度处理为二分变量，将选项本科以上和本科以下分别赋值为1和0；将婚姻状况处理为二分变量，将选项已婚和非婚分别处理为1和0。变量的具体情况见表2-1。

表2-1 统计描述表格

变量名	均值	标准差	最大值	最小值
性别	1.466	0.499	1=男	0=女
年龄平方	1 461.058	698.481 3	324	5041
教育程度	0.494	0.500	1=本科以上	0=本科以下
婚姻状况	0.756	0.429	1=已婚	0=非婚
社会资本依附	41.576	27.156	100	0

在分析过程中，对社会身份依附变量中的四个项目进行主成分分析，提取公因子，依据因子负载将这一因子命名为"社会身份依附因子"，见表2-2。对经济稳定变量中的三个项目进行主成分分析，提取公因子，依据因子负载将这一因子命名为"经济稳定依附因子"，见表2-3。对生活福利变量中的两个项目进行主成分分析，提取公因子，依据因子负载将这一因子命名为"生活福利依附因子"，见表2-4。对政治晋升变量中的三个项目进行主成分分析，提取公因子，依据因子负载将这一因子命名为"政治晋升依附因子"，见表2-5。

表2-2 社会身份依附因子分析

项目	社会身份依附因子	共量
您的工作单位给予您的身份待遇是?	0.291 4	0.184 87
在向陌生人进行自我介绍时，您是否会首先介绍您的工作单位?	0.581 7	0.369 06
您对目前工作的社会声望满意程度如何?	0.770 2	0.488 69
在本企业工作获得的社会地位对您选择留在本企业工作有多大影响?	0.748 1	0.474 62
特征值	1.576 12	
解释方差	0.394	

表2-3　经济稳定依附因子分析

项目	经济稳定依附因子	共量
稳定的生活保障对您选择留在本企业工作有多大影响？	0.561 4	0.431 83
您担心自己退休后的生活保障吗？	0.631 8	0.485 92
您的基本工资是否在企业任何经营状况下都会得到保障？	0.765 4	0.588 69
特征值	1.300 15	
解释方差	0.433 4	

表2-4　生活福利依附因子分析

项目	生活福利依附因子	共量
作为此企业员工，您觉得企业提供的生活便利是否优于其他企业员工？	0.822 9	0.607 61
您对日常生活配套设施的需要可以在单位或厂区内部得到何种程度的满足？	0.822 9	0.607 61
特征值	1.354 30	
解释方差	0.677 2	

表2-5　政治晋升依附因子

项目	政治晋升依附因子	共量
在目前的工作中，请问您的职务级别是？	0.035 2	0.131 28
假如您晋升一个级别，您的经济社会地位会？	0.830 5	0.598 20
在您单位中，职位高低的不同在多大程度上影响个人社会经济地位的获得？	0.831 5	0.586 12
特征值	1.382 02	
解释方差	0.460 7	

（三）分析策略

本节使用了Logistic回归分析，试图说明国有企业成员对单位的社会身份依附因子、经济稳定依附因子、生活福利依附因子和政治晋升依附因子，以及社会资本依附对其不同角色下城市归属感的不同影响，并采用如下实证模型加以验证。

模型1：

$$Ebelong = X + \beta 1S + \beta 2I + \beta 3W + \beta 4P + \beta 5N + \varepsilon$$

模型2：

$$Cbelong = X + \beta 1S + \beta 2I + \beta 3W + \beta 4P + \beta 5N + \varepsilon$$

其中，β和ε分别代表被解释变量，即职工角色下的城市归属感和市民角色下的城市归属感。X代表控制变量，包括性别、教育程度以及婚姻状况。S代表社会身份依附因子，I代表经济稳定依附因子，W代表生活福利依附因子，P代表政治晋升依附因子，N代表社会资本依附因子。

（四）数据分析结果

1. 社会人口特征与国有企业成员不同角色下城市归属感

表2-6省略了社会人口特征与国有企业成员在职工角色下城市归属感的相关关系，教育程度、婚姻状况等都不对职工角色下的城市归属感造成影响。年龄对职工角色下城市归属感具有一定影响，年龄越大越可能具有职工角色下的城市归属感，这与国有企业工资机制构成中的工龄因素相关，年龄大多数时候也意味着工龄长，对单位的依附性也越强，所以，当模型中加入其他依附性变量后，年龄对职工角色下的城市归属感的影响不再显著。性别对职工角色下城市归属感和市民角色下城市归属感都能产生影响，但男性更容易具有职工角色下城市归属感，女性更容易具有市民角色下城市归属感。吴愈晓等的研究中提到，国有企业女性在对抗社会风险时不仅受到体制的庇护，同时也受到家庭的庇护，甚

至多数情况家庭的庇护占据主导位置①，但对国有企业男性来讲更多的是受到体制的庇护。因此，男性更容易形成职工角色下的城市归属感，女性更容易形成市民角色下的城市归属感。

2. 社会身份依附与国有企业成员不同角色下城市归属感

在单位制结构下，单位赋予其职工在社会行动中的资格证明，其成员形成对单位的社会身份依附，这种依附即是理性反思的结果，并通过感性转换变为职工对单位的归属感以及在单位城市紧密结合下的职工角色下的城市归属感。因此，如表2-6所示，国有企业成员对单位社会身份依附每增加一个单位，其形成职工角色下城市归属感的概率将增强1.87［EXP（0.626）］②倍，上述这一比较结果在二元Logistic回归模型中十分显著（P<0.01），即国有企业成员对单位社会身份的依附越强，越可能形成职工角色下的城市归属感，假设2-1成立。

在单位社会职能削减，单位制逐步解体的背景下，国有企业成员对单位社会身份的依附长期保留。谢宇认为，从整个社会分层来看，单位因素是产生及维系（城市资源分配）不平等的一个重要的集体性中介机制③。这意味着从职工这一角色到市民这一角色的转变，往往表示社会身份的降低。因此，单位制下，国有企业成员对单位社会身份的依附得以不断巩固。所以，如表2-7所示，国有企业成员对单位社会身份的依附每增加一个单位，其市民角色下城市归属感形成的概率将下降29%［EXP

---

① 吴愈晓，王鹏，黄超. 家庭庇护、体制庇护与工作家庭冲突——中国城镇女性的就业状态与主观幸福感.［J］. 社会学研究，2015，30（6）：122-144，244-245.

② 二元 Logistic回归分析中系数β表示自变量X改变一个单位时因变量Y的平均变化量，但对于二元 Logistic回归分析模型而言，系数β表示的不是自变量与因变量的线性关系，而是对数关系，因此无法像OLS模型那样进行直接解释，只有将其转换为风险比（OR）后，系数才有明确的意义。OR_{X1} =EXP（β），即二元 Logistic回归系数取反对数，得到风险比，表示自变量每变化一个单位，因变量的变化情况。

③ 谢宇. 认识中国的不平等［J］. 社会，2010，30（3）：1-20.

（−0.335）−1〕，这一结果在二元Logistic回归模型中十分显著（$P<0.01$），即国有企业成员对单位社会身份的依附越强，越不容易形成市民角色下城市归属感，假设2-2成立。

3. 经济稳定依附、生活福利依附与国有企业成员不同角色下城市归属感

经济职能作为单位的本源，无论是否在单位制结构下都是企业最主要的职能，这是无可争议的。单位制下国有企业与个体户、民营经济的不同之处在于其经济职能更多地体现在对职工经济稳定的保障以及为员工提供非货币形式的生活福利。东北地区国有企业多为垄断性企业，这些国有企业不仅能够保障其职工稳定的经济收入，而且其经济收入也相对较高。所以，与高收入保障相比，稳定的收入保障对国有企业成员在职工角色下的城市归属感有正向影响，但影响并不十分显著。基于国有企业以行政级别作为资源分配依据，在控制了政治晋升因子的情况下，经济稳定依附对职工角色下城市归属感的影响就不再显著，如表2-6所示，假设2-3没有得到验证。在资源紧缺且集中的情况下，市场机制失灵，职工只能从单位渠道获取稀缺资源。在改革开放后城市公共服务系统逐步建立的情况下，职工对单位生活福利的依附对其职工角色下的城市归属感的正向影响并不显著，如表2-6所示，假设2-5没有得到验证。

国有企业对其成员经济稳定的保障不仅仅体现在职工正常工作期间，当职工在遭遇生老病死等一系列风险时，仍然能够保障其经济收入的稳定性。这与国有企业正规的聘用及解聘流程以及为其员工缴纳社会保险有关。与民营企业相比，国有企业成员在体制的庇护下具有更强的对抗社会风险的能力。因此，稳定的经济收入对国有企业成员市民角色下的城市归属感具有正面影响。如表2-7所示，国有企业成员对单位经济稳定的依附每增加一个单位，其市民角色下城市归属感形成的概率将增加1.24〔EXP（0.204）〕倍，这一结果在二元Logistic模型中较为显著（$P<0.05$），即国有企业成员对单位经济稳定的依附越强，其市民身份下的城市归属感也

越强，假设2-4成立。在资源稀缺的情况下，单位是国有企业成员获取稀缺资源的主要渠道，随即形成了对单位的生活福利的依赖。虽然国有企业改革正在逐渐实现"三供一业"分离移交，但是国有企业成员对单位生活福利的依附惯习仍然存在。在单位制下，单位承担着提供公共服务的职责，从国有企业职工角色向城市市民角色的转变意味着国有企业成员需要到城市中寻求公共设施和公共服务。东北地区由于经济发展缓慢，制约了公共设施以及公共服务体系的发展，城市公共设施、服务质量明显低于单位提供的公共设施及服务，这在无形中巩固了国有企业成员对单位生活福利的依附，也阻碍了其市民角色下城市归属感的形成。同时，由单位提供的生活福利往往是无偿或是低偿的，当国有企业成员通过市场渠道获取生活服务时，市场价格比单位生活服务价格高很多，也会导致国有企业成员对单位依附增强，难以形成市民角色下的城市归属感。如表2-7所示，国有企业成员对单位生活福利依附每增加一个单位，其市民角色下城市归属感形成的概率将下降17%［EXP（−0.197）−1］，这一结果在二元Logistic模型中较为显著（$P<0.05$），即国有企业成员对单位生活福利的依附越强，越难以形成市民角色下的城市归属感，假设2-6成立。

4. 政治晋升依附与国有企业职工不同角色下城市归属感

李汉林认为，在单位制下，政治行政级别往往意味着权利、资源分配以及利益的实现[1]。魏昂德（1986）曾提出，西方企业中的工资由不同类别的工种决定，而我国国有企业中不同工种的工资并无差别，工资的差别在于政治行政级别的不同。[2]当然，国有企业成员的工资收入并非只受行政级别的影响，还受许多其他因素的影响，但不可否认行政级别是其中极其重要的一项构成。同时，行政级别的高低还意味着不同数

① 李汉林.中国单位社会——议论、思考与研究［M］.上海：上海人民出版社，2014.

② Walder A G. Communist neo-traditionalism: work and authority in Chinese industry ［M］.Berkeley：University of California Press，1986.

量和质量的资源占有。同时，行政级别高的领导还掌握着资源分配的权力，而这种权力在职工对单位全面依附的助推下更具威慑力。因此，国有企业成员行政级别越高，对单位制下资源分配逻辑越认同，对单位的政治晋升依附越强。国有企业成员对单位政治晋升的依附是对单位制结构的理性反思，在政治晋升依附惯习产生后从理性反思逐渐转换为感性归属感。如表2-6所示，国有企业成员对单位政治晋升依附每增加一个单位，其职工角色下城市归属感形成概率将增加1.26 ［EXP（0.288）］倍，这一结果在二元Logistic回归模型中较为显著（$P<0.05$），即国有企业成员对单位政治晋升的依附越强，越容易形成职工角色下的城市归属感，假设2-7成立。

随着单位制的解体，城市中市场机制的形成，行政级别的差异并不影响城市中的资源分配。当国有企业成员习惯于行政级别所带来资源分配的优势地位，便更不容易接受城市中市场资源分配的逻辑。如表2-7所示，国有企业成员对单位政治晋升依附每增加一个单位，形成市民角色下城市归属感的概率将降低17% ［EXP（–0.170）–1］，这一结果在二元Logistic回归模型中较为显著（$P<0.05$），即国有企业成员对单位政治晋升的依附越强，越不容易形成市民角色下的城市归属感，假设2-8成立。

5. 社会资本依附与国有企业职工不同角色下城市归属感

国有企业成员对单位社会网络的依附分为两类：第一类是对单位领导的依附，如上所述，单位领导往往掌握着资源分配的权力，国有企业成员通过对领导的忠诚和依附换取所需的稀缺资源；第二类是对单位内社会交往网络的依附，单位制下企业对其职工几乎是"从摇篮到坟墓"大包大揽式的管理方式，职工所有的生活所需都能在单位内解决，单位内部基本形成了一个封闭的空间，导致其成员的社会交往大部分发生在单位内部，形成对单位内部社会资本的依附。通过对单位领导的依附，使国有企业成员获取更多资源，增强对单位以及职工角色下的城市归属感。在国有企业成员对单位社会网络的依附中，单位始终作为城市的一部分，对单位的归属感也就是对城市的归属感。所以，如表2-6所示，国有企业成员对单位社会资本的依附每增加一个单位，其形成职工角色下城市归属感的概率将增加1.01 [EXP（0.0138）] 倍，这一结果在二元Logistic回归模型中十分显著（$P<0.01$），即国有企业成员对单位社会资本的依附越强，越容易形成职工角色下的城市归属感，假设2-9成立。

对单位社会资本的依附与对社会身份、政治晋升等的依附不同，随着国有企业成员从职工角色到市民角色的转变，单位制下的社会身份、政治晋升等模式将不再起作用，但单位内的社会资本依然有效。通过对单位领导的依附，即使在市民身份下无法获取物质资源的分配，也依旧能够获取有用的信息资源和更低的交易成本。对单位社会交往网络的依附在市民角色下也继续有效，单位成员比重较大的社会网络的建立是由单位制这一结构造成的，但并不受单位制约束，市民角色会带来异质性更强、规模更大的社会网络，但对已经形成的单位内社会网络并不构成影响。如表2-7所示，国有企业成员对单位社会资本依附每增加一个单位，其形成市民角色下城市归属感的概率将增加1.01 [EXP（0.00830）] 倍，这一结果在二元Logistic回归模型中十分显著（$P<0.01$），即国有企业成员对单位社会资本的依附强，越容易形成市民角色下的城市归属感，假设2-10成立。

表2-6　职工角色下城市归属感Logistic 回归模型

变量	模型1 职工角色下 城市归属感	模型2 职工角色下 城市归属感	模型3 职工角色下 城市归属感	模型4 职工角色下 城市归属感	模型5 职工角色下 城市归属感
控制变量①	已控制	已控制	已控制	已控制	已控制
性别	0.450* (0.242)	0.433* (0.248)	0.495** (0.251)	0.459* (0.252)	0.502** (0.255)

① 控制变量包括年龄、年龄平方、教育程度、婚姻状况。

续表

变量	模型1 职工角色下城市归属感	模型2 职工角色下城市归属感	模型3 职工角色下城市归属感	模型4 职工角色下城市归属感	模型5 职工角色下城市归属感
社会身份依附		0.626*** （0.128）	0.449*** （0.150）	0.405*** （0.152）	0.385** （0.152）
经济稳定依附			0.244* （0.130）	0.198 （0.133）	0.213 （0.134）
生活福利依附			0.171 （0.151）	0.142 （0.153）	0.141 （0.154）
政治晋升依附				0.288** （0.118）	0.258** （0.118）
社会网络依附					0.0138*** （0.004 85）
常数项	0.927** （0.431）	1.352*** （0.458）	1.322*** （0.464）	1.341*** （0.463）	0.867* （0.485）
伪R2	0.030 4	0.079 1	0.090 3	0.101 7	0.117 9
观察值	768	768	768	768	768

注：括号内数据表示标准误，*** 表示P<0.01，** 表示P<0.05，*表示P<0.1。

表2-7　市民角色下城市归属感Logistic回归模型

变量	模型6 市民角色下城市归属感	模型7 市民角色下城市归属感	模型8 市民角色下城市归属感	模型9 市民角色下城市归属感	模型10 市民角色下城市归属感
控制变量[①]	已控制	已控制	已控制	已控制	已控制
性别	−0.384** （0.156）	−0.350** （0.157）	−0.323** （0.159）	−0.313** （0.160）	−0.309* （0.160）

① 控制变量包括年龄、年龄平方、教育程度、婚姻状况。

续表

变量	模型6 市民角色下 城市归属感	模型7 市民角色下 城市归属感	模型8 市民角色下 城市归属感	模型9 市民角色下 城市归属感	模型10 市民角色下 城市归属感
教育 程度	0.203 （0.171）	0.292* （0.174）	0.246 （0.175）	0.262 （0.176）	0.273 （0.177）
长春	0.669*** （0.168）	0.717*** （0.171）	0.735*** （0.172）	0.722*** （0.173）	0.729*** （0.174）
吉林	0.982*** （0.261）	1.103*** （0.265）	1.030*** （0.267）	0.987*** （0.269）	1.055*** （0.272）
社会身 份依附		−0.335*** （0.080 3）	−0.304*** （0.095 6）	−0.284*** （0.096 2）	−0.294*** （0.096 8）
经济稳 定依附			0.204** （0.087 2）	0.215** （0.087 7）	0.221** （0.088 0）
生活保 障依附			−0.197** （0.095 4）	−0.176* （0.096 0）	−0.181* （0.096 5）
政治晋 升依附				−0.170** （0.082 7）	−0.197** （0.083 7）
社会网 络依附					0.008 30*** （0.002 97）
常数项	0.025 7 （0.284）	−0.149 （0.291）	−0.108 （0.293）	−0.106 （0.294）	−0.404 （0.314）
伪R2	0.028 5	0.046 2	0.054 0	0.058 2	0.066 0
观察值	768	768	768	768	768

注：括号内数据表示标准误，*** 表示P<0.01，** 表示P<0.05，*表示P<0.1。

国有企业改革以来，东北地区经济体制与社会结构都发生了深刻的变迁，这场变迁同样带动了群体社会心态的改变。回顾改革以来的成就与阻力，能够发现：社会群体的社会心态既是社会转型的反映，也是影响社会转型的力量。东北地区城市类型多为老工业基地城市或资源型城市，城企高度融合，"一城一企"区域特征明显。转型时期国有企业成员城市归属感结构性转变，集中体现了国有企业成员这一群体社会心态的演变。

在单位制下，国有企业成员对城市公共资源的获取以及公共事务的参与都以单位为媒介，国有企业成员虽在城市中工作、生活，但其实并未与城市发生实质性接触，只因单位在城市中，所以能够将对单位的归属感转化为对城市的归属感。因此，笔者将这种依托单位而生的归属感称为职工角色下的城市归属感；将不以单位为依托而产生的对城市的归属感称为市民角色下的城市归属感。职工角色下的城市归属感是单位制下的产物，市民角色下的城市归属感是实现社会治理的前提。

本节从单位依附的视角出发，对国有企业成员不同角色下城市归属感进行解读，并提出了角色认同、社会交换和社会网络三种理论解释机制。依据华尔德"新传统主义"中所进行的单位依附分类，将单位依附分为社会身份依附、经济稳定依附、生活保障依附、政治晋升依附以及社会资本依附。实证结果显示：① 社会身份依附、政治晋升依附对职工角色下城市归属感具有正向作用，对市民角色下城市归属感具有负向作用。这一结果在一定程度上支持了角色认同理论，国有企业成员的身份界定以及对资源分配机制的认同对其职工角色下城市归属感的形成具有促进作用，反之，则有阻碍作用。② 经济稳定依附对职工角色与市民角色下城市归属感都具有正向作用，生活福利依附对职工角色城市归属感没有显著影响，但对市民角色城市归属感具有负向作用。这一结果支持了社会交换理论，也对这一理论进行了补充，即控制风险的社会交换能促进城市归属感的形成。同时，非物质性交换如果部分满足成员需求不一定会促进城市归属感的形成，但如果完全不能满足成员需求则会阻碍城市归属感的形成。③ 社会资本的依附对职工与市民角色下城市归属感都具有正向作用。这一结果与以往社会网络理论提出的原始社会网络带来交往限制的结论不同，证明了跨体制社会资本除了对国有企业成员收入具有正向影响之外，对其转型期的社会融入同样具有促进作用。

在实践层面上，国有企业成员对单位的依附对其不同角色下城市归属感的影响所反映的是："一城一企"特征下，从国有企业延伸到城市的单位制逻辑与转型时期的市场逻辑和社会治理逻辑的重合与冲突。单位制逻辑与市场逻辑的重合在于都以稳定的契约关系规避社会风险，与社会治理逻辑的重合在于承认社会资本对个体经济地位获得和整体社会信任的正向作用。单位制逻辑与市场逻辑的冲突集中体现在：单位制对层级的强调以及以层级为依据的资源分配准则，与市场中绩效资源分配的准则存在矛盾。单位制下城市社会管理模式呈现层级条块分割的状态，多元社会治理模式下呈现网格化①共同参与的治理特征。多重逻辑的冲突是国有企业成员在市民角色下城市适应的困难所在。

因此，当从微观角度对单位制下单位依附与改革的关系进行审视时，能够发现：单位依附对社会转型并不是"一刀切"的作用，尽管单位依附在一定程度上制约了个体与改革相适应的社会心态的形成，但在区域特征下仍能找到单位依附与改革逻辑相契合的部分。社会心态的塑造是制度变革与区域环境不断互动的过程，个体主观感受反映了制度变革在区域人文生态中的作用。

计划经济时期，东北地区作为全国的工业发展基地集中建立了一批重工业国有企业。在随后的发展中，这些国有企业或是与城市结合紧密，或是成为城市形成和发展的中心，形成了明显的"一城一企"特征，这一特征也调节着国有企业成员单位依附对其不同角色下城市归属感的影响。国有企业成员对单位生活福利依附、政治晋升依附以及社会资本依附对其市民角色下城市归属感的影响受到"一城一企"特征的调节。从目前东北地区的发展情况来看，伴随着国有企业改革的不断深化，单位制结构正在逐步解体，但国有企业成员对单位的依附惯习仍然还在，受到城企密切关系

---

① 文军. 从单一被动到多元联动——中国城市网格化社会管理模式的构建与完善［J］. 学习与探索，2012（2）：33-36.

的影响，这一依附惯习在一定程度上制约国有企业成员市民角色下城市归属感的形成，从而抑制了城市社区治理结构的形成。

国有企业成员的城市生活参与从职工角色到市民角色的转变意味着社会结构的转变，本次调查数据显示，有37.84%的国有企业成员在离开单位后对城市没有归属感，即仍然有将近40%的国有企业成员没有实现社会参与从职工到市民的转变。究其原因，从上述统计分析中能够看出：

首先，一部分原因在于国有企业成员在单位制下形成的对单位的依附惯习。包括对单位社会身份依附、生活福利依附、政治晋升的依附阻碍了其市民角色下城市归属感的形成。这类依附内容是在国有企业改革过程中逐步从单位向社会过渡的内容，由于社会结构正在逐渐发生变革，但个体的行为习惯还未发生改变，可能会出现个体行为与社会结构不符的现象，例如，国有企业成员对单位的满意度降低、国有企业成员社会公共事务参与率低等。

其次，城市经济结构对国有企业成员市民角色下城市归属感具有显著的影响。与大庆相比，长春和吉林的国有企业成员更容易形成市民角色下的城市归属感。城市对国有企业成员市民角色下城市归属感的影响因素可能是多方面的，如城市的市场化程度、公共服务的发展状况以及"一城一企"特征强度。引入城市与单位依附交互项，交互项本身并不显著，但是城市对国有企业成员市民角色下城市归属感的影响显著，以及单位依附对国有企业成员市民角色下城市归属感的影响也有很大改变。以上结果表明单位依附对国有企业成员市民角色下城市归属感的影响是通过城市发生作用，而这一作用机制是国有企业与城市的密切程度，即"一城一企"特征的强度。

所以，国有企业成员市民角色下城市归属感的形成需要从以下几方面着手：一是改变国有企业职工对单位的依附惯习，主要改变其对单位社会身份的依附、生活福利的依附以及政治晋升的依附。社会身份依附的改变依靠于体制内外不平等的消除，国有企业职工身份下往往附加了更稳定的经济收入、更多更优质的公共资源以及固有的政治晋升逻辑，这三方面的改变是其从职工角色到市民角色的不适应所在。当体制内外的差异逐渐缩小，国有企业成员从职工角色到市民角色的过渡也就越平稳。值得注意的是，国有企业的经济职能，即对其职工的经济保障职能对国有企业职工市民角色下城市归属感的形成有正面影响，所以，有必要完善国有企业职工的收入分配机制，在消除体制内外不平等的同时保证国有企业成员收入分配机制的公平公正。二是社会结构的变革。国有企业成员市民角色下城市归属感的形成除了受到其单位依附的影响外，按照安东尼·吉登斯的结构化理论的思路，还受到代替单位制的社会结构缺失的影响，即以社区为单元的社会治理机构还没有形成，致使人们还保持了单位制下的行为，并巩固了职工角色下的城市归属感和单位制。所以，国有企业成员市民角色下城市归属感的构建离不开社会结构的变革。三是国有企业成员单位依附对其市民角色下城市归属感的影响受"一城一企"特征强度的调节。东北地区有许多大型重工业国有企业，这些国有企业在计划经济时期对所在城市甚至整个国家的发展都做出了巨大贡献，也奠定了东北多个城市的产业结构基础。但在改革开放后，随着市场经济的不断发展，东北地区原有的产业结构特征限制了其经济发展活力。所以，增强国有企业成员市民角色下的城市归属感同样有赖于东北地区产业结构的调整，转变目前"一城一企"的现象，帮助东北地区构建新的社会治理模式。

最后，需要说明的是本节的分析仍有多处不足：一是国有企业成员不同角色下城市归属感的形成还受到许多其他因素的影响，本节仅从国有企业成员的单位依附特征出发，缺少其他城市变量，尤其是东北地区"一城一企"区域特征下城企关系变量的缺少使本节的因果链条不够完整，导致对国有企业成员市民角色下城市归属感的解释不够直接。本节没有涉及城企关系对国有企业成员城市归属感的作用分析，因此，后续的研究如果将城企关系纳入模型中，探讨城企联系与单位依附以及与城市归属感间的相互关系，应该能够更好地解释单位制变动时期东北地区"一城一企"场域下，个体、单位以及城市者间的联系与互动。二是单位依附对国有企业成员不同角色下城市归属感的作用变化并不能完全反映社会心态的变迁状况，仅仅是作为社会心态变迁的一个侧面反映，因此，想要更全面、系统地把握社会心态的变迁应从更多元、更宏观的视角对其进行分析。

第三节　单位人特性对城市治理的积极意义与消极影响

传统单位制时期，单位对其成员全面庇护的形成，导致了单位成员对单位的全面依附。在"单位办社会"的制度安排下，单位内部的制度安排与延伸至单位之外的户籍制度、社会保障制度等共同构成了单位社会的制度支撑。单位制时期，个体生活所需的各类资源与服务也主要从单位获得，单位的封闭性以及非流动性特征将城市中的个体固定于单位中，这一时期对单位的归属感即等同于对城市的归属感。市场化改革意味着各项制度安排的变迁，转型时期的单位更强调其经济职能，而将社会职能进行剥离，社区代替单位成为城市治理的基本单元。这一结构性变化意味着单位与城市的连接方式发生转变，单位不再是将个体固定于城市的容器，个体对城市归属感的形成开始受到其他因素的影响，例如，在城市中的公共服务以及个体自身所具有的社会网络等。相对而言，单位成员对单位的依附惯习与制度变迁并非是一个同步的过程，这就意味着即使单位与城市的连接方式发生改变，单位成员的城市归属感与单位归属感仍旧无法进行清楚的切割。尤其对于一些东北地区的城市，具有"一城一企"的区域特征，单位与城市依然具有紧密联系。在整体趋势发展与局部情况存在张力的情况下，本节主要探讨单位人的依附特征对城市治理具有怎样的作用。

一、传统单位制时期单位人的依附特性

从全国范围而言，东北地区最早步入计划经济体制，通过建立具有重大战略意义的工业基地形成了以国有企业为核心的单位体制，以及纵向的国家—单位—个人的层级管理体系。单位除本身的经济职能外，还承担了社会管理和资源分配的职能，从微观角度来说，单位对职工生活的全方位介入造成单位职工对单位的全方位依附。

魏昂得提出的新传统主义认为国有企业内部的管理过程不同于极权主义与多元主义，虽然国有企业的管理过程对其成员进行了种种限制，但仍具有很强的积极作用。①不同于其他研究者对单位制的研究，新传统主义并不认为中国的整体结构是以集团为单元的，而认为单位内由党组织进行连接，形成的上下级的依附-庇护型网络才是中国实际的社会结构。国家对个体的管理与动员并不是通过集团压力，而是以单位内领导与下属之间的关系为纽带，实现对个体的管理与动员。而领导之所以能够有效地对其下属进行管理与动员，是因为掌握了资源分配的权力。计划经济背景下，这一分配权力得到强化。不同于市场经济由市场或其他非官方组织提供各类消费品与公共服务，计划经济背景下国家不仅通过国有企业对个体进行管理，亦直接通过国有企业供给大量消费品与公共服务。因此，传统单位制时期，国有企业成员的生活并非受个体的人力资源与商品市场的情

---

① Walder A G. Communist neo-traditionalism: work and authority in Chinese industry [M]. Berkeley: University of California Press, 1986.

况影响，而主要取决于其所处的企业能够提供何种类型以及何种程度的资源与福利。新传统主义将个体对单位的依附划分为"工人对企业社会和经济方面的依附，工人对领导在政治上的依附以及工人对直接领导的个人依附"。[①]本节沿用这一分类并从角色认同理论、社会交换理论以及社会网络理论出发，将单位依附调整为对单位的身份地位依附、经济稳定依附、生活福利依附、政治晋升依附以及社会资本依附。

（一）社会身份依附

东北地区由于受计划经济影响深远，单位制形成最早也最稳固。在单位制的结构中，人们在社会中的行动和交往常常需要单位中的身份作为前提，人们想要表明的社会身份，往往是透过单位身份折射出来的。在传统单位制下，城市内横向或者是异地的流动异常艰难，通常一个单位就构成了相对封闭并且能够自给自足的空间。相对于其他身份，个体所在的单位具有较强的稳定性。在单位制社会中，李汉林认为，单位身份的主要作用是使人们在社会上的行为具有合法性，给予人们在社会上行为的资格[②]。同时，对个人身份地位的评价与单位所处的地位也紧密相关，人们在对一个人的社会地位做出判断时，单位是最主要的参考指标。一方面，个体所处单位的级别，即单位整体的级别越高意味着单位成员的各项福利待遇更好、更完善；另一方面，个体在单位中所具有的行政级别，即个体在单位中的行政级别越高，在单位的资源分配过程中就越具优势。在此基础上，国有企业成员依赖于单位为其提供的身份地位，获得社会行动的资格并且进行社会地位的确定。

（二）经济稳定依附

单位作为职业的外在表现形式，其中，最核心的职能在于对职工的

---

① Walder A G. Communist neo-traditionalism：work and authority in Chinese industry ［M］. Berkeley：University of California Press，1986.

② 李汉林. 中国单位社会议论、思考与研究 ［M］. 上海：上海人民出版社，2004.

经济保障。个人的劳动力通过单位运营转换为货币，并以货币购买形式实现生活所需，这一职能不仅是单位的核心职能，也是所有营利组织的核心职能。但中国社会中单位的经济职能的特殊之处在于经济保障的稳定性。由于国有企业与政府的密切关系，导致国有企业在面对市场风险时具有天然的优势地位，并为其赢得市场竞争中的胜利，即使没有赢得胜利也有政府对其托底。所以，单位制下国有企业的工资构成与企业绩效、个人绩效的关联性不强，无论企业经营如何，国有企业成员的工资都能得到有效保障。

（三）生活福利依附

在传统单位制时期，单位的经济职能还包括单位福利的非货币形式发放。在资源短缺且集中的情况下，货币购买形式常常出现失灵的状况，取而代之的是分配形式。当单位组织能够垄断性地占有和分配各种短缺的政治、经济、文化以及社会的资源、利益和机会的时候，就会在一个单位之中形成一种依赖性的社会环境。这种社会环境迫使其单位成员不得不以服从为代价换取短缺的资源、利益和机会。而这些稀缺资源的分配依据往往与行政级别相关。传统单位制社会中，单位形成"从摇篮到坟墓"的对其职工的保障体系，单位基本能够满足其成员的吃穿住行。职业的稳定性与福利的完整性，使单位成为结合生产与生活的共同体。在单位对员工福利大包大揽的情况下，单位成员形成"有困难找单位"的行为逻辑。由于单位内部的稳定性，单位整体形成了具有伦理色彩的熟人社会。单位福利对其成员的全面负责，导致了单位成员对单位的高度依附。

（四）政治晋升依附

新传统主义认为，单位除了是一种经济组织之外，还承担了一系列政治和社会功能。一方面，单位作为国家社会的组织形式，起到对社会和个人的管理作用；另一方面，在单位内部，政治行政级别也是资源配置的主要依据，导致国有企业成员对单位的政治依附。以下三个因素又强化了这种依附。一是资源的不可替代性。职工离开单位几乎没有途径获得上述的资源。二是资源的有限性。例如，晋升名额的限制，不能为全部职工提供住房等。三是流动率低。职工基本上是终身制，如果没有十分特别的理由，很少有机会调离本单位。由于单位也负有解决职工子女就业问题的责任，"两代同厂"屡见不鲜。在这种制度环境下，在单位内部，职工与掌握各种资源的人建立长期的互惠关系以便在各种资源的分配中处于优先地位，可以说是个人的理性选择。

（五）社会资本依附

陈凤兰和黄永斌以社会资本为考察视角，指出单位制度下我国的社会资本形态是垂直的网络，个人在经济、政治和社会地位等方面对于单位的全面依附，限制了那种横向平等的、互惠型社会资本网络的生成，导致国有企业成员对单位内部社会资本依赖严重。[①]单位内的社会网络既是单位社会的结构特征又是单位内部运行的重要纽带。从新传统主义的理论视角出发，单位内的社会网络实际维系着整体社会的资源分配与社会动员。国家通过单位将资源分配给个体，而单位内的资源分配以领导与下属形成的网络为路径，完成单位内部的资源分配。由此，单位内的社会网络亦对整个单位社会的运行进行了支撑。单位住房福利以及各项其他公共服务的供给在满足个体生活需要的同时，也将单位营造为相对独立的封闭空间，单位成员的社会关系在空间上与场域上受单位囊括。由于单位空间既具有熟人社会的特征，还具有上下级关系的科层制特征，因此，单位内的社会网络一方面具有资源获取的属性；另一方面也具有维护秩序的属性。整体而言，在单位相对封闭的环境中，从社会

---

① 陈凤兰，黄永斌. 单位制度对我国社会资本形成的制约［J］. 福建经济管理干部学院学报，2006（4）：81–84.

资本维度出发，单位成员形成对单位的依附。

二、转型时期国有企业成员城市归属感

居民城市归属感是城市经济发展与社会稳定的重要衡量指标，提升居民城市归属感对于平稳实现社会转型具有重要意义。城市归属感是共建共享社会治理格局在城市居民心理层面的投射。转型时期国有企业成员的城市归属感获得集中体现了科层制与市场化改革、社会结构重组间的重合与矛盾。东北地区城市发展与大型国有企业紧密结合，在"一城一企"区域特征下，国有企业成员转型期社会适应问题突出。因此，探索国有企业成员城市归属感的影响因素和形成机制有着重要的学术意义和现实意义。

归属感是单个个体对所属群体、空间的关系划定。史密斯在定义国家认同时指出，历史的经验和个体频繁的地域活动范围是形成国家认同的主要原因之一[1]。史密斯这里的历史经验是指某一群体共同的社会记忆，包括相互交往的经历。这里所提到的国家认同与归属感相类似。所以，城市的归属感是在城市市民的社会记忆及其所活动的场域范围内形成的对自身和城市间关系的划定。何艳玲和郑文强认为，城市归属感作为城市的软实力，是测量城市发展动力的可靠指标，是验证城市发展质量的关键变量，也是不同城市间人才争夺的关键要素[2]。有少量文献提出了对整体市民的城市归属感的探讨，多数文献对城市归属感的研究聚焦于城市中的外来群体和流动群体，尤其关注农民工的城市归属感。对外来群体与流动群体研究的文献虽与本研究的关注群体不同，但同属城市市民范畴，在把握群体差异性特征的基础之上对本研究具有一定

---

① Smith A J. National identity [M]. New Jersey: Free Press, 1998.
② 何艳玲，郑文强. "留在我的城市"——公共服务体验对城市归属感的影响 [J]. 同济大学学报（社会科学版），2016，27（1）：78–86.

借鉴意义。

长久以来，在计划经济时期所形成的城乡二元社会经济结构的影响下，城乡间的户籍制度、就业制度、教育制度、社会保障制度等一系列制度分割，不仅阻碍了城市化的进程，也迫使农民工既脱离了农村又无法被城市接受。陈丰认为，对城市归属感的缺乏使这一群体在城市与乡村之间形成了一种"虚城市化"的现象。①在各项城乡分割的制度中，对城市归属感影响最为明显的即为户籍制度。李强认为，户籍制度本身会增加农民工在身份、职业等方面对城市社会融合的困难，影响农民工对社会成果和公共服务的享有。②除户籍制度之外，城市中的教育制度造成了农民工子女难以在城市的学校入学，降低农民工的城市认同。黄桢和王承璐认为，如果农民工能够被纳入城市保障性住房制度中将提升农民工的城市归属感，并进一步影响农民工的居留决策。③

收入水平被众多研究者认为是决定农民工归属感的重要因素之一。④才国伟和张学志认为，与城市居民相比，农民工收入水平较低，直接造成他们的生活质量低、生活压力大，难以适应城市生活的高消费，而对城市没有归属感⑤。

从市民角度出发，最直接影响市民对城市的归属感和认同感的因素是对城市公共服务的认同度。何艳玲和郑文强认为市民对城市当地的公

① 陈丰. 从"虚城市化"到市民化：农民工城市化的现实路径 [J]. 社会科学，2007（2）：110–120.

② 李强. 城市农民工与城市中的非正规就业 [J]. 社会学研究，2002，17（6）：13–25.

③ 黄侦，王承璐. 农民工城市归属感与购房意愿关系的实证研究 [J]. 经济经纬，2017，34（3）：43–48.

④ 李芳，龚维斌，李姚军. 老年流动人口居留意愿的影响因素分析——以布迪厄理论为视角 [J]. 人口与社会，2016，32（4）：3–12.

⑤ 才国伟，张学志. 农民工的城市归属感与定居决策 [J]. 经济管理，2011（2）：158–168.

共服务认同度越高，其对城市的认同度也相应越高。①但不同学者对不同种类的公共服务对城市人口流动以及城市归属感的影响并未达成一致意见。侯慧丽以公民权理论中的公民资格概念为基础，将公共服务分为工业公民资格的公共服务和社会公民资格的公共服务，并以此来考察两种公共服务的供给差异及其对人口流动的影响，她认为城市提供的两种公共服务均对流动人口具有吸引力，流动人口在获得公共服务后更稳定也更具归属感。②杨晓军认为，城市公共服务质量对城市人口流动的影响与城市规模有关。③东部地区的医疗服务质量对人口的流入有显著作用，中部地区城市的环境服务质量和西部地区城市的文化服务质量均对人口流动有显著影响。总体来看，医疗服务质量对人口迁移的影响最大。

刘于琪等通过实证对比广州两个社区的归属感后认为，无论是对于城中村社区还是普通社区而言，邻里熟悉和邻里互助均是影响社区归属感的主要因素。④在网络因素方面，吕青发现以初级群体为基础的社会网络会带来交往的限制，从而阻碍农民工对城市的认同与归属。⑤朱力认为，社会网络对农民工经济和精神上的支持使其很快适应环境，一方面这样的社会网络在一定程度上防止其沦为城市化失败者，另一方面却强化了农民工生存的亚社会生态环境，保留了农民工身上所具有的传统

---

① 何艳玲，郑文强．"留在我的城市"——公共服务体验对城市归属感的影响［J］.同济大学学报（社会科学版），2016，27（1）：78-86.

② 侯惠丽. 城市公共服务的供给差异及其对人口流动的影响［J］. 中国人口科学，2016（1）：118-128.

③ 杨晓军. 城市公共服务质量对人口流动的影响［J］. 中国人口科学，2017（2）：204-128.

④ 刘于琪，刘晔，李志刚. 居民归属感、邻里交往和社区参与的机制分析——以广州市城中村改造为例［J］. 城市规划，2017，41（9），37-47.

⑤ 吕青. 新市民的社会融入与城市的和谐发展［J］. 江南论坛，2007（2）：12-13.

观念和小农意识，阻碍着农民工对城市的认同与归属。[①]赵延东和王奋宇通过对农民工进城前的原始社会资本的测量和探讨，提出新型社会资本在农民工的社会地位提高和城市融入中作用更大。[②]

已有研究对城市归属感的关注集中于两个方面：一是流动人口的城市归属感问题；二是城市居民的归属感获得。此类研究虽与本研究的关注群体不同，但同属城市市民范畴，在把握群体差异性特征的基础之上对本研究具有一定借鉴意义。虽然对城市归属感的研究不断深入，但在概念的使用上还较为笼统，缺乏更深入的理论视角，特别是缺乏对转型期城市归属感结构性变化的关注。

东北地区城市发展与大型国有企业关系密切，国有企业与城市社区重合形成"一城一企"区域特征。转型期国有企业成员城市归属感的获得，集中体现了"一城一企"区域特征下，单位制与市场化改革、社会结构重组间的重合与矛盾。审视改革开放40多年来社会的变化，能够发现培育与大变革时代相适应的社会心态成为社会建设的一个重要方面，国有企业成员不同角色下城市归属感的形成即是群体社会心态变迁的一个侧影。周晓虹认为，虽然国有企业成员的城市归属感不完全等同于社会心态，但其中的宏观性、变动性以及突生性构成了转型时期国有企业成员这一群体社会心态的主体基质。[③]

东北地区的国有企业多属于限制介入型国有企业，企业的生产经营关乎国家的经济命脉，东北地区是国有企业改革的重点区域，但仍然不会改变国有企业的发展与国家、城市密切关联的现实。在单位制时期，

---

① 朱力. 论农民工阶层的城市适应 [J]. 江海学刊，2002（6）：82–88.

② 赵延东，王奋宇. 城乡流动人口的经济地位获得及决定因素 [J]. 中国人口科学，2002（4）：8.

③ 周晓虹. 转型时代的社会心态与中国体验——兼与《社会心态：转型社会的社会心理研究》一文商榷 [J]. 社会学研究，2014，29（4）：1–21.

员工依附于单位获取稀缺资源，单位依附于政府获取稀缺资源，并以服从作为交换条件，形成了国家—单位—个人的社会结构，也导致了个人依附单位，单位依附国家的依附体系。而国家对国有企业的支持许多时候需要以地方政府作为实施主体，所以，单位对国家的依附也是对城市和地方政府的依附。

除了单位对城市的依附外，城市同样依附于地方大型国有企业。以长春和大庆为例，长春和大庆产业结构都以第二产业为主导，2017年，长春市第二产业产值在产业结构中占比48.6%，对2017年经济增长贡献率为47.0%；大庆市第二产业产值比重甚至能达GDP比重的80%以上，石油采掘工业占工业总产值的70%以上，占有绝对的主导地位。而这两个地区的工业发展都依赖于当地一家大型国有企业，所以，国有企业的发展对城市经济发展同样影响重大。

在市场化改革持续推进及社会结构转型背景下，国有企业成员的社会角色构成发生了巨大的改变。单位制下国有企业成员的工作与生活统一于职工角色中，公民权利完全通过单位实现。在城市—单位—职工科层制的管理方式和资源分配机制下，国有企业成员的职工角色占据主导地位，并依之形成城市归属感。体制转轨和结构重组导致的单位制式微使国有企业成员工作和生活分离，工作之外的市民角色开始突显，陈进华将之称为"工业现代性逐渐被城市现代性置换"。[1]城市中市场化的资源分配机制和多元治理形式代替单位制下的科层制，国有企业成员以市民角色为主导形成城市归属感。毛丹在研究中提出："角色的变化不仅是生产生活方式的改变，还意味角色意识、思想观念、社会权利、行为模式等一系列的转变。"[2]因此，在东北地区"一城一企"区域特征下，深

---

① 陈进华.中国城市风险化：空间与治理［J］.中国社会科学，2017（8）：43-60.

② 毛丹.赋权、互动与认同：角色视角中的城郊农民市民化问题［J］.社会学研究，2009，24（4）：28-60.

入探讨国有企业成员单位依附其对城市归属感的影响及不同角色下的作用差异对东北地区产业结构调整和社会结构转型都有重要意义。

对国有企业成员来说，职工角色下的城市归属感意味着，国有企业成员具有国有企业成员的身份，所以，在其所在的城市具有归属感。市民角色下的城市归属感意味着，即使其没有国有企业成员的身份，仅仅作为这一城市的市民，对这一城市仍然具有归属感。

三、转型时期单位依附与社会治理结构的矛盾

在结构化理论中，安东尼·吉登斯将结构定义为循环往复地体现在社会系统的再生产之中的规则与资源，并以此构成了结构化理论的总体基础。[①]安东尼·吉登斯认为，"规则"主要涉及行动者在行动时所依赖的各种正式制度和非正式制度等。其中，行动者在行动过程中所遵守的规范性制度（包括政治、经济、法律制度等）属于支配性规则；对行动者的行动能形成干预的一系列心理、习俗以及文化等，即为规范性规则。在安东尼·吉登斯看来，"资源"也可以划分为两种，即配置性资源和权威性资源。[②]权威性资源是指行动者所拥有的权威和各种社会资本等，配置性资源则是指各种物质实体性资源。规范性规则经过条文化、程式化后往往会形成法律制度；支配性规则同各种配置性资源相结合形成了政治制度；而表意性规则同语言、符号相结合形成了语言文化制度。安东尼·吉登斯认为，结构具有二重性，自我以及自我认同的新机制等问题完全是由现代性制度所塑造的；同时，自我以及自我认同又

---

①〔英〕安东尼·吉登斯. 社会的构成——结构化理论纲要［M］. 李康，李猛，译. 北京：中国人民大学出版社，2016.

②〔英〕安东尼·吉登斯. 社会的构成——结构化理论纲要［M］. 李康，李猛，译. 北京：中国人民大学出版社，2016.

反过来塑造着现代性制度本身。[①]结构化理论的核心观点是结构的二重性，即社会结构能够影响个体的行为，个体的行为也能塑造社会结构，两者通过个体的反思性监控进行连接。[②]单位制作为一种已有的社会结构塑造了国有企业成员对单位的依附行为，国有企业成员通过对单位依附行为的反思形成了对单位的归属感，而这一单位归属感在城企关系的调节下转变成了职工角色下的城市归属感。但随着国有企业改革的不断深入，单位制开始逐渐松动并走向解体，以社区为单位的社会治理结构开始形成。一方面，国有企业成员对单位社会身份、生活福利以及政治晋升等方面的依附惯习阻碍其市民归属感的形成；另一方面，国有企业成员对单位经济稳定的依附和社会资本的依附促进了其市民角色下城市归属感的形成。但这一影响受到国有企业与城市间密切关系的调节。

东北地区作为实行计划经济的早期地区，受计划经济体制影响深刻且东北地区的国有企业与东北各个城市的关系错综复杂，形成了国有企业与所在城市相互依赖的局面。东北地区国有企业长期受到国家政策的扶持和地方性政策的保护，企业职工市场意识淡薄、创新动力不足。同时，东北地区的国有企业发展时间长，已经形成相对完善的职工福利体系及生活配套设施，在城市中承担着相当一部分的社会责任和公共服务的职能。受"一城一企"互动模式的影响，东北地区的国有企业由于负担过重而影响企业发展，城市中公共服务以及第三产业的发展受到制约。于秀秀的研究中提到，在国有企业改革的背景下东北地区着力将厂办大集体、三供一业剥离出企业[③]。国有企业政治、社会职能的解除，

---

① 〔英〕安东尼·吉登斯. 社会的构成——结构化理论纲要［M］. 李康，李猛，译. 北京：中国人民大学出版社，2016.

② 〔英〕安东尼·吉登斯. 社会的构成——结构化理论纲要［M］. 李康，李猛，译. 北京：中国人民大学出版社，2016.

③ 于秀秀. 东北企业改革问题研究［J］. 科技经济导刊，2015（9）：259-260.

意味着社会结构的变动，"单位"将不再是社会结构中的基本组成元素，城市中的社区、社会组织或是其他的组织形式将代替单位成为社会管理的主要载体。

宏观制度形塑个体行为。随着国有企业改革的不断深化，国有企业制度层面的改革已经基本完成。作为国有企业中的基本构成单位，国有企业成员对国有企业改革中所有制结构和现代企业管理制度的认知直接关乎国有企业改革的成败。改革前，一方面，国有企业严重依赖政府，只有依靠政府资源才能完成生产管理；另一方面，国有企业中的"单位制"作为一种国家对社会的控制形式，对社会中的个体进行管理和资源分配。李汉林提到在单位组织能够垄断性地占有和分配各种短缺的政治、经济、文化、社会资源的时候，就会在单位之中形成一种依赖性的社会环境。[1]从国家、单位、个人三者的关系来说，国家资源通过单位的整理和再生产发放到个人手中。随着国有企业改革的深入，企业的所有权和经营权相分离，国有企业逐步减弱对政府资源的依赖，国有企业的政治职能、社会职能减弱，主要发展经济职能。但在制度发生变革后，国有企业成员对单位的依赖并未解除，一方面，国有企业成员这一群体受社会记忆影响，仍然在身份、经济、社会网络等方面依赖单位；另一方面，城市中能够代替单位的社会组织形式仍然没有完全建立。此外，城市公共服务的发展不平衡也使国有企业成员仍在单位内寻求公共服务的供给。

近年来东北地区深陷经济增长乏力、社会发展缓慢、人才流失严重的困局中。党的十八大以来，中央高度重视东北地区经济发展，专门出台支持东北振兴若干重大政策举措，在经济体制、社会结构发生变迁的情况下，国有企业改革具有显著效果，但依旧存在问题。在此

---

① 李汉林.中国单位社会——议论、思考与研究［M］.上海：上海人民出版社，2014.

背景下研究者批判的矛头指向了微观个体的单位意识，以及导致单位意识的单位依附。对单位意识的批判集中于两方面：一是单位意识下特有的行为方式与正在建设的市场体制行为方式相冲突；二是部分研究者将单位意识置于社区归属感的对立面，认为单位制式微是从单位走向社区的单向度转换。[①]单位意识的产生源于单位制下国有企业成员社会活动空间狭窄，从工作到生活对单位产生全面依附。因此，对单位意识的批判其实质是对单位依附的否定。应该承认，国有企业成员对单位的全面依附一定程度上阻碍了国有企业改革的推进，但在东北"一城一企"区域特征下，完全否定单位依附的作用难免过于绝对。笔者认为，在城企关系密切的情况下，应将国有企业成员的单位依附进行细化，从不同维度逐个分析转型时期国有企业成员的单位依附与社会治理相适应的问题。

东北地区多大型国有企业，且与城市联系密切，单位制下国有企业成员对单位的归属感通过城企关系的紧密结合转化为对城市的归属感。随着国有企业改革的不断深化，国有企业成员的社会参与平台从单位逐渐向社区转移，城市归属感作为社会参与的前提，其形成基础也发生了相应的变化：由单位制下职工角色的城市归属感向市民角色下的城市归属感过渡。安东尼·吉登斯的结构化理论认为，结构具有二重性，即社会结构塑造个体行为，个体行为影响社会结构，二者通过个体的监控性反思得以连接。[②]在单位制结构下，一方面，国有企业成员形成了单位依附的行为惯习，通过对这一惯习的反思，个体产生对单位的归属感并通过"一城一企"区域特征转换为职工角色下的城市归属感；另一方

① 田毅鹏，王丽丽. 转型期"单位意识"的批判及其转换［J］. 山东社会科学，2017（5）：94-99.

② 〔英〕安东尼·吉登斯. 社会的构成——结构化理论纲要［M］. 李康，李猛，译. 北京：中国人民大学出版社，2016.

面，国有企业成员对单位依附的行为惯习影响国有企业成员市民角色下城市归属感的形成，并进一步影响了以社区为单元的社会治理结构的形成。国有企业成员在职工角色下的城市归属感和市民角色下的城市归属感是作为不同社会结构的感性表现形式。

第三章

市场化改革背景下体制内成员的相对剥夺风险感知与治理

第一节　生命周期与改革进程作用下体制内成员的相对剥夺风险感知

　　在市场转型背景下，对单位成员阶层地位变迁的探讨理论成果丰富，但关于其阶层地位变化的主观认知研究，却显得相对匮乏。因此，本节以体制内成员的相对剥夺风险感知为对象，将体制内成员分为不同的入职同期群，从个体生命周期与制度改革两个角度出发，探索体制内成员对相对剥夺风险感知形成的差异及其原因。在生命周期视角下，体制内不同入职同期群当前正处于老年、中年和青年的不同生命阶段，因此，相对剥夺风险感知也有所差异。不同入职同期群对阶层流动的预期不同，致使影响体制内成员对是否处于相对剥夺地位的判断方式不同。在市场化改革视角下，渐进式市场化改革与个体的生命周期相互交织，共同影响其相对剥夺风险感知的形成。

一、生命周期与体制内成员阶层流动预期

生命历程理论的奠基者科利，较早关注制度对生命历程的影响。科利认为，现代社会的教育系统与退休系统分别将个体生命历程分割为童年、青年、成年以及老年时期，由此个体生命周期在薪资劳动逻辑下被清晰地切割为三分时序结构。[①]哈乐文认为，在社会时间表中，不同年龄组的人都在经历转型。[②]由于每个年龄阶段所面临的转型不同，个体在不同生命周期的相对剥夺风险感知的机制也有所不同。

随着改革的不断深入，市场化改革也在分阶段进行着。笔者认为，市场化改革经历了三个阶段：第一阶段，从1978年到1992年，为市场化改革初期。虽然这一时期对市场化改革还有不同的争论，但是党和政府最终确定了市场化改革的方向，并实施一系列改革措施，使国民经济迅速活跃起来。对国有企业实行放权让利，使国有企业有一定的自主权；探索企业所有权和经营权的两权分离，使它们能够逐步适应商品化的经营环境。第二阶段，从1993年到2002年，为市场化改革中期。党的十四大明确指出："社会主义市场经济体制，就是要使市场在社会主义国家宏观调控下对资源配置起基础性作用。"这一时期非公有制经济迅猛发展，国有企业进行了制度创新。第三阶段，从2003年以后，我国市场化改革进入到深入期。中国经济在高速发展的同时改革有所放慢，但改革还是在继续推进中，并且取得一定成效。党的十六大提出了毫不动摇地巩固和发展公有制经济，毫不动摇地支持和引导非公有制经济，尤其强调继续调整国有经济布局和改革国有经济管理体制两项重大任务，党的十六大以来在这两方面取得了积极的进展。

---

① Mayer K U. New directions in life course research [J]. The Annual Review of Sociology, 2009, 35: 413-427.

② Hareven. Families, history, and social change life-course and cross-cultural perspectives [M]. Colorado: West view Press, 2000.

市场化改革从初始至今已有40多年的时间，受改革影响的体制内成员进入代际更替时期。在改革早期入职的体制内成员进入老年时期，开始逐渐退出劳动力市场；在改革中期入职的体制内成员已平均在体制内工作近20年，是单位内部的中坚力量，他们积累了丰厚的文化资本与社会资本，渴望进一步的阶层向上流动却面临单位的转型；在改革深入期入职的体制内成员，整体年龄较为年轻，成长于市场化改革的环境下，进入体制内工作的时间相对较短，并且这一时期体制内的用工制度以及企业管理与体制外劳动力市场逐渐趋于一致，体制内外劳动力流动的壁垒逐渐松动，与其他入职同期群相比，工作流动的可能性更高。

将生命历程理论与体制内不同的入职同期群相对应，在改革早期入职的同期群目前处于老年阶段，面临退出劳动力市场的转型。朗特里提出著名的"贫困周期理论"，该理论的根本论点：个体在生命周期内贫困风险呈W形曲线变动，即儿童期、初为父母期以及老年期是生命周期中贫困风险最高的三个阶段。[①]老年阶段个体逐渐退出劳动力市场，获取各项资源的能力减弱。一方面，伴随着各项生理机能的减弱和退化，其面临的疾病与生活打击风险的概率更大；另一方面，社会系统对老年人的歧视与限制也导致老年人获取资源的能力受限。因此，就个体而言，生命历程中的老年阶段阶层流动的预期主要表现为阶层地位的不变和向下流动。

截至2016年，体制内改革中期的入职同期群，最少已经在体制内工作了十几年，如果按照22岁为平均入职年龄，这一群体目前处于中年时期。在现代制度的分割下，中年群体在家庭和单位中都是中坚力量，与青年和老年时期相比，这一时期拥有更多的资源和收入，同时，也承担了赡养老人、抚育下一代的责任，并且其自身健康状况也开始逐渐下

---

① 徐静，徐永德. 生命历程理论视域下的老年贫困［J］. 社会学研究，2009，24（6）：122-144.

降。因此，中年群体对未来的预期既可能是利用当前的资源向更高的阶层地位迈进，也有可能被当前承担的责任所拖累，对未来充满着不确定性。以中年群体自身作为参照系，我们似乎无法明晰中年群体对未来的相对剥夺风险预期，但是，如果将青年群体和老年群体作为参照系，中年群体对相对剥夺的风险预期就能够被锚定在一定范围内。青年群体正处于人力资本、社会资本的飞速积累阶段，需要承担的社会责任与家庭责任较少，中年群体与之相比，对阶层向上流动的预期概率较低，对阶层地位不变以及阶层地位向下流动的预期概率更高。老年群体已逐步退出劳动力市场，身体各项机能出现退化，抵抗各项风险的能力减弱，中年群体与之相比，对阶层向上流动的预期概率更高；但由于中年群体承担了更多的社会、家庭责任，与老年人相比，中年人对阶层地位不变与向下流动的预期并不会有显著的差别。

经过三个阶段的改革，体制内外的劳动用工制度逐渐规范。李路路认为，实现从体制外到体制内的跨体制流动现象并不常见，[1]也就是说，在改革深入期进入体制内工作的大体上是青年人，他们经历了从学校到单位的跨越，当前主要面临单位体制内的晋升或是跨体制的职业流动。因此，在改革深入期进入体制的群体，目前普遍具有阶层地位向上流动的预期。

由此提出生命周期假设：

假设3-1：与改革中期和改革深入期进入体制内工作的同期群比，改革初期的入职同期群具有阶层地位不变以及向下流动的预期可能性更高。

假设3-2：与改革深入期进入体制内工作的同期群比，改革中期的入职同期群具有阶层地位不变以及向下流动的预期可能性更高。

---

① 李路路，朱斌，王煜. 市场转型、劳动力市场分割与工作组织流动［J］. 中国社会科学，2016（9）：126-145.

假设3-3：与改革初期进入体制内工作的同期群比，改革中期的入职同期群具有阶层地位向上流动的预期可能性更高。

假设3-4：与改革初期和改革中期进入体制内工作的同期群比，改革深入期的入职同期群具有阶层地位向上流动的预期可能性更高。

二、生命周期、改革进程与体制内成员的相对剥夺风险感知

在市场化改革过程中，关于体制内成员的阶层地位变迁，研究者们有两大主流的观点，即"权力转移论"与"权力持续论"。"权力转移论"认为，市场转型导致社会分层的主导力量由再分配权力向市场力量倾斜，由此导致在市场转型中经济精英获取了更多的利益，因此体制内的权力精英承担了更多的风险。[①]而"权力持续论"则认为，市场转型并没有完全转变再分配经济体制下的分层机制，体制内的权力精英在市场转型中仍然处于应对风险的优势地位。[②]面对"权力转移论"与"权力持续论"的争论，刘欣从社会分层的机制着手，提出了"权力衍生论"，在市场化改革的不同阶段，衍生出了不同社会分层机制，计划经济时期的再分配权力，放权让利时期再分配权力衍生出寻租权力，以及市场化改革全面推进中逐步发育的市场能力共同决定了整体社会分层。[③]这意味着在市场化改革的过程中，新的社会分层机制的产生并不意味着旧有分层机制的消解，多元动力机制共同决定了风险的产生与分配。"权力衍生论"的贡献在于以市场改革的进程为轴线，区分了市场

---

① Nee V. A theory of market transition: from redistribution to markets in state socialism [J]. American Sociological Review, 1989, 54（5）: 663-681.

② Bian Y J, Logan J. Market transition and the persistence of power: The changing stratification system in urban China [J]. American Sociology Review, 1996, 61（5）: 739-758.

③ 刘欣. 当前中国社会阶层分化的多元动力基础———一种权力衍生论的解释 [J]. 中国社会科学, 2005（4）: 101-114.

化改革进程中不同时期社会分层机制的转变。除此之外，刘欣还关注到了体制内群体的分类，认为市场改革过程中体制内的普通劳动者与体制外的劳动者相比处于相对剥夺的地位，但是党政机关的领导却并非如此。[①]这意味着不能笼统地看待体制内成员所面临的阶层流动状况。在社会学视角下，个体对自身的阶层流动受主客观两方面的影响，客观属性源自学者科学理性的概率推算，主观属性源自个体从自身价值出发的风险判断。[②]玛丽·道格拉斯提出的风险文化理论继续深挖了个体主观感知差异的原因，认为群体的文化背景影响其对特定风险的感知。[③]我国的市场化改革至今已经历了40多年的时间跨度，40多年间体制内的国有企业改革、内部劳动力市场建立，体制外非公有制经济的迅速发展，以及与改革配套的高等教育普及、社会保障体系的建立等环境改变，塑造了体制内具有不同价值观念的同期群，并形成不同的思维模式，以判断自身未来的相对剥夺的风险状况。

费斯汀格提出的社会比较理论强调，在缺少客观标准，无法对自身能力进行准确评估时，人们倾向于与自己相似的人进行比较。[④]近期对个体主观感知的研究也越来越关注参照群体的意义。王元腾提出同质性参照群体的假设，认为人们会选择与自己类似的群体进行比较，而忽略其他差异更大的群体。[⑤]对体制内成员来说，相比于其他的入职同期群，在同一时期进入体制内工作的群体，在年龄、成长环境、工作经

① 刘欣. 相对剥夺地位与阶层认知 [J]. 社会学研究, 2002, 16 (1): 81–90.

② 〔德〕乌尔里希·贝克. 风险社会 [M]. 何博闻, 译. 南京: 译林出版社, 2004.

③ Mary D, Aaron W. Risk and culture: an essay on the selection of technological and environmental dangers [M]. Auckland: University of California Press, 1983.

④ Festinger L. A theory of social comparison processes [J]. Human Relations, 1954, 7 (2): 117–140.

⑤ 王元腾. 参照群体、相对位置与微观分配公平感——都市户籍移民与流动人口的比较分析 [J]. 社会, 2019, 39 (5): 203–240.

历等方面的相似点更多，因此，也更倾向于将入职同期群作为参照群体，通过与入职同期群的比较判断未来相对剥夺的风险。

如上文生命周期假设所述，体制内不同入职同期群对阶层流动的预期不同，对阶层流动风险的感知方式也有一定的差异。改革初期进入体制内工作的群体，当前已处于老年阶段，如果上述老年生命周期假设成立，那么老年群体对未来的预期主要是阶层地位不变与阶层地位的向下流动，这意味着那些可能导致改革初期入职同期群地位下降或与当前地位产生落差的因素会影响其对阶层地位流动风险的感知。改革中期进入体制内工作的群体，当前处于中年阶段，如果上述中年群体的生命周期假设成立，那么改革中期的入职同期群既有向上流动的预期，也有阶层地位不变与向下流动的预期，对这一群体来说，影响其地位上升与导致其地位下降的因素都有可能影响其对相对剥夺风险的感知。改革深入期进入体制内工作的群体，当前较为年轻，如上述青年群体的生命历程假设成立，意味着市场化改革深入期入职的体制内成员普遍具有向上流动的预期，那些导致其无法向上流动的因素会影响其对相对剥夺风险的感知。

江立华和袁校卫提出，个体的生命周期总是嵌入在历史的时间和事件中，这些历史事件总是以隐秘的方式在个体的生命历程中留下难以磨灭的印记。[①]在市场化改革背景下，体制内成员的生命历程与改革阶段交织在一起，共同影响其对相对剥夺风险的感知。改革初期入职的体制内成员，当前主要面临从工作到退休的转型，如果老年生命周期假设成立，那么老年人从工作到退休落差的因素将影响其对相对剥夺风险感知的影响。体制内较为完善的社会保险制度基本保证了其成员在退休后的

---

① 江立华，袁校卫. 生命历程理论的知识传统与话语体系［J］. 科学社会主义，2014（3）：46-50.

工资福利与在职时的差别较小，但是，对体制内的权力精英来说，刘欣认为，市场化改革的制度安排使得一部分公共权力衍生为权力精英的寻租权力，[①]使其在再分配经济体制向市场经济体制过渡中仍然保有优势地位，而这样的权力一旦脱离单位组织将不复存在。当然，并非所有体制精英都在转型过程获得寻租权力，按照体制内的分层方式，行政级别越高意味着越靠近权力中心，相对而言拥有获取寻租权力的机会，在面临退休时，对未来面临的相对剥夺风险的感知也就越强。

如果上文中年生命周期的假设成立，中年群体既具有向上流动的预期，也有地位不变以及向下流动的预期，那么，对改革中期的入职同期群而言，影响其向上流动的因素与会导致其地位下降的因素都可能对其相对剥夺风险感知有影响。改革中期入职的体制内成员可谓经历了最为剧烈的市场化改革，见证了我国经济体制从计划经济向市场经济的过渡，并在时代背景下被迫与改革相适应。1994年，在市场化改革中期，《中华人民共和国劳动法》的实施，使劳动合同制开始普及，体制内党政机关干部人事制度向公务员制度转变，大学生毕业后不再"统包统配"而是自主择业，一个能够自由流动的劳动力市场正在建立。在此背景下，体制内改革中期的入职同期群能够通过体制内晋升与职业流动实现阶层向上流动。但是，李路路等对职业流动的实证研究显示，市场化改革使入职同期群的职业流动受到入职年龄的影响，入职的年龄越高，其离职的概率就越小。[②]也就是说，受自身年龄以及在当前单位所积累的社会资本的影响，改革中期入职的体制内成员更倾向通过体制内晋升实现向上流动的预期，而非跨体制的职业流动。虽然经历了市场化改

---

① 刘欣. 当前中国社会阶层分化的多元动力基础———一种权力衍生论的解释［J］.中国社会科学，2005（4）：101–114.

② 李路路，朱斌，王煜. 市场转型、劳动力市场分割与工作组织流动［J］.中国社会科学，2016（9）：126–145.

革，但是体制内通过行政职务晋升的路径并没有发生根本性的改变，也就是说，体制内行政级别越高的成员应对风险的能力越强，对相对剥夺的风险感知就越小。与行政职务相对应的是体制内的技术职位，随着市场化和现代化的发展，体制内的技术职位受到了更多的重视。同时，对技术岗位的要求也越来越高，当前在技术岗位上的体制内成员需要不断提升能力适应岗位的要求，当个人能力无法匹配岗位的要求时，也就失去了晋升的能力。因此，对改革中期入职的体制内成员来说，岗位要求越高，未来能否晋升的不确定性越强，即对相对剥夺的风险感知也就越强。

市场化改革深入期入职的体制内成员，整体年龄较小，当前处于青年时期。如果上述生命周期假设中的青年假设成立，在市场化改革深入期入职的体制内成员普遍持有向上流动的预期，对这一群体而言影响其向上流动的因素会导致其对相对剥夺风险感知的差异。在市场化改革的深入期，未来向上的阶层流动预期主要依靠在本单位的晋升或是工作的流动。到市场化改革深入时期：一是体制内的内部劳动力市场打破了原来"大锅饭"的平均法则，与政治资本相比，文化资本的重要性不断提高。对于青年群体来说，相比于当前的行政级别，拥有更多的文化资源并处于更重要的工作岗位，更可能在未来实现晋升。二是体制外的非公有制经济得到蓬勃发展，对体制内改革深入期入职的同期群来说，实现阶层地位的向上流动除了体制内的晋升外，还可以通过跨体制职业流动得以实现。吴晓刚认为，拥有越多文化资本的体制内成员，相对而言，越有可能实现自愿的跨体制流动，[①]并实现阶层地位的向上流动。

由此提出制度改革假设：

假设3-5：对市场改革早期入职的体制内成员来说，行政级别越

---

① 吴晓刚. 1993—2000年中国城市的自愿与非自愿就业流动与收入不平等［J］. 社会学研究，2008（6）：33-57.

高，越可能具有相对剥夺风险的感知。

假设3-6：对改革中期入职的体制内成员来说，行政级别越高，越不可能具有相对剥夺风险的感知。

假设3-7：对改革中期入职的体制内成员来说，工作岗位要求越高，越可能具有相对剥夺风险的感知。

假设3-8：对改革深入期入职的体制内成员来说，工作岗位要求越高，越不可能具有相对剥夺风险的感知。

三、数据使用及分析结果

（一）使用数据

本节使用的数据来自2014年与2016年中国"社会网络与职业经历"（JSNET）的问卷调查。该调查在长春、广州、济南、兰州、上海、天津、厦门和西安8城市采用多阶段系统随机抽样的方式，调查对象为18～69岁城镇居民。2014年的基线调查总样本为5 476个，其中体制内样本为2 966个，占总样本的54.16%。2016年的调查是对2014年调查的追踪，成功追访样本2 238个，其中体制内样本为1 316个，占总样本的58.80%。2014年的核心调查模块包括求职经历及工作状况、社会交往以及社会态度等，2016年在2014年的基础上增加内部劳动力市场模块，向被访者详细询问了职位变动过程中管理职务、行政级别以及技术职称等级的变化情况，在数据的适用策略上，结合研究目标将追踪调查数据与基线调查数据合并使用。

（二）使用的变量

1. 因变量

体制内成员阶层流动的预期与相对剥夺风险感知是本节研究的因变量。虽然在操作化过程中，对体制内成员的阶层流动预期与相对剥夺风险感知的测量运用的是相同的题器，但是由于变量的类型不同，反映出了不同的信息。

（1）阶层流动预期：在操作化过程中，将体制内成员阶层流动预期处理为分类变量，即根据体制内成员对当前的阶层定位与未来的阶层预期之差，将体制内成员的阶层流动预期分为三个类别：向上流动的预期、阶层地位不变的预期与阶层地位向下流动的预期。

（2）相对剥夺风险感知：属于主观变量。陈云松等的研究通过直接询问被访者过去与当前阶层定位间的差距得到个体对相对剥夺的感知，[①]本节同样采用个体对不同时间点上的主观阶层定位测量体制内成员的相对剥夺风险感知。风险这一术语意味着现实中一个有害状态的概率可能作为自然事件或人类活动的结果而发生。对风险概念的理解始于未来的不确定性。因此，本节以体制内成员对未来阶层地位判断与当前阶层定位之差，测量其相对剥夺的风险感知。经济学对风险的理解首次引入主观效用，认为风险有关的标准是对概率后果的潜在的主观满意序列，而非一套预定的有害后果。经济学的观点建立了一个可以使收益与风险共量的一维风险度量标准，认为，收益与风险共生共长。本节对相对剥夺风险的测量沿用了这一思想，认为风险的反面即为收益，主观判断未来向上流动距离越大，表明对相对剥夺的风险感知越弱，主观判断未来向下流动距离越大，表明对相对剥夺的风险感知越强。由于未来阶层定位与当前阶层定位之差有正数也有负数，考虑到数据分析结果的统一性，将原有结果处理为1到19的定距数据，调查结果显示：体制内成员在改革早期入职同期群的相对剥夺风险感知的均值为9.695，改革中期入职同期群均值为9.416，改革深入期入职同期群均值为8.830。

2.核心自变量

（1）入职同期群：通过测量体制内成员的入职时间，将其分为不同

---

① 陈云松，贺光烨，句国栋.无关的流动感知：中国社会"阶层固化"了吗？[J].社会学评论，2019，7（6）：49-67.

的群体。具体操作：将1978年至1992年间入职的体制内成员归为改革初期的入职同期群；将1993年至2002年间入职的体制内成员归为改革中期的入职同期群；将2003年及之后入职的体制内成员归为改革深入期的入职同期群。

（2）行政级别：通常是体制内工资福利以及权力职责的分层标准。问卷中将行政级别分为：无行政级别、副科级以下、副科级、科级、副处级、处级、副司级及以上。为了让模型更为清晰简洁，本节将无行政级别赋值为1；将副科级以下、副科级、科级定义为基层行政级别，赋值为2；将副处级、处级、副司级及以上定义为中高级行政级别，赋值为3。按入职同期群分类，体制内成员的行政级别改革初期的均值为1.181，改革中期为1.193，改革深入期为1.086。

（3）岗位要求：是一个复合型变量，包括对入职要求、工作过程和经验积累的测量。在问卷中与之相对应的题器包括岗位是否对学历有明确要求？岗位工作是否需要不断地学习相关知识或接受培训？岗位工作是否需要多年实践经验才能胜任？以上三个问题都为否，即无岗位要求并赋值为0；任意一题回答是，则界定为低岗位要求并赋值为1；有两题回答是，则界定为中等岗位要求并赋值为2；三题都回答是，则界定为高岗位要求并赋值为3。调查结果显示：改革深入期入职的体制内成员平均岗位要求最高，均值为1.962；其次是改革中期入职的同期群，均值为1.901；最低的是改革早期入职的同期群，均值为1.452。

3.控制变量

其他控制变量包括性别、婚姻状况、年龄、年龄平方、教育程度、职业地位、年份、城市以及职业声望（ISEI）、工资收入（对数）、职业流动。对各个变量的具体介绍，见表3-1。

表3-1　变量描述统计表

变量	改革早期入职同期群样本		改革中期入职同期群样本		改革深入期入职同期群样本	
	均值或百分比	标准差	均值或百分比	标准差	均值或百分比	标准差
相对剥夺风险感知	9.695	0.022	9.416	0.049	8.830	0.039
行政级别	1.181	0.012	1.193	0.027	1.086	0.012
技术级别	1.623	0.024	2.019	0.057	1.635	0.033
岗位要求	1.452	0.027	1.901	0.060	1.962	0.040
样本中男性/所有样本	50.20%	—	46.63%	—	46.16%	—
样本中已婚/所有样本	62.76%	—	86.52%	—	84.57%	—
年龄	58.598	0.153	44.291	0.369	34.910	0.292
年龄的平方/100	34.916	0.175	20.381	0.358	13.228	0.236
教育程度	10.924	0.073	14.004	0.121	14.231	0.094
2016调查样本/所有样本	29.86%	—	27.12%	—	31.90%	—
职业地位	41.660	0.282	48.343	0.669	47.272	0.433
工资收入（对数）	7.610	0.022	8.130	0.028	8.053	0.018
样本中有职业流动个体/所有样本	11.39%	—	34.22%	—	43.47%	—
城市						
长春/总样本	13.61%	—	济南/总样本	13.45%		
西安/总样本	13.80%	—	天津/总样本	19.70%		
兰州/总样本	15.61%	—	上海/总样本	8.78%		
厦门/总样本	7.37%	—	广州/总样本	9.34%		

（三）分析策略

体制内成员的阶层流动预期是分类变量，因此，第一步，采用了多项式logistic模型对数据进行分析。第二步，由于将体制内成员对相对剥夺的风险感知操作化为定距变量，通过对数据的观察发现数据右侧有删截情况，因此，采用OLS模型与Tobit的模型对数据进行对比，并对数据进行分析。周华林和李雪松的研究中，对Tobit模型进行了详细的介绍，Tobit模型是因变量满足某种约束条件下取值的模型，最早由Tobin提出，此后这类模型从最初的结构式模型扩展到时间序列模型、面板数据模型以及非参数模型等。[①]本节使用的是标准Tobit模型，这一模型适合处理因变量有大量删截值的数据，例如，本节的因变量是体制内成员对相对剥夺风险感知，取值范围是1到19，以10为原点，数据右侧出现删截情况，大量因变量取值为"10"（操作化过程中10代表不发生阶层流动），此时，用最小二乘法得到的估计参数是有偏差的，因此，一般线性回归方法并不适用，而Tobit模型通过最大似然估计可以较好地解决这个问题。同时，与OLS模型相比，Tobit模型充分利用了"是否有相对剥夺风险"与"相对剥夺风险感知的强度"这两部分有效信息。

（四）数据分析结果

1. 体制内不同入职同期群阶层流动预期方向

如表3-2模型1所示，在控制其他变量的情况下，相比于向上流动的预期，改革中期入职同期群具有阶层地位不变的预期概率是改革深入期的入职同期群的2.133 [EXP（0.758）] 倍，即相比于改革深入期入职的体制内成员，改革中期入职的体制内成员更可能具有阶层地位不变的预期，两个群体间对阶层流动预期的差异十分显著（$P<0.01$）。改革初期的入职同期群具有阶层地位不变的预期概率是改革深入期的入职同

---

① 周华林，李雪松. Tobit模型估计方法与应用 [J]. 经济学动态，2012（5）：105-119.

期群的4.034［EXP（1.395）］倍，即相比于改革初期入职的体制内成员，改革深入期入职的体制内成员更可能具有阶层地位不变的预期，两个群体间对阶层流动预期的差异十分显著（P<0.01）。如模型2所示，相比于向上流动的预期，改革中期体制内的入职同期群具有向下流动预期的概率是改革深入期的入职同期群的4.146［EXP（1.422）］倍，即相比于改革深入期入职的体制内成员，改革中期入职的体制内成员更可能具有阶层地位向下流动的预期，两个群体间对阶层流动预期的差异十分显著（P<0.01）。改革初期的入职同期群具有向下流动预期的概率是改革深入期的入职同期群的10.644［EXP（2.365）］倍，即相比于改革深入期入职的体制内成员，改革初期入职的体制内成员更可能具有阶层地位向下流动的预期，两个群体间对阶层流动预期的差异十分显著（P<0.01）。整体而言，体制内改革深入期的入职同期群处于青年阶段，因此，相比改革初期和改革中期的入职同期群，他们更可能有具有向上流动的预期，而不是未来阶层地位不变或向下流动，假设3-4成立。

如模型3所示，相比于地位不变，体制内改革中期的入职同期群具有向下流动预期的概率是改革深入期入职同期群的1.943［EXP（0.664）］倍，即相比于改革深入期入职的体制内成员，改革中期入职的体制内成员更可能具有阶层地位向下流动的预期，两个群体间对阶层流动预期的差异十分显著（P<0.01）。改革初期入职同期群具有向下流动预期的概率是改革深入期入职同期群的2.639［EXP（0.970）］倍，即相比于改革深入期入职的体制内成员，改革初期入职的体制内成员更可能具有阶层地位向下流动的预期，两个群体间对阶层流动预期的差异十分显著（P<0.01）。与改革深入期入职的体制内成员相比，改革中期与改革初期的入职同期群整体处于中年和老年阶段，因此，他们更可能具有阶层向下流动的预期，而非阶层地位不变的预期，不同的是，改革初期的入

职同期群的阶层向下流动的预期概率更大，假设3-1部分成立。

如模型4所示，相比于向上流动，改革深入期的入职同期群具有地位不变的预期概率是改革中期入职同期群的0.468［EXP（-0.758）］倍，即相比于改革中期入职的体制内成员，改革深入期入职的体制内成员更不可能具有阶层地位不变的预期，两个群体间对阶层流动预期的差异十分显著（$P<0.01$）。改革初期入职同期群具有地位不变的预期概率是改革中期入职同期群的1.890［EXP（0.637）］倍，即相比于改革中期入职的体制内成员，改革初期入职的体制内成员更可能具有阶层地位不变的预期，两个群体间对阶层流动预期的差异十分显著（$P<0.01$）。与改革初期入职的体制内成员相比，改革中期的入职同期群整体上处于中年阶段，因此，更可能具有向上流动的预期。如模型5所示，相比于向上流动，改革深入期入职同期群具有向下流动预期的概率是改革中期入职同期群的0.241［EXP（-1.422）］倍，即相比于改革中期入职的体制内成员，改革深入期入职的体制内成员更不可能具有阶层地位向下流动的预期，两个群体间对阶层流动预期的差异十分显著（$P<0.01$）。改革初期入职同期群具有向下流动预期的概率是改革中期入职同期群的2.567［EXP（0.943）］倍，即相比于改革中期入职的体制内成员，改革初期入职的体制内成员更可能具有阶层地位向下流动的预期，两个群体间对阶层流动预期的差异十分显著（$P<0.01$）。如模型6所示，相比于地位不变，改革深入期入职同期群具有向下流动预期的概率是改革中期入职同期群的0.515［EXP（-0.664）］倍，即相比于改革中期入职的体制内成员，改革深入期入职的体制内成员更不可能具有阶层地位向下流动的预期，两个群体间对阶层流动预期的差异十分显著（$P<0.01$）。改革初期入职同期群与改革中期入职同期群对向下流动的预期没有显著差别，也就意味着，改革中期的入职同期群与改革初期的入职同期群相比更可能具有向上流动的预期而非向下流动的预期，但是，这两个入职同期群对

阶层地位不变和地位向下流动的预期之间没有显著不同。结合模型4、5、6的情况，发现假设3–2和假设3–3成立。

表3–2　体制内成员阶层流动预期多项式logistic模型分析表

变量	模型1 向上流动 预期相比 地位不变 预期	模型2 向上流动 预期相比 向下流动 预期	模型3 地位不变 预期相比 向下流动 预期	模型4 向上流动 预期相比 地位不变 预期	模型5 向上流动 预期相比 向下流动 预期	模型6 地位不变 预期相比 向下流动 预期
控制变量①	已控制	已控制	已控制	已控制	已控制	已控制
入职同期群（改革深入期为参照组）						
改革 中期	0.758***	1.422***	0.664***			
	（0.118）	（0.245）	（0.247）			
改革 初期	1.395***	2.365***	0.970***			
	（0.100）	（0.215）	（0.214）			
入职同期群（改革中期为参照组）						
改革 初期				0.637***	0.943***	0.306
				(0.115)	(0.198)	(0.193)
改革 深入期				-0.758***	-1.422***	-0.664***
				(0.118)	(0.245)	(0.247)
截距	-0.355	-4.826***	-4.471***	0.403	-3.404***	-3.807***
	(0.371)	(0.705)	(0.677)	(0.379)	(0.707)	(0.677)
观察值	3，851	3，851	3，851	3，851	3，851	3，851

注：括号内数据表示标准误，*** 表示$P<0.01$，** 表示$P<0.05$，* 表示$P<0.1$。

　　市场化改革过程中，资源分配方式的改变引起研究者对体制内成员阶层地位变迁的讨论，并形成了丰富的理论成果。随后，研究者发现高速的经济发展并没有使个体产生与之相应的"获得感"，个体的阶层地

---

　　① 控制变量包括性别、婚姻状况、教育程度、城市、调查年份、职业地位、工资收入（对数）、是否有职业流动。

位与主观认同之间产生错位，并认为与获得的经济收益相比，个体的主观认知才是解释其社会态度以及集体行为的主要维度。在市场化改革尚未完成的当下，我国贫富差距的扩大并没有造成大规模的社会动荡，与其他国家相比，中国人对收入不平等表现出更强的容忍性，原因在于向上流动的预期抵消了个体对当前生活状态的不满。因此，个体对阶层流动的风险感知更能反映出转型期社会分层的公平性与合理性。无论在改革前还是改革后，体制内成员并不属于社会底层，然而，刘欣认为在改革过程中体制内成员可能处于相对剥夺的地位，[①]单位制的解体以及优势地位的失去是使体制内成员阶层流动的风险感知上升？还是认为处于相对剥夺地位只是阶段性的现象，随着市场经济的不断完善，个体仍然具有向上流动的可能？这是本节尝试回答的问题。

不同时期入职的体制内成员整体上处于不同的生命周期，当处于生命周期的不同阶段，对于未来预期也不尽相同，影响其对阶层流动风险感知的因素也会有所差异。市场化改革已经历了40多年的跨度。改革早期、中期以及深入期同期入职的体制内成员，正经历着青年、中年以及老年不同的生命阶段。改革早期入职的体制内成员面临退出劳动力市场的转型，随着人力资本的下降以及医疗费用支出频率的增大，阶层地位不变以及向下流动是这一群体对未来的普遍预期。改革中期入职的体制内成员，一方面，拥有丰富的资源积累；另一方面，也面临沉重的家庭和社会责任，表现为与改革初期的入职同期群体相比，更可能具有向上流动的预期；同时，也与改革初期的入职同期群一样具有阶层地位不变与向下流动的预期。改革深入期入职的体制内成员刚实现了从学校到单位的过渡，处于文化资本和社会资本的积累阶段，对未来具有向上流动的预期。

---

① 刘欣. 相对剥夺地位与阶层认知［J］. 社会学研究，2002，16（1）：81-90.

对不同时期入职同期群研究的政策意义在于：各项改革措施的制定需要考虑到不同群体对政策的适应性差异，着重关注那些对政策适应困难的群体，帮助其适应改革政策，以此保证社会公平。此外，这部分的分析还存在着一定的不足。体制内成员的入职同期群与个体的生命周期并非完全吻合，尤其是对改革中期与改革深入期入职的体制内成员来说，随着职业流动的加剧，改革中期与改革深入期进入体制内工作的个体也有可能处于生命周期的老年阶段和中年阶段。因此，在建立模型时，控制变量中加入职业流动变量，对上述情况进行控制，但也无法完全解决上述问题，希望后续能够通过更精准的模型设计，对本节观点进行证实。

2. 改革历程对体制内不同入职同期群相对剥夺风险感知的影响

如表3-3所示，行政级别与岗位要求对体制内不同时期入职成员的相对剥夺风险表现出不同的影响。模型7与模型8中OLS与Tobit模型都显示，对改革早期的入职同期群来说，相比于无行政级别，具有基层行政级别以及中高层级别的体制内成员在OLS模型中的回归系数为正，分别为0.292与0.445。即相比于无行政级别，具有基层行政级别以及中高层级别的体制内成员对相对剥夺风险感知更强。利用Tobit模型对OLS模型的结果进行稳健性检验，Tobit模型中，相比于无行政级别，具有基层行政级别以及中高层级别的体制内成员的系数为正，分别为0.894与1.182，制度改革假设3-5成立。对改革中期入职的体制内成员来说，OLS模型与Tobit的模型结果有一定程度的不一致，模型9中的OLS模型显示，对于改革中期入职的同期群而言，相比于无行政层级，具有基层行政的个体更不可能具有相对剥夺风险，回归系数为-0.499。但这一比较在模型10的Tobit模型中并不显著，说明OLS模型可能高估了基层行政层级对于改革中期入职同期群相对剥夺风险感知的作用，制度改革假设3-6并没有得到验证。模型11与模型12显示：对于改革深入期入职的同期群，行政级别对个体相对剥夺风险感知的影响并不显著。

在岗位要求方面，模型7与模型8显示：对于改革初期的入职同期群而言，岗位要求对其相对剥夺风险感知的影响并不显著。对于改革中期的入职同期群，模型9的OLS模型显示：相比于无岗位要求，处于中岗位要求与高岗位要求的体制内成员都具有较高的相对剥夺的风险感知，系数分别为0.772和0.697，结果在0.05的水平显著。模型10的Tobit模型显示：相比于无岗位要求，处于中岗位要求与高岗位要求的体制内成员在OLS模型中的回归系数为正，分别为0.772和0.697。即相比于无岗位要求，处于中岗位要求与高岗位要求的体制内成员具有较高的对相对剥夺风险的感知。模型10的Tobit模型是对模型9的稳健性检验，Tobit模型结果显示，相比于无岗位要求，处于中岗位要求的体制内成员的回归系数为1.10，即相比于无岗位要求，处于中岗位要求的体制内成员对相对剥夺风险的感知更强。但相比于无岗位要求，高岗位要求对相对剥夺风险感知并无显著差别。这可能是因为岗位要求的分类涉及岗位门槛、岗位学习过程以及岗位经验三个方面内容，后续通过对这三个面的岗位要求分别进行回归分析发现，改革中期入职的体制内成员对相对剥夺的风险感知主要是受岗位学习过程要求的影响。也就是说，岗位需要不断学习新知识的要求增强了改革中期入职的体制内成员对未来相对剥夺的风险感知，制度改革假设3-7得到验证。如模型11与模型12显示，OLS模型与Tobit模型都显示：对改革深入期的体制内成员来说岗位要求越高，其对相对剥夺的风险感知越小。在OLS模型中，相比于无岗位要求，中岗位要求与高岗位要求的回归系数为负，分别为-0.507和-0.624，即相比于无岗位要求，处于中岗位要求与高岗位要求的体制内成员对相对剥夺的风险感知更弱。在Tobit模型中，相比于无岗位要求，中岗位要求与高岗位要求的回归系数同样为负，分别为-0.781和-0.961，对模型11的OLS模型进行了稳健性检验，即相比于无岗位要求，处于中岗位要求与高岗位要求的体制内成员对相对剥夺的风险感知更弱，制度改革假设3-8成立。

表3-3　体制内入职同期群相对剥夺风险感知OLS与Tobit模型比较表

	模型7	模型8	模型9	模型10	模型11	模型12
	OLS模型	Tobit模型	OLS模型	Tobit模型	OLS模型	Tobit模型
变量	改革初期	改革初期	改革中期	改革中期	改革深入期	改革深入期
控制变量①	已控制	已控制	已控制	已控制	已控制	已控制
行政层级（无行政层级为参照组）						
基层	0.292***	0.894***	−0.499**	−0.737	−0.067	−0.058
	（0.102）	（0.324）	（0.250）	（0.455）	（0.191）	（0.268）
中高层	0.445**	1.182*	0.423	1.078	0.813	1.215
	（0.174）	（0.621）	（0.466）	（0.990）	（0.925）	（1.381）
岗位要求（无岗位要求为参照组）						
低岗位要求	−0.0358	0.0722	0.153	−0.0628	−0.302	−0.563**
	（0.086）	（0.246）	（0.308）	（0.547）	（0.190）	（0.285）
中岗位要求	−0.050	-0.082	0.772**	1.10**	-0.507***	-0.781***
	(0.084)	(0.239)	(0.305)	(0.550)	(0.177)	(0.265)
高岗位要求	−0.038	−0.364	0.697**	0.768	−0.624***	−0.961***
	（0.103）	（0.294）	（0.312）	（0.556）	（0.183）	（0.271）
观察值	1，302	1，302	268	268	651	651
R^2	0.042		0.111		0.101	

注：括号内数据表示标准误，*** 表示$P<0.01$，** 表示$P<0.05$，*表示$P<0.1$。

　　在改革不同时期入职的体制内成员，成长环境的不同与入职经历的差异造成其对改革的适应性不同。在当前环境下，对相对剥夺风险的感知机制也有所不同。改革早期入职的体制内成员，当前年龄整体偏大，在退出劳动力市场后，如果单位中行政级别越高，造成地位落差越大，

_____

　　① 控制变量包括性别、婚姻状况、教育程度、城市、调查年份、职业地位、工资收入（对数）、是否有职业流动。

使其对相对剥夺风险的感知较强，这一假设得到数据的验证。改革中期入职的体制内成员整体处于中年阶段，在体制内平均工作16年以上，其入职时处于单位制改革与市场经济发展的快速时期，由于我国自上而下的改革特征，从政策的制定和落实到对个体观念的影响具有较长时间的滞后期。因此，改革中期入职的体制内成员仍受到单位制观念下行政阶层的影响，认为行政级别越高，阶层向下流动的风险越小，但这一假设并未得到数据的验证。随着市场化改革的不断深入，对体制内岗位要求的不断提高，对于改革中期入职的体制内成员来说，个体要不断根据岗位要求提升自身的能力，这对他们来说也是一种挑战。因此，对改革中期入职的体制内成员来说，岗位要求越高，越可能具有相对剥夺风险，这一假设得到数据的验证。对改革深入期入职的体制内成员来说，他们成长于市场化改革的发展环境下，这一入职同期群整体来说处于青年阶段，在入职时经过两个阶段的改革，一是党政机关、事业单位逐步规范用工制度，对个人能力的重视程度逐渐超过对单位的忠诚；二是国有企业基本建立了现代企业制度，适应市场化竞争。这一时期体制内外的流动壁垒逐渐松动，青年人实现阶层的向上跨越除了单位晋升外，职业流动也越来越普遍。因此，改革深入期入职的体制内成员，所在岗位要求越高，个人能力越强，对相对剥夺风险的感知越弱，这一个假设也得到了数据验证。

通过对体制内入职同期群相对剥夺风险感知的差异化研究发现，制度作用对个体的影响并非匀质的，其作用的正负以及大小都与个体自身境况有关，本节从同期群的视角探讨了市场化对体制内成员的差异化影响，揭示了制度改革的环境下，不同群体对制度变革的适应难度与程度并不一致。此外，从影响体制内成员对相对剥夺感知的因素中能够发现，在变动的社会中，影响个体尤其是青年群体对未来风险感知的并非当前既有的资源，而是其自身所具有的发展性资源。改革政策的实施是社会结构调整的推力，因此，政策的制定与实施应该更关注个体向上流动路径的多元与通畅，这样才能减轻社会成员对相对剥夺风险的感知，确保整体社会平稳有序的发展。

第二节　单位不同入职同期群收入构成与相对剥夺风险感知

市场转型背景下，上一节将体制内成员相对剥夺风险感知按入职同期群进行了划分，并尝试着对其进行描述和分析。本节从主客观两个视角出发，在确定不同入职同期群风险感知路径的基础上，分析其占有资源的特性是如何与其自身情境互动影响相对剥夺预期的。分析结果：体制内改革早期的入职同期群在体制资源上所具有的禀赋优势以及较高的资源回报率决定了其体制资源的多少，且对相对风险感知的影响较为敏感；改革中期与改革深入期的入职同期群的人力资源禀赋较高，随着市场改革的发展，体制资源逐步衍生为权力资源，导致人力资源与权力资源较高的收入回报率，并且对相对剥夺风险感知的影响较为敏感。结合体制资源、人力资源以及权力资源的特性与不同入职同期群所处的情境，发现体制内改革早期的入职同期群体制资源越丰富，越可能形成对相对剥夺风险的感知；改革中期入职的同期群，人力资源越丰富越可能形成对相对剥夺风险的感知；改革深入期入职的同期群，人力资源越丰富、权力资源越丰富，其越不可能形成对相对剥夺风险的感知。

研究者普遍认为，收入是动态视角下个体阶层地位的主要反映指标，对体制内成员而言，受渐进式改革"老人老办法，新人新办法"的影响，其当前收入构成代表了不同改革时期的阶层划分方式，以及不同入职同期群思维模式的形成。

一、体制内成员阶层定位的主客观维度

从主观视角出发，研究者关注参照群体的作用，强调阶层定位受制于个体所处的社会环境，认为横向与他人比较以及纵向与自身过去比较都会对其阶层定位产生影响。黄超通过实证检验得出结论，个体收入与资产在社会中的相对位置对地位认同有积极影响，社会的不平等程度对地位认同产生消极影响，但这一结论只适用于农村地区这样人际关系紧密、边界比较明确的社区。[①]横向群体以及地区间的比较多见于西方的研究，国内的研究者通常对市场转型背景下个体自身纵向比较对其阶层定位的影响更感兴趣。刘欣在提出"相对剥夺理论"的基础之上强调个体"过去"对"现在"的影响，认为在转型时期个体所经历的经济地位变迁对其当前的阶层定位具有重要影响。[②]除此之外，在改革的时间维度上，有研究者提出改革进程中参照系的改变对个体阶层定位的影响。高勇认为单位制时期个体的利益关系基本都发生在单位，因此，以单位共同体作为参照系，其阶层认同具有"趋中倾向"。但随着市场化改革的深入，个体的利益关系向市场转移，对阶层认同的判断也转变为对市场能力的评估。[③]

客观视角又分为微观与宏观角度。微观角度主要延续了马克思与涂尔干的观点，认为个体主观的阶层定位是客观阶层位置的直观反映。黄

---

① 黄超. 收入、资产与当代城乡居民的地位认同［J］. 社会学研究，2020，35（2）：195-218.

② 刘欣. 相对剥夺地位与阶层认知［J］. 社会学研究，2002，16（1）：81-90.

③ 高勇. 地位层级认同为何下移——兼论地位层级认同基础的转变［J］. 社会，2013，33（4）：83-102.

超提出收入与资产都对个体的地位认同有显著的正效应。[①]黄晓星和唐亮通过对香港居民阶层流动意识的研究，探索"香港梦"的实现基础是否发生改变，并提出：越高的职业地位拥有越乐观的阶层流动意识，教育程度的提升有助于避免向下流动的感知。[②]这样的研究结论与其他研究者对中国其他地区的研究有所不同。范晓光和陈云松通过对CGSS与CSS数据的分析得出，教育程度、职业声望以及收入水平的提高，会避免地位认同的向上偏移。[③]不同学者看似矛盾的结论，能够用市场转型的宏观背景来解释。雷开春以当下青年群体为研究对象，认为与传统计划经济相关的因素对青年的阶层地位信心起抑制作用，而与市场经济相关的因素则起积极作用。[④]转型背景下，也不乏对体制内成员阶层定位的研究。杨城晨等比较了体制内与新兴中产阶层对地位认同的影响因素，提出体制内成员的党员身份与岗位管理权限能提升其对中产阶层的认同感。[⑤]但对体制外的新兴中产阶层不起作用。反映市场地位的旅游健身等"符号性消费"支出，对体制内成员与新兴中产阶层的阶层认同都具有正向作用。高勇认为在市场化改革过程中，依托单位归属感形成的阶层认同逐渐式微，收入、职业等与市场机遇相关因素的积极作用逐渐上升。[⑥]从宏观角度而言，陈云松和范晓光认为收入不平等从一定程

---

① 黄超. 收入、资产与当代城乡居民的地位认同 [J]. 社会学研究，2020，35（2）：195-218.

② 黄晓星，唐亮. 香港市民阶层流动意识探析——结构与认同下难圆的"香港梦"[J]. 社会，2008，28（5）：74-90.

③ 范晓光，陈云松. 中国城乡居民的阶层地位认同偏差 [J]. 社会学研究，2015，30（4）：143-168.

④ 雷开春. 青年人的阶层地位信心及其影响因素 [J]. 青年研究，2015（4）：1-9.

⑤ 杨城晨，郁姣娇，张海东. 新社会阶层与体制内中产的地位认同差异——基于情境锚定法的一项研究 [J]. 社会学评论，2020，8（1）：103-117.

⑥ 高勇. 地位层级认同为何下移——兼论地位层级认同基础的转变 [J]. 社会，2013，33（4）：83-102.

度上抵消了经济增长带来的阶层定位提升的效应。[①]

梳理当前的相关文献，能够发现研究者对阶层定位的研究已经形成一系列有见地的观点：

一是研究者对主客观因素对阶层定位的影响都给予了充分的重视，虽然上述对文献的梳理分为主客观两个视角，但是多数研究者都注意到了主客观双重因素对阶层定位的影响；二是国内学者普遍关注制度转型是如何影响个体阶层定位的；三是当前对阶层定位的研究多采用定量的方式，在涉及主观因素对阶层定位的影响时，为了避免同义反复等内生性问题，多采用将主观概念操作化为客观指标的方式。同时，现有的研究也存在研究结论相互矛盾以及概念模糊等情况。主要表现：单位、教育程度、职业地位以及收入水平等指标对阶层定位的影响模糊不清。边燕杰和卢汉龙对上海市民地位观的研究显示：一方面，行政精英的高地位认同源自较高的学历、政治资本；另一方面，也来自职位的权威，但同为体制内的机关工作人员与高级专业人员的地位认同就仅来自教育、政治资历以及工作报酬，同时，强调单位对个体阶层认同的重要作用。[②]但与之相反，部分学者认为，单位以及体制因素对个体的阶层认同正在逐渐下降，市场因素的作用不断加强。[③]范晓光和陈云松认为，教育程度越高、职业地位越高、收入水平越高的个体对自身地位的认知越不可能上偏[④]，而黄晓星和唐亮对香港居民的研究得出职业地位高、

---

① 陈云松，范晓光. 阶层自我定位、收入不平等和主观流动感知（2003—2013）〔J〕. 中国社会科学，2016（12）：109-126.

② 边燕杰，卢汉龙. 改革于社会经济不平等：上海市民地位观市场转型与社会分层——美国社会学者分析中国〔M〕. 北京：生活·读书·新知三联书店，2002.

③ 高勇. 地位层级认同为何下移——兼论地位层级认同基础的转变〔J〕. 社会，2013，33（4）：83-102.

④ 范晓光，陈云松. 中国城乡居民的阶层地位认同偏差〔J〕. 社会学研究，2015，30（4）：143-168.

教育程度高以及自身定位高对阶层流动更乐观的结论①，此外，部分学者通过分析得出教育程度、职业地位以及收入水平对主观阶层定位作用不统一等结论②。这种现象的出现是因为在渐进式市场转型背景下，改革过程被切分为不同阶段，处于每个阶段的同期群所面临的制度环境与资源占有都不尽相同，对阶层定位感知路径也有所不同，因此，才会出现上述相同因素产生不同影响的情况。

二、体制内不同入职同期群的收入构成模式及其思维模式形成

埃尔德·G是生命历程理论的代表学者，他关注特定社会事件给个体或群体生命历程造成的转折及后续影响。③在国内，周雪光是较早使用生命历程理论的研究者。他从生命历程角度分析了制度改革对个体工作获得、晋升模式、住房获得以及工作转换的影响，并提出个人职业发展相关的决定很大程度上取决于他们对其过去的经历。④也就是说，经历了改革不同阶段的个体，思维模式受其过去经历的形塑，并以此为依据做出职业选择的判断，制度变革对各个同期群以及同一同期群内部的影响都不一致。这里内含了两层含义：第一层含义，是在变动条件下，个体主观思维模式的形成与宏观制度改革有关，改革不同阶段的同期群受渐进式改革影响在主观思维模式上有所差异；第二层含义，是个体在做出职业判断时，会在其思维模式路径下估量自身的资源占有，以此为依据做出选择。这一部分，主要借鉴第一层含义，即不同改革时期同期群的思维模式差异，下一部分将会对第二层含义有所涉及。

---

① 黄晓星，唐亮. 香港市民阶层流动意识探析——结构与认同下难圆的"香港梦"[J]. 社会，2008，28（5）：74-90.

② 雷开春. 青年人的阶层地位信心及其影响因素[J]. 青年研究，2015（4）：1-9.

③〔美〕埃尔德·G. 大萧条的孩子们[M]. 田禾，马春华，译. 南京：译林出版社，2002.

④〔中〕周雪光. 国家与生活机遇——中国城市中的再分配与分层1949—1994[M]. 郝大海，译. 北京：中国人民大学出版社，2015.

心理学对风险感知的研究关注思维模式的作用。当个体对自身的未来阶层地位变化不具有乐观态度，即认为自身可能处于相对剥夺地位，则意味着面临相对剥夺风险。由此本书借鉴了心理学领域研究者对风险研究的理论。保罗·斯洛维奇通过对不同群体的测量发现，不同群体对风险感知的差异来自其固有的思维模式，并随着信息的积累逐渐向一个与自身思维模式相匹配的观点靠近。[①]依据其观点的推论，也解释了乌尔里希·贝克在风险社会理论中所提的专业人员与民众对风险感知差异的原因，专业人员对风险感知的判断源于知识体系对风险的整体估计，民众对某一风险的感知来自风险对其可能产生的影响，思维模式的不同导致不同群体对风险的判断不同。社会学领域风险感知的研究者从群体文化的角度对风险感知做出了解释，玛丽·道格拉斯提出的风险文化理论认为，客观的风险实际并没有增多，仅是被感知和察觉到的风险增多了，并提出著名的"网格/群体"文化分类分析图式，试图将不同社会类型的群体放置于同一体系当中，对其文化价值观、意识形态、风险感知等进行比较[②]。风险感知的研究者重视群体主观思维模式以及感知路径的形成，但对群体的划分通常以横向比较为主。生命历程理论为我们提供了新的思路，即改革不同阶段，政策将体制内成员划分为不同的入职同期群，并形成对相对剥夺预期的差异化路径。

研究者普遍认为，从动态角度而言，收入能够代表个体的阶层地位。因此，在市场化改革的动态分层机制下，体制内不同时期的入职同期群的收入构成因素不尽相同。这一部分，首先探索市场改革背景下，不同时期入职的体制内成员收入受哪些因素的影响？以及这些因素的回报率如何？

---

① 〔美〕保罗·斯洛维奇.风险的感知［M］.赵延东，译.北京：北京出版社，2007.

② Mary D, Aaron W. Risk and culture: an essay on the selection of technological and environmental dangers［M］. Auckland: University of California Press，1983.

市场化改革导致社会分层机制的转变，意味着体制内不同改革时期入职的同期群具有相异的阶层定位方式与风险感知路径。但市场改革导致社会分层机制发生了怎样的变化，研究者们莫衷一是，关于体制内成员的阶层地位的变迁，有两大主流观点，即"权力转移论"与"权力持续论"。"权力转移论"认为市场转型导致社会分层的主导力量由再分配权力向市场力量倾斜，由此导致在市场转型中经济精英获取了更多的利益，因此体制内的权力精英承担了更多的风险。[①]而"权力持续论"却认为市场转型并没有完全转变再分配经济体制下的分层机制，体制内拥有再分配权力的精英仍然处于应对风险的优势地位。[②]在后续对"权力持续论"的完善中，研究者认为市场改革背景下，职业的再分配属性与市场关联属性都对提升收入具有显著正向影响，但再分配属性的作用从改革开始即存在，而市场关联属性的作用从改革中期才开始发挥作用。[③]在权力持续论的基础上，刘欣提出"权力衍生论"，更加明确地回答了再分配权力是如何在市场改革中发挥作用，并保持体制内权力精英的优势地位的。在市场化改革的不同阶段，衍生出了不同社会分层机制，计划经济时期的再分配权力，放权让利时期再分配权力衍生出寻租权力，以及市场化改革全面推进中逐步发育的市场能力共同决定了整体社会分层。[④]这意味着在市场化改革的过程中，新的社会分层机制的产生并不意味着旧有分层机制的消解，多元动力机制共同决定了风险的产

---

① Nee V. A theory of market transition：from redistribution to markets in state socialism ［J］. American Sociological Review，1989，54（5）：663-681.

② Bian Y J，Logan J. Market transition and the persistence of power：The changing stratification system in urban China ［J］. American Sociology Review，1996，61（5）：739-758.

③ 边燕杰，罗根. 改革于社会经济不平等：上海市民地位观市场转型与社会分层——美国社会学者分析中国 ［M］. 北京：生活·读书·新知三联书店，2002.

④ 刘欣. 当前中国社会阶层分化的多元动力基础——一种权力衍生论的解释 ［J］. 中国社会科学，2005（4）：101-114.

生与分配。"权力衍生论"的贡献在于以市场改革的进程为轴线，区分了市场化改革进程中不同时期社会分层机制的转变。①这意味着不能笼统地看待改革过程中的分层机制，如果体制内不同改革阶段入职的同期群受不同分层机制的影响，其入职时的要求以及当前收入构成模式就会存在差异，并进一步影响其相对剥夺风险感知路径。

那么，改革不同阶段呈现的动态分层机制是如何影响体制内不同入职同期群的收入构成的？"权力持续论"认为在整个市场化改革过程中体制精英的优势地位得到延续。但是，笔者认为，随着市场化改革进程的推进，体制精英优势地位的获得，从再分配权力与控制权力的合力推动演变为控制权力与市场的互动衍生。黄群慧（2018）通过国有企业改革历程的研究提出，在改革早期，改革路线并未完全确定，改革措施主要是对国有企业实行放权让利，通过承包制、股份制、租赁制等方式推动企业的所有权和经营权相分离②，这一时期以行政等级为象征的体制资源仍是再分配权力与控制权的结合，很大程度上决定了体制内成员的收入水平。改革中期，1992年10月，党的十四大正式确立社会主义市场经济体制的改革目标，提出坚持以公有制经济为主体、多种所有制经济共同发展的方针，进一步转换国有企业的经营机制，建立适应市场经济要求，产权清晰、权责明确、政企分开、管理科学的现代企业制度。市场体系的基本建立，使市场资源机制逐渐取代再分配机制，人力资源水平对体制内成员的收入影响开始突显，同时，这一时期控制公有财产和劳动力的体制精英所掌握的权力资源也通过市场关联实现其收入的提升。随着改革的深入，党的十六大以后，国务院国有资产监督管理委员会成立并对国有企业资产进行监管，在深化所有制改革的基础上增强国

---

① 刘欣. 相对剥夺地位与阶层认知［J］. 社会学研究，2002，16（1）：81-90.

② 黄群慧. "新国企"是怎样炼成的——中国国有企业改革40年回顾［J］. China Economist，2018，13（1）：58-83.

有企业的经济活力，尤其对垄断行业的市场竞争力的提升进行改革实践。这一时期市场资源分配机制作用持续加强，随着改革中期劳动力市场的建立与国有企业现代企业制度的形成，人力资源水平对体制内成员收入提升具有重要影响，并且这一时期由于体制内内部劳动力市场的完善，体制内成员的人力资源水平与其获得权力资源间的相关性逐渐增强，即这一时期具有权力资源的体制精英仍处于收入的优势地位。

由此提出收入构成假设：

假设3-9：体制内改革早期入职的同期群的收入受再分配制度影响较深，与其他同期群相比，其具有较多的体制资源，并且体制资源具有较高的收入回报率。

假设3-10：与改革早期入职的同期群相比，体制内改革中期的入职同期群收入受市场经济影响较深，其具有更高的人力资源水平，并且人力资源具有更高的收入回报率，伴随市场改革，权力资源的收入回报率也更高。

假设3-11：与改革早期入职的同期群相比，体制内改革深入期的入职同期群受市场经济影响较深，其具有更高的人力资源水平，并且人力资源具有更高的收入回报率，伴随市场改革，权力资源的收入回报率也更高。

假设3-12：与改革中期入职的同期群相比，体制内改革深入期的入职同期群受市场经济影响较深，其具有更高的人力资源水平，并且人力资源具有更高的收入回报率，伴随市场改革，权力资源的收入回报率也更高。

三、体制内不同入职同期群的资源定价与相对剥夺风险

相对剥夺风险感知是个体对自身未来发展的预期，也是对宏观社会

流动的判断。雷开春将个体相对剥夺风险感知称为阶层地位信心[①]，对相对剥夺风险感知的研究能够从两方面寻得踪迹。

一方面，从客观角度而言。相对剥夺作为社会动态分层机制的表现，学术界对此提出两种对立的观点。倪志伟的"市场转型论"认为市场转型导致了资源分配权力向市场领域的转移，带来了新的分层机制，新的经济精英可以通过市场渠道走向社会上层[②]；干部权力在阶层分化中的作用会不断式微；而"权力持续论"或"精英循环论"者认为，再分配经济体制下形成的分层机制具有延续性，昔日精英在市场转型中将继续处于优势阶层地位[③]。还有认为两种分层模式并存的观点，李路路（2002）认为在转型过程中，市场改变了资源的分配机制，"但是，由国家主导的改良式变迁以及一系列制度性因素，决定了阶层间相对关系的模式并没有发生根本性的重组，以原有的阶层再生产为主要特征的相对关系模式在制度转型过程中仍然被持续地再生产出来"。[④]研究者们在对转型期相对剥夺机制的探讨上，将重点聚焦于体制改革对社会分层机制和结果的改变，但在市场化改革的40多年间，社会分层机制的转变并非一蹴而就，制度变革何时开始起作用，以及不同时期的改革效用，能从各项改革成果和经济指标中做出判断，但少有研究从时间维度上判断制度变革对个体价值形塑这一隐形指标。个体对未来的预期和风险判断是推断其态度和行为的主要维度。作为改革持续和深入的动力，对处于改

① 雷开春. 青年人的阶层地位信心及其影响因素［J］. 青年研究，2015（4）：1-9.

② Nee V. A theory of market transition: from redistribution to markets in state socialism［J］. American Sociological Review，1989，54（5）：663-681.

③ Bian Y J, Logan J. Market transition and the persistence of power: The changing stratification system in urban China［J］. American Sociology Review，1996，61（5）：739-758.

④ 李路路. 制度转型与分层结构的变迁——阶层相对关系模式的"双重再生产"［J］. 中国社会科学，2002（6）：105-118.

革中的个体在主观上对相对剥夺风险识别进行研究是很有必要的。

另一方面，相对剥夺的风险感知最终落点在于个体对相对剥夺的主观感受上，是整体环境在个体心态上的映射。因此，个体对风险感知不仅受到宏观环境的影响，还与个体自身状况有关，客观环境与个体占有的资源交织在一起，形成了个体对自身相对剥夺风险的判断。对主观阶层地位研究的学者普遍关注到这一特征，雷开春认为当青年具备与市场竞争机制相关的素质时，对其阶层地位信心有提升作用，起抑制作用的因素大多与计划经济体制相关。[①]除了个体当前资源与政策环境相适应的观点外，部分学者注意到个体自身经历对其主观阶层判断的影响。刘欣（2002）提出的"剥夺地位理论"研究了转型期不同群体对社会分层的态度，认为分层机制的改变会导致一部分人失去原有分层体制下的既得利益，或是无法在新的分层体制中获得相对的收益，与原有的阶层地位形成落差，处于"相对剥夺地位"。此时，无论其当前的阶层是高还是低，都倾向于认为社会是分层的。[②]范晓光和陈云松认为"对水平流动的个体而言，向上流动者的阶层地位认同偏差更可能上偏，而向下流动者则为下偏"[③]。

总结以上两方面的文献，能够发现时间要素是研究转型期相对剥夺风险感知的必要条件，当前学者对时间要素的把握在宏观上集中于改革前与改革后，在微观上表现为改革背景下个体生命历程的相对时间，整体上缺少对改革后40多年间的分段研究，以及改革后不同改革阶段与个体不同生命周期的互动。本节研究的群体是体制内成员，具有不同阶段改革经历的群体间在年龄以及心态上都有所区别，因此，本节关注不同

---

① 雷开春.青年人的阶层地位信心及其影响因素［J］.青年研究，2015（4）：1–9.

② 刘欣.相对剥夺地位与阶层认知［J］.社会学研究，2002，16（1）：81–90.

③ 范晓光，陈云松.中国城乡居民的阶层地位认同偏差［J］.社会学研究，2015，30（4）：143–168.

改革时期的入职同期群，探索改革环境与个体的生命历程如何影响个体对相对剥夺风险的感知。

从客观角度而言，研究者从受教育程度、收入水平、职业地位等多个方面探讨了资源占有对个体阶层定位的影响，但既有的研究主要关注市场转型过程中不同类型的资源占有对阶层定位的影响，这一观点在上文也进行了探讨，市场转型过程形成了动态分层机制，导致体制内不同时期的入职同期群形成了不同的收入构成模式。那么，占有影响其收入资源越多的个体对相对剥夺的风险感知就越小吗？研究者长期以来都关注资源占有多少对个体阶层定位的影响，但却忽略了对其占有资源的特性进行分析。对体制内不同入职同期群而言，收入构成决定了其风险感知路径，但在其风险感知过程中风险感知路径下资源占有的多少与资源的属性以及其自身情境相结合，共同决定了个体对相对剥夺风险的感知。

刘欣认为社会阶层意味着制度化的社会位置，个体的收入水平、职业地位并非划分阶层的依据，仅代表阶层地位的结果，他认为"一定的社会阶层分化，是以一定的稀有社会资源的分配为基础的，因此，要通过考察拥有相对稀有社会资源的人们之间的社会关系，来确定社会阶层结构中的基本阶层地位"。[①]从这一观点出发，影响个体对未来阶层定位的决定因素并非其当前的收入水平，而是在当前情境下其所拥有的稀缺性资源，以及资源未来的保值增值情况。上文探讨了体制内不同入职同期群的资源占有优势与资源的收入回报率，这一部分将着重阐述不同资源所具有的特性，以及是如何影响体制内不同入职同期群对相对剥夺风险感知的。

---

① 刘欣. 公共权力、市场能力与中国城市的中产阶层［J］. 中国研究，2008（C1）：121-129.

在整个市场化改革过程中，主要有三种资源对体制内成员的收入造成影响，分别是体制资源、人力资源以及权力资源。

体制资源的典型代表是单位制时期再分配权力与控制权的结合。边燕杰和卢汉龙认为"社会主义国家中的政党机关和企业领导人拥有控制国家财产和劳动力的权力，同时又有分配由人民群众创造的劳动成果的权力"[①]。刘建军和王鹏翔在对单位制的研究中提出，单位组织既是工作场所更是权力空间，这意味着单位中的诸多活动机制和资源分配机制具有一种典型的"政治特征"。[②]因此，本研究将体制内成员的行政级别视为其体制资源的测量依据。市场化改革的政策允许发展民营经济，引进外资，建立商品交易市场、原材料市场以及劳动力市场，一系列的政策实施对体制资源的作用空间产生两方面的影响。一方面，体制资源的作用范围缩小，其发生作用的空间只是在体制内甚至是本单位内，体制资源与单位间具有极强的关联性，一旦离开单位体制资源即会失效；另一方面，李汉林和李路路认为，国有企业的市场化改革使强制性命令权力、行政性强制控制权力的作用下降，而以市场上的垄断地位为基础的、建立在交换基础上的交易权力作用上升[③]，即体制资源内含的再分配权力逐步消解，交易权力在市场交换中起主要作用。

通常对人力资源的定义几乎等同于个体的教育程度。教育程度当然是个体人力资源的重要组成部分，当研究对象是已经入职一段时间的体制内成员，人力资源不仅应该包括教育程度，还应该包括体制内成员进入职场后人力资源持续提升的部分。体制内外劳动力市场的区别在研究

① 边燕杰，卢汉龙.改革于社会经济不平等：上海市民地位观市场转型与社会分层——美国社会学者分析中国［M］.北京：生活·读书·新知三联书店，2002.

② 刘建军，王鹏翔.揭开"单位人"的面纱——人类学视野中的单位政治与单位生活［J］.吉林大学社会科学学报，56（3）：68–79，2016.

③ 李汉林，李路路.资源与交换：中国单位组织中的依赖性结构［J］.社会学研究，1999（4）：46–65.

者看来是一种分割经济，即劳动力市场按工作组织所属部门分割为内部和外部劳动力市场，我们将公务员制度建立、国有企业改革后个体在体制内所处岗位的要求，同样视作个体所具有的人力资源。

市场化改革使体制内成员的教育程度以及在职场获得的人力资源，都具有较强竞争性与时效性。体制内的专业技术人员通常具有较高的人力资源水平，李培林提出"最重要的资本是人力资本与文化资本，主要表现为知识、技能，但在现代社会中，知识技能更新的速度越来越快，如果不能及时跟上时代要求，人力资本的'贬值'速度也是惊人的"[1]。

权力资源最早源自体制资源的衍生，即处于决策性职位的体制内成员，掌握国家财务、劳动力，具有业务管理权力。单位制背景下，权力资源内含于体制资源中，边燕杰和卢汉龙认为单位制下社会精英群体是指政党国家的功能代理人，并不一定表现为物质财富，但能反映一种与普通社会成员的地位差。[2]在市场化改革中，这样的权力能够通过市场渠道转化为物质财富，从而提升体制内成员的阶层地位。同时，随着体制内部劳动力市场的完善以及体制内外劳动力市场壁垒的消失，体制内外的流动增强，市场资源与权力资源的相关性逐渐增强。

结合上一部分对体制内不同入职同期群收入构成模式的分析，对改革早期的入职同期群而言，其当前收入构成更多受体制资源的影响，但是由于体制资源的作用范围仅限于单位场域，在改革早期入职的体制内成员面临退出劳动力市场的情境，体制资源越丰富，意味着离开单位场域后面临的地位落差越大。因此，对改革早期入职的体制内成员而言，

① 李培林. 当代中国阶级阶层变动（1978—2018）［M］. 北京：社会科学文献出版社，2018.

② 边燕杰，卢汉龙. 改革于社会经济不平等：上海市民地位观市场转型与社会分层——美国社会学者分析中国［M］. 北京：生活·读书·新知三联书店，2002.

当前行政等级越高其对未来相对剥夺的风险感知越强。对改革中期入职的同期群而言，其收入构成主要受人力资源与权力资源的影响。其中，由于人力资源具有竞争性与时效性，改革中期入职的同期群在进入体制内部劳动力市场后仍要面对知识技能的不断更新以及与新入职成员进行竞争的压力。因此，对改革中期入职的体制内成员而言，人力资源丰富反而会增强其对未来相对剥夺风险的感知。与人力资源相比，权力资源具有相对的稳定性，保值增值能力较强，因此，对改革中期入职的体制内成员而言，权力资源越丰富其对相对剥夺的风险感知越小。对改革深入期入职的同期群而言，其收入构成模式主要受到人力资源与权力资源的影响。虽然人力资源具有竞争性与时效性，但是对改革深入期入职的体制内成员而言，与体制内其他早期入职群体相比，其人力资源具有较强优势，因此，人力资源越多对相对剥夺的风险感知越小。权力资源的稳定性也导致这一群体权力资源越丰富，对相对剥夺的风险感知更小。

由此提出个体资源拥有假设：

假设3-13：对体制内改革早期入职的同期群而言，体制资源越丰富，对相对剥夺的风险感知越大。

假设3-14： 对体制内改革中期入职的同期群而言，人力资源越丰富，对相对剥夺的风险感知越大。

假设3-15： 对体制内改革中期入职的同期群而言，权力资源越丰富，对相对剥夺的风险感知越小。

假设3-16：对改革深入期入职的体制内成员而言，人力资源越丰富，对相对剥夺的风险感知越小。

假设3-17：对改革深入期入职的体制内成员而言，权力资源越丰富，对相对剥夺的风险感知越小。

四、数据使用及分析结果

（一）使用数据

本节使用的数据来自2014年与2016年中国"社会网络与职业经历"
（JSNET）的问卷调查。使用数据的详细情况见本章第一节。

（二）使用变量

1. 因变量

本节的因变量主要包括体制内成员的月总收入与其对相对剥夺的风
险感知。

（1）月总收入：为了最大程度准确测量体制内成员的月总收入，在
对月总收入的操作化中包括了四部分：每月工资收入、折合每月季度奖
金及其他收入、折合每月年度奖金以及年度实物奖励的现金估算，将这
四部分加和后取对数即为体制内成员的月总收入变量。描述性统计表显
示，改革中期的入职同期群平均月总收入最高（8.331），改革深入期次
之（8.289），改革早期最低（7.760）。

（2）阶层定位：属于主观变量，研究者也将这一变量称为阶层认
同，用以研究个体阶层定位主观与客观之间的关系。根据本节的研究情
景，期望了解受改革进程影响，不同资源如何影响体制内不同入职同期
群主观的阶层定位，亦为后文不同入职同期群对不同资源的定价做铺
垫。由此，在本节中将这一变量视为体制内成员对自身的阶层定位更为
合理。根据问卷让被访者对自身所处阶层地位进行评价，本节将10个阶
层从高到低分别赋值为10~1。其中，改革中期入职的同期群对自身的
阶层定位最高，为4.428（0.073）；改革深入期的入职同期群次之，为
4.087（0.048）；改革早期入职的同期群最低，为4.077（0.036），这一
排序与不同入职同期群的工资收入高低排序一致，亦从侧面证实了上文
的观点，即体制内成员的客观情况会影响其思维模式的形成。

（3）相对剥夺风险感知：属于主观变量，是对相对剥夺风险感知的研究。陈云松等通过直接询问被访者过去与当前阶层定位间的差距得到个体对相对剥夺的感知，[①]本节同样采用个体对不同时间点上的主观阶层定位，由此测量体制内成员的相对剥夺风险感知。风险这一术语意味着现实中一个有害状态的概率。对风险概念的理解始于未来的不确定性。因此，本节以体制内成员的未来阶层定位与当前阶层定位之差，测量其相对剥夺的风险感知。经济学对风险的理解首次引入主观效用，认为风险是对概率后果的主观满意序列，而非一套预定的有害后果，即对概率后果满意为收益，不满意为风险。经济学的观点建立了一个可以使收益与风险共量的一维风险度量标准，认为收益与风险共生共长，本节对相对剥夺风险的测量沿用了这一观点，认为，风险的反面即为收益，主观判断未来向上流动距离越大，表明相对剥夺的风险越小；主观判断未来向下流动距离越大，表明相对剥夺风险越大。由于未来阶层定位与当前阶层定位之差有正数也有负数，考虑到数据分析结果的统一性，将原有结果处理为1到19的定距数据，调查结果显示：体制内成员在改革早期入职同期群的相对剥夺风险感知均值为9.695，改革中期入职同期群的均值为9.416，改革深入期入职同期群的均值为8.830。

2. 核心自变量

（1）入职同期群：通过测量体制内成员的入职时间，将其分为不同的群体。具体操作如下：将1978年至1992年间入职归为改革初期的入职同期群；将1993年至2002年入职归为改革中期的入职同期群；将2003年及之后入职归为改革深入期的入职同期群。

（2）体制资源：行政级别通常是体制内工资福利以及权力职责的

---

① 陈云松，贺光烨，句国栋. 无关的流动感知：中国社会"阶层固化"了吗？[J]. 社会学评论，2019，7（6）：49-67.

分层标准，因此，本节使用体制内成员的行政级别代表其拥有的体制资源。问卷中将行政级别分为无行政级别、副科级以下、副科级、科级、副处级、处级、副司级及以上。为了使模型更为清晰、简洁，本节将无行政级别赋值为1，将副科级以下、副科级、科级定义为基础行政级别，赋值为2，将副处级、处级、副司级及以上定义为中高级行政级别，赋值为3；按入职同期群分类，体制内成员的行政级别改革早期的均值为1.181，改革中期为1.193，改革深入期为1.086。

（3）人力资源：人力资源包括两方面的测量。一方面，是对体制内成员教育程度的测量，主要表现体制内成员在入职时的人力资源状况；另一方面，体制内成员当前的岗位要求反映了其在体制内部劳动力市场中的人力资源提升状况，这部分的测量是一个复合型变量，包括对入职要求、工作过程和经验积累的测量，在问卷中与之相对应的题器：岗位是否对学历有明确要求？岗位工作是否需要不断地学习相关知识或接受培训？岗位工作是否需要多年实践经验才能胜任？以上三个问题都为否，即无岗位要求则赋值为0，任意一题回答是为低岗位要求则赋值为1，有两题回答是为中等岗位要求则赋值为2，三题都回答是为高岗位要求则赋值为3。调查结果显示，改革深入期入职的体制内成员教育程度与平均岗位要求最高，均值分别为14.231与1.962，其次是改革中期入职的同期群，均值分别为14.004与1.901，最低的是改革早期入职的同期群，均值分别为10.924与1.452。

（4）权力资源：权力资源是一个复合变量。包括体制内成员所处岗位具有对公共财产、事务以及人员的控制权力，在问卷中对应题器：下面关于您工作特征的描述，是否拥有人员调配权力、是否有参与业务管理决策、是否拥有直接的财务使用权力，其中任意一项情况为是则赋值为1，否则赋值为0，三项加和即为权力资源的测量情况。调查结果显示，改革早期入职的同期群权力资源平均值为0.459，改革中期的平均值为0.538，改革深入期的平均值为0.487。

3. 控制变量

其他控制变量包括性别、婚姻状况、年龄、年龄平方、教育程度、工龄、工龄平方、入职年份、工作所在城市、职业声望（ISEI）以及工资收入（对数）。对各个变量的具体介绍见表3-4。

（三）分析策略

为了探索不同入职同期群的收入构成模式及其差异，本节第一步对收入差异进行了Oaxaca分解，探讨市场化改革的不同阶段对当时的入职同期群收入构成的影响。具体表达如下：

$$R = \left[E\left(X_A \right) - E\left(X_B \right) \right]' \beta_B + E\left(X_B \right)'\left(\beta_A - \beta_B \right)$$
$$+ \left[E\left(X_B \right) - E\left(X_A \right) \right]'\left(\beta_A - \beta_B \right)$$

式中，R为收入模式A与B的平均收入差异，即$R = E\left(Y_A \right) - E\left(Y_B \right)$。其差异分解为三部分，$\left[E\left(X_A \right) - E\left(X_B \right) \right]' \beta_B$为A、B两种模式因禀赋特征不同导致的差异，简称为E。$E\left(X_B \right)'\left(\beta_A - \beta_B \right)$为回归系数导致的差异，简称$C$。$\left[E\left(X_B \right) - E\left(X_A \right) \right]'\left(\beta_A - \beta_B \right)$为禀赋差异和系数差异的交互项，简称$I$。魏万青等（2013）的研究中提到分组比较中将禀赋差异E视为可解释部分，而将系数差异C和交互效应I视为不可解释部分。[1]本节涉及三种模式之间的比较，只需将三种模式两两配对进行比较即可。第二步，在确定体制内不同入职同期群的风险感知路径的基础上用OLS模型分别检验体制资源、人力资源以及权力资源对改革早、中、深入期入职同期群风险感知的影响。由于风险感知并不能算严格意义上的定距变量，因此，有研究者认为这类数据不适宜用OLS模型，但也有研究者提出，在变量接近正态分布的情况下，这类变量也是

---

① 魏万青，谢舜. 区域经济发展模式下的劳工收入差异与分解——基于珠三角、苏南与浙江三地数据的实证研究［J］. 社会，2013，33（2）：111-130.

可以用OLS模型的[①]，本节所用不同入职同期群风险感知变量分布基本接近正态分布，所以仍然选择用OLS模型。

表3-4　变量描述统计表

样本变量	改革早期入职同期群		改革中期入职同期群		改革深入期入职同期群	
	均值或百分比	标准差	均值或百分比	标准差	均值或百分比	标准差
月总收入（对数）	7.760	0.021	8.331	0.032	8.289	0.022
阶层定位	4.077	0.036	4.428	0.073	4.087	0.048
相对剥夺风险感知	9.695	0.022	9.416	0.049	8.830	0.039
样本中男性/所有样本	50.20%	—	46.63%	—	46.16%	—
年龄	58.598	0.153	44.291	0.369	34.910	0.292
年龄平方/100	34.916	0.175	20.381	0.358	13.228	0.236
教育程度	10.924	0.073	14.004	0.121	14.231	0.094
样本中已婚个体/所有样本	62.76%	—	86.52%	—	84.57%	—
样本中退休个体/所有样本	70.51%	—	15.24%	—	4.26%	—
工龄	37.014	0.159	17.186	0.125	5.013	0.097
工龄平方	13.845	0.114	2.864	0.030	0.324	0.007
2016年调查样本/所有样本	29.86%	—	27.12%	—	31.90%	—
行政级别	1.181	0.012	1.193	0.027	1.086	0.012
岗位要求	1.452	0.027	1.901	0.060	1.962	0.040
岗位权力	0.459	0.021	0.538	0.047	0.487	0.030
职业地位	41.660	0.282	48.343	0.669	47.272	0.433

---

① 边燕杰，卢汉龙. 改革与社会经济不平等：上海市民地位观市场转型与社会分层——美国社会学者分析中国［M］. 北京：生活·读书·新知三联书店，2002.

样本变量	改革早期入职同期群		改革中期入职同期群		改革深入期入职同期群	
	均值或百分比	标准差	均值或百分比	标准差	均值或百分比	标准差
城市						
长春/总样本	13.61%	—	济南/总样本	13.45%	—	
西安/总样本	13.80%	—	天津/总样本	19.70%	—	
兰州/总样本	15.61%	—	上海/总样本	8.78%	—	
厦门/总样本	7.37%	—	广州/总样本	9.34%	—	

（四）数据分析结果

1. 体制内不同入职同期群收入构成分析

表3-5变量描述统计表显示了体制内不同入职同期群的收入差距，当前改革中期的入职同期群收入水平最高，其中，很大原因是同期群间的禀赋差异，例如，改革中期入职的体制内成员当前具有更多的体制资源以及更多的权力资源，同时，其并非具有最高的教育程度以及最高的岗位要求，这说明体制内不同入职同期群的收入构成模式有所差异，即各类因素对收入的贡献率不同。究竟什么原因造成体制内入职同期群间的收入差距？表3-5展示了收入差距分解结果。

表3-5的统计结果分为三个部分，第一部分为体制内三个入职同期群收入数的总差异，第二部分为总体分解，第三部分为变量分解。表3-5"总差异"栏显示，体制内不同入职同期群的收入差异显著。其中，改革中期的入职同期群收入最高，系数为8.301；改革深入期的入

职同期群次之，系数为8.159；改革早期的入职同期群收入最低，系数为7.740。表3-5中总体分解部分显示，改革中期、改革深入期与改革早期的收入差距主要是由同期群间的异质性（禀赋差异）造成的。总体来看，改革深入期与改革中期在禀赋与系数间并不存在显著差异。表3-5变量分解部分给出各个变量更为详细的信息：与改革早期入职的体制内成员相比，改革中期的入职同期群在年龄、教育程度、婚姻状况、工龄以及岗位要求等方面具有优势，其中教育程度的差异导致体制内改革中期的入职同期群比改革早期的入职同期群收入多0.152，占可解释部分（禀赋差异0.876）的17.35%；岗位要求的不同导致体制内改革中期的入职同期群比改革早期的入职同期群收入多0.055 2，占可解释部分（禀赋差异0.876）的6.3%。即改革中期入职的体制内成员所具有的人力资源优势解释了其与改革早期入职的体制内成员收入差距的36.9%[1]。在比较了改革中期与改革早期之间的禀赋差异后，还对体制内不同同期群禀赋的"价格差异"进行比较，即不同入职同期群的工资收入模式对不同禀赋特征的回报率不同而导致的差异。虽然在总体分解部分显示，改革早期与改革中期的入职同期群间总体系数不显著，但通过变量分解，能够发现其具体禀赋的回报率仍然有所差异。对于改革中期入职的体制内成员而言，其教育程度以及权力资源的回报率要高于改革早期入职的同期群，假设3-10得到部分证实。但改革中期入职同期群的体制资源以及岗位要求的收入回报率低于改革早期的入职同期群。总体而言，在对体制内改革中期入职同期群与改革早期入职同期群的比较中发现，除了工

---

[1] 0.369=（0.152+0.0552）/0.561

表3-5 体制内不同入职同期群月收入差距分解结果

	改革中期相比改革早期			改革深入期相比改革早期			改革深入期相比改革中期		
	改革中期	改革早期	差异	改革深入期	改革早期	差异	改革深入期	改革中期	差异
总差异	8.301***	7.740***	0.561***	8.159***	7.740***	0.419***	8.159***	8.301***	-0.142***
	(0.046 4)	(0.027 9)	(0.054 2)	(0.027 3)	(0.027 9)	(0.039 1)	(0.027 3)	(0.046 4)	(0.053 9)
	禀赋	系数	交互	禀赋	系数	交互	禀赋	系数	交互
总体分解	0.876***	2.213	-2.527	1.884***	-1.712	0.247	0.114	-0.269	0.013 2
	(0.152)	(1.763)	(1.769)	(0.403)	(1.986)	(2.026)	(0.598)	(0.264)	(0.651)
性别	0.003 99	0.094 9**	0.007 36	0.005 70	0.065 7**	0.007 27	0.004 85	-0.031 5	-0.000 970
	(0.004 25)	(0.040 7)	(0.007 70)	(0.003 82)	(0.031 5)	(0.004 92)	(0.011 8)	(0.041 2)	(0.002 67)
年龄	0.975*	-2.512	0.629	1.532*	3.474	-1.366	0.915***	4.487***	-0.855**
	(0.587)	(3.321)	(0.832)	(0.920)	(2.560)	(1.007)	(0.345)	(1.933)	(0.374)
年龄平方/100	-0.898*	1.756	-0.746	-1.284*	-2.267	1.378	-0.708***	-2.315***	0.736**
	(0.517)	(1.901)	(0.808)	(0.739)	(1.438)	(0.874)	(0.275)	(0.951)	(0.310)
婚姻状况	0.009 71*	-0.186	-0.013 8	-0.023 7**	-0.101	0.018 3	0.014 1	0.091 2	-0.021 7
	(0.005 52)	(0.125)	(0.001 02)	(0.011 8)	(0.079 2)	(0.014 6)	(0.027 8)	(0.128)	(0.030 5)
退休	0.063 4	0.039 0	-0.030 6	0.076 1	-0.039 2	0.037 0	0.006 57	-0.016 9	0.012 3
	(0.044 1)	(0.113)	(0.088 4)	(0.052 8)	(0.107)	(0.101)	(0.015 4)	(0.028 9)	(0.021 1)
工龄	1.952***	1.738	-0.920	3.171***	5.268***	-4.528***	0.644	1.662	-1.166
	(0.631)	(5.163)	(2.732)	(1.024)	(1.504)	(1.293)	(1.660)	(2.404)	(1.687)
工龄的平方/100	-1.424***	2.267	-1.772	-1.772***	-4.807*	4.675*	-0.781	-1.544	1.350
	(0.474)	(5.641)	(4.410)	(0.589)	(2.869)	(2.791)	(1.071)	(1.369)	(1.197)
年份	-0.014 8	-0.231*	0.006 35	-0.006 65	-0.161	0.001 99	0.004 65	0.068 0	0.001 06

续表

	改革中期相比改革早期			改革深入期相比改革早期			改革深入期相比改革中期		
	改革中期	改革早期	差异	改革深入期	改革早期	差异	改革深入期	改革中期	差异
总差异	8.301***	7.740***	0.561***	8.159***	7.740***	0.419***	8.159***	8.301***	-0.142***
	(0.046 4)	(0.027 9)	(0.054 2)	(0.027 3)	(0.027 9)	(0.039 1)	(0.027 3)	(0.046 4)	(0.053 9)
	(0.011 6)	(0.139)	(0.006 22)	(0.008 21)	(0.106)	(0.002 77)	(0.007 27)	(0.129)	(0.002 56)
教育程度	0.152***	1.197***	0.359***	0.153***	0.060 8	0.018 3	0.002 83	-1.477***	-0.001 89
	(0.028 7)	(0.214)	(0.067 5)	(0.028 5)	(0.131)	(0.039 4)	(0.032 9)	(0.280)	(0.022 0)
体制资源	0.004 71	-0.392***	-0.006 03	-0.024 6***	-0.167	0.013 4	0.008 20	0.229	-0.0216
	(0.008 12)	(0.126)	(0.010 5)	(0.007 48)	(0.121)	(0.009 97)	(0.009 90)	(0.140)	(0.014 4)
岗位要求	0.055 2***	-0.141**	-0.049 8**	0.057 6***	-0.024 7	-0.009 13	0.000 232	0.157*	0.001 76
	(0.015 7)	(0.068 0)	(0.025 0)	(0.015 3)	(0.052 1)	(0.019 3)	(0.001 16)	(0.089 1)	(0.006 07)
权力资源	0.000 733	0.050 7*	0.013 0	0.000 291	0.039 6*	0.004 04	-0.008 26	-0.013 9	0.001 71
	(0.004 17)	(0.026 4)	(0.009 26)	(0.001 67)	(0.021 0)	(0.003 96)	(0.007 82)	(0.030 8)	(0.004 06)
常数项		-1.454			-3.352***			-1.653	
		(1.796)			(1.135)			(1.488)	
观察值	1, 663	1, 663	1, 663	2, 067	2, 067	2, 067	968	968	968

注：括号内数据表示标准误，*** 表示 $P<0.01$，** 表示 $P<0.05$，* 表示 $P<0.1$。

龄、年龄、婚姻状况、人口特征差异之外①，教育程度以及岗位要求的禀赋差异作用显著，即随着市场化改革的推进，改革中期的入职同期群人力资源的占有优势反映出体制内劳动力市场要求的变化。体制内改革中、早期入职同期群不同禀赋的作用系数反映出教育资源的回报率对改革早期的入职同期群更高，假设3-9得到部分证实。同时，也应该注意到，虽然对于改革中期入职同期群而言，体制资源的资源回报率低于改革早期的入职同期群，但在市场化改革的过程中体制资源可以转化为权力资源通过市场化的方式实现收益，表3-5显示与改革早期的入职期群相比，改革中期入职同期群权力资源的收入回报率更高，假设3-10得到全部证实。

如表3-5所示，与改革早期的入职同期群相比，改革深入期的入职同期群在年龄、教育程度、工龄以及岗位要求等禀赋方面具有显著优势，其中，教育程度以及岗位要求这类人力资源禀赋解释了收入差距的50.2%②，同时，改革深入期入职的体制内成员与改革早期的入职同期群相比在体制资源方面处于劣势，假设3-9得到部分证实。即随着市场化改革的深入，在改革深入期入职的体制内成员要求具有更高的教育程度并且所处岗位对其也具有更多的要求，整体而言，改革深入期入职的体制内成员具有更多的人力资源，改革早期入职的同期群由于较早进入体制内，在体制资源方面更具优势。虽然改革深入期与改革中期的比较总体系数不显著，但是在变量分解部分显示：与改革早期的入职同期群相比，改革深入期的入职同期群在工龄、权力资源方面的收入回报率更

---

① 在分别对改革中期入职同期群与改革早期入职同期群的收入进行回归分析时发现，工龄对改革中期同期群收入无显著影响，对改革早期入职的同期群具有负面影响，由此认为在对改革早期与改革中期同期群的收入比较中，改革中期同期群在工龄的禀赋优势仍是来自年龄的优势，因此将其归为人口特征。

② （0.153+0.0576）/0.419

高。假设3-11得到完全证实。改革深入期与改革早期入职同期群禀赋系数的比较结果也在提醒我们，虽然，对改革深入期入职的体制内成员在教育程度以及岗位要求等方面有更高的要求，但是，改革深入期的入职同期群在岗位权力禀赋方面的回报率甚至是高于改革早期的入职同期群的。而且也反映出在改革深入期体制资源的作用空间并没有消失，在市场化改革过程中体制资源转化为权力资源作用于体制内成员的个人收入，假设3-9基本得到证实。

分析发现，改革深入期与改革中期的入职同期群的比较，总体的禀赋差异与系数差异都不显著。从变量分解的情况来看，改革深入期与改革中期相比，在年龄禀赋方面具有显著优势。从不同禀赋的系数来看，与改革中期的入职同期群相比，改革深入期入职的体制内成员在年龄、岗位要求等禀赋方面的收入回报率更高。岗位要求系数为正，表明与改革中期入职的体制内成员相比，岗位要求对改革深入期入职的体制内成员而言收入回报率更高，假设3-12得到部分证实。同时，也应该注意，同样代表人力资源的教育程度，对于改革深入期入职的同期群而言，收入回报率却低于改革中期的入职同期群。从表3-4获悉，改革早期的入职同期群平均教育程度最低（10.924），改革中期次之（14.004），改革深入期最高（14.231），改革中期与改革深入期的入职同期群间教育程度均值差距已经不大，并且改革中期的入职同期群教育程度标准差最大（0.121），改革深入期的入职同期群教育程度的标准差有所减弱（0.094）。因此，能够推断，从改革中期以后入职的体制内成员都需要具备相当的教育程度。改革中期的入职同期群在入职时拥有较高的教育程度，在市场改革的背景下具有较高收入回报率，但在改革深入期入职的体制内成员其教育程度在单位内并非具有显著优势，因为这一时期一同进入单位的劳动者普遍具有较高的教育程度，教育程度这一资源在这一时期出现"拥挤效应"，虽然市场化改革不断深入，但是此时教育程度的收入回报率不及改革中期。

通过对体制内入职同期群收入构成模式的差异以及相对剥夺风险感知路径的差异研究发现，渐进式市场化改革改变体制内的入职要求与不同资源的收入回报率，具体表现为体制资源的收入回报率有所下降；市场资源的收入回报率有所上升，并且教育程度在市场化改革中的收入回报率先上升，随后在教育程度普遍提升后其收入回报率又有所下降，但体制内劳动力市场内部的岗位要求在市场化过程中的收入回报率一直在上升。一方面，权力资源来源于体制资源的衍生，与市场化改革的进程密切相关；另一方面，在体制内劳动力市场趋于完善的情况下，其与人力资源的相关程度也有所上升。这方面的发现一定程度上证实了"权力持续论"与"权力衍生论"的观点，即体制资源在市场化背景下转化为权力资源，继续对社会分层起作用；并且对既有的观点进行了一定程度的补充：一方面，权力资源从体制资源衍生而来，逐渐发展为与体制资源以及人力资源都高度相关的资源形式，意味着市场化对体制内劳动力市场影响的不断深化；另一方面，市场化改革的不断深入并没有使教育程度对收入的回报率持续上升，而是表现为体制内劳动力市场中岗位要求收入回报率的持续上升，也说明体制内外依然存在一定的劳动力市场的壁垒。以生命历程理论为依据通过实证研究发现，制度作用对个体生活的影响不仅体现对其生活际遇的改变，还可能对个体思维模式进行塑造。

2. 不同入职同期群的收入构成与阶层定位

表3-6的分析结果显示，对于体制内不同入职同期群而言，体制资源、人力资源以及权力资源对其阶层定位的影响表现出不同方向与不同程度的影响。如表3-6模型1所示，对改革早期入职的体制内成员而言，其对自身的阶层定位受到体制资源与权力资源的影响。OLS回归模型中体制内成员的体制资源系数为0.659，意味着相比于没有体制资源的群

体，拥有丰富体制资源的群体对自身的阶层定位更高，这一结论显著
（$P<0.05$）。并且，权力资源也表现出对体制内改革早期入职同期群阶
层定位的正向影响，与无权力资源的群体相比，拥有一项以及三项权力
资源的体制内成员OLS模型中的回归系数为正，分别为0.302与0.436。
意味着相比于无权力资源的群体，拥有一项以及三项权力资源的体制
内成员更可能具有较高的阶层定位，这样的比较结果分别为基本显著
（$P<0.1$）与显著（$P<0.05$）。这在一定程度上证明了，对改革早期入职
的体制成员而言，其体制资源、权力资源越丰富，对自身的阶层定位
也就越高。对改革中期入职的体制内成员而言，相比于无岗位要求，处
于有岗位要求的群体阶层定位更低。虽然，模型2显示，中岗位要求和
高岗位要求的群体与无岗位要求的群体并不具有显著性差别，但低岗位
要求与无岗位要求相比对阶层定位的回归系数为−0.725，即对于改革中
期的入职同期群而言，相比于无岗位要求的群体，有岗位要求的群体对
自身的阶层定位更低，这一比较结果基本显著（$P<0.1$）。如表3−6模型
3所示，对改革深入期的体制内群体而言，相比于无岗位要求的群体，
具有低岗位要求与高岗位要求的群体在OLS回归模型中，对自身的阶
层定位的回归系数分别为0.480与0.518。意味着相比于无岗位要求的群
体，具有低岗位要求与高岗位要求的群体对自身的阶层定位更高，这一
比较结果显著（$P<0.05$）。

表3-6 体制内不同入职同期群阶层定位OLS模型

变量	模型1	模型2	模型3
	改革早期同期群	改革中期同期群	改革深入期同期群
控制变量[①]	已控制	已控制	已控制
教育程度	−0.0181	0.103*	0.059 6**
	（0.016 2）	（0.058 5）	（0.026 1）
体制资源（无体制资源为参照组）			
少量体制资源	0.244	0.286	0.334
	（0.163）	（0.316）	（0.229）
丰富体制资源	0.659**	0.615	1.211
	（0.276）	（0.610）	（1.094）
岗位要求（无岗位要求为参照组）			
低岗位要求	0.102	−0.725*	0.480**
	（0.132）	（0.376）	（0.218）
中岗位要求	−0.093 4	−0.348	0.295
	（0.129）	（0.379）	（0.211）
高岗位要求	−0.014 6	−0.020 9	0.518**
	（0.160）	（0.382）	（0.217）
权力资源（无权力资源为参照组）			
一项权力资源	0.302**	0.079 6	0.258
	（0.144）	（0.296）	（0.163）
两项权力资源	0.172	0.390	−0.032 9
	（0.170）	（0.316）	（0.209）
三项权力资源	0.436*	−0.025 6	0.155
	（0.253）	（0.613）	（0.366）

---

① 控制变量包括性别、婚姻状况、年龄、年龄平方、工龄、工龄平方、调查年份、工作所在城市、职业地位、工资收入（对数）。

续表

变量	模型1	模型2	模型3
	改革早期同期群	改革中期同期群	改革深入期同期群
常数项	0.371	−1.181	−1.178
	（1.885）	（3.043）	（1.168）
观察值	1，349	275	672
R^2	0.126	0.212	0.173

注：括号内数据表示标准误，*** 表示 $P<0.01$，** 表示 $P<0.05$，*表示 $P<0.1$。

上述实证结果显示，从体制内的改革早期入职同期群到改革深入期的入职同期群体制资源的价值逐渐下降，人力资源的价值在上升。体制内不同入职同期群对不同资源的看待方式不同，反映了在渐进式改革背景下，不同入职同期群无论是收入构成还是主观阶层定位，都受其入职时所处的改革阶段的影响。即在单位制改革早期，单位内部的分化以行政级别为标准，行政级别越高拥有的体制资源越多，受到的单位庇护越强，最为直观的表现为与体制内其他入职同期群相比，体制资源的收入回报率更高，并且拥有体制资源更多的个体对自身的阶层定位也越高。在单位制改革中期，经历了国有企业改革、公务员考试制度的建立，单位内部劳动市场也向更注重效率的方向改革，这一时期虽然行政级别仍是单位内分层的重要标准，但是不同于过去行政级别的差异主要受对单位的忠诚、上下级关系的影响，人力资源也成为影响单位内行政级别晋升的重要考察指标，也就是说，这一时期入职的群体相比于改革早期入职的群体，其人力资源的收入回报率更高，但人力资源的收入回报率低于在改革深入期入职的群体。受大学扩招、教育程度提高以及科技发展的影响，在改革深入期入职的体制内成员在人力资源水平上普遍高于之前入职的同期群，并在晋升中占据一定优势，这也解释了改革中期的入职同期群虽然人力资源的收入回报率在上升，但当处于有一定要求的岗位时又对自身的阶层定位较低，即在此类岗位上的个体相比于之后入职的群体，在升职晋级中并不具有优势，容易处于相对剥夺地位，由此对自身的阶层定位不高。改革深入期单位内的绩效管理体制更为完善，并且单位间与单位内不同岗位间的差异逐步显现，这一时期人力资源的收入回报率进一步提升，这一时期入职的同期群也将人力资源视为更有价值的资源，即人力资源正向影响其对自身的阶层定位。

3. 资源价值及其对不同入职同期相对剥夺风险感知的影响

如表3-7所示，体制资源、人力资源与权力资源对体制内不同时期入职的成员的相对剥夺风险表现出不同的影响。表3-7模型4显示，对改革早期的入职同期群而言，相比于无体制资源，具有少量体制资源以及丰富体制资源的体制内成员对相对剥夺风险感知的OLS模型系数为正，分别为0.286与0.388，即相比于无体制资源的体制内成员，具有少量体制资源以及丰富体制资源的体制内成员对相对剥夺风险的感知更强，比较结果分别为十分显著（$P<0.01$）与显著（$P<0.05$），假设3-13成立。

表3-7模型5显示，对改革中期入职的体制内成员来说，教育程度对体制内成员的风险感知没有显著影响；与无岗位要求的体制内成员相比，具有中岗位要求与高岗位要求的体制内成员对相对剥夺风险的感知情况在OLS模型中的回归系数为正，分别为0.865与0.790。意味着与无岗位要求的体制内成员相比，具有中岗位要求与高岗位要求的体制内成员对相对剥夺风险的感知更强，比较结果分别表现为十分显著（$P<0.01$）与显著（$P<0.05$），假设3-14基本得到了验证。说明影响个体相对剥夺风险感知的因素是当前的动态人力资源水平而非过去已经获取的教育程度，这也验证了前文所提出的人力资源具有竞争性与时效性的观点。权力资源并没有如预期一样表现出对改革中期入职体制内成员对相对剥夺风险感知的影响，假设3-15没有得到证实，但体制资源表现出对体制内成员相对剥夺风险感知的影响，具体表现为与无体制资源的体制内成员

相比，具有少量体制资源的体制内成员对相对剥夺的风险感知在OLS模型中的回归系数为-0.483。即与无体制资源的体制内成员相比，具有少量体制资源的体制内成员对相对剥夺的风险感知更弱，这一比较结果基本显著（P<0.1）。这也从侧面证实了体制资源与权力资源的密切关系，在市场化改革背景下权力资源通常是体制资源的衍生品。

如表3-7模型6显示，对改革深入期的体制内成员而言，教育程度对其相对剥夺风险感知没有显著影响，如前文所述，由于人力资源的竞争性与时效性特点，过去获得的教育程度对未来相对剥夺的风险感知影响不显著；与无岗位要求的体制内成员相比，处于中岗位要求与高岗位要求的体制内成员对相对剥夺的风险感知在OLS模型的回归系数为负，分别为-0.326与-0.458。即与无岗位要求的体制内成员相比，处于中岗位要求与高岗位要求的体制内成员对相对剥夺的风险感知更小，这样的比较结果分别显示为基本显著（P<0.1）与显著(P<0.05)，假设3-16基本得到证实；与无权力资源的体制内成员相比，有两项权力资源以及三项权力资源的体制内成员对相对剥夺的风险感知在OLS模型中的回归系数为负，分别为-0.330与-0.691。即与无权力资源的体制内成员相比，有两项权力资源以及三项权力资源的体制内成员对相对剥夺的风险感知更弱，这一比较结果分别为基本显著（P<0.1）与显著（P<0.05），假设3-17得到证实。

表3-7　体制内入职同期群相对剥夺风险感知OLS模型

变量	模型4	模型5	模型6
	改革早期同期群	改革中期同期群	改革深入期同期群
控制变量①	已控制	已控制	已控制

① 控制变量包括性别、婚姻状况、年龄、年龄平方、工龄、工龄平方、调查年份、工作所在城市、职业地位、工资收入（对数）。

续表

变量	模型4	模型5	模型6
	改革早期同期群	改革中期同期群	改革深入期同期群
教育程度	0.0160	0.045 3	0.004 18
	（0.010 6）	（0.048 0）	（0.022 9）
体制资源（无体制资源为参照组）			
少量体制资源	0.286***	−0.483*	0.003 23
	（0.106）	（0.266）	（0.191）
丰富体制资源	0.388**	0.229	0.752
	（0.177）	（0.497）	（0.911）
岗位要求（无岗位要求为参照组）			
低岗位要求	−0.066 6	0.263	−0.276
	（0.085 8）	（0.316）	（0.189）
中岗位要求	−0.059 1	0.865***	−0.326*
	（0.084 3）	（0.316）	（0.181）
高岗位要求	−0.026 6	0.790**	−0.458**
	（0.104）	（0.320）	（0.185）
权力资源（无权力资源为参照组）			
一项权力资源	0.045 2	−0.016 6	−0.043 7
	（0.093 9）	（0.246）	（0.139）
两项权力资源	−0.112	−0.096 8	−0.330*
	（0.111）	（0.258）	（0.176）
三项权力资源	−0.030 2	−0.205	−0.691**
	（0.164）	（0.501）	（0.313）
常数项	7.599***	4.657*	6.687***
	（1.220）	（2.489）	（0.987）

续表

变量	模型4	模型5	模型6
	改革早期同期群	改革中期同期群	改革深入期同期群
观察值	1，300	268	641
R^2	0.058	0.130	0.147

注：括号内数据表示标准误，*** 表示$P<0.01$，** 表示$P<0.05$，*表示$P<0.1$。

市场化改革过程中，资源分配方式的改变引起对体制内成员阶层地位变迁的讨论，并形成了丰富的研究成果。随后，研究者发现高速的经济发展并没有使个体产生与之相应的"获得感"，客观阶层地位与主观认同之间产生错位，并认为与获得的经济收益相比，个体的主观认知才是解释其社会态度以及集体行为的主要维度。在市场化改革尚未完成的当下，我国贫富差距的扩大并没有造成大规模的社会动荡，与其他国家相比，中国人对收入不平等表现出更强的容忍性，原因在于向上流动的预期抵消了个体对当前生活状态的不满。因此，个体对阶层流动的预期更能反映出转型期社会分层的公平性与合理性。无论在改革前还是改革后，体制内成员并不属于社会底层，而刘欣则认为，在改革过程中体制内成员处于相对剥夺地位，[①]单位制的解体以及优势地位的失去使体制内成员阶层流动预期下降，笔者认为，相对剥夺地位只是阶段性的现象，随着市场经济的不断完善，个体仍然具有向上流动的可能。

与传统的研究路径一致，本节从主客观两个角度探索体制内成员阶层流动预期的形成。从主观角度而言，生命历程理论提出个体对工作以及生活的决策受其过去经历的影响，即过去经历塑造个体思维模式，形成个体对阶层流动预期的感知方式。个体收入作为反映阶层地位的主要指标，受渐进式市场改革的影响，对体制内不同入职同期群而言，其构

① 刘欣. 相对剥夺地位与阶层认知［J］. 社会学研究，2002，16（1）：81-90.

成模式亦有所差异，由此导致差异化的阶层流动的预期方式。为了探索体制内成员相对剥夺风险感知受哪些因素的影响，第一步先对经历过不同改革阶段的入职同期群的收入构成模式进行分析，确定主观层面体制内不同入职同期群对相对剥夺风险的差异化判断方式。

在对收入模式的分解中，本节依据"权力持续论"与"权力衍生论"的观点分析了体制内不同入职同期群的禀赋优势以及禀赋收入回报情况。提出：改革早期入职的同期群收入受再分配制度的影响较深，与其他同期群相比，其具有较高的体制资源，并且体制资源具有较高的收入回报率，基本得到了验证；与改革早期入职的同期群相比，体制内改革中期的入职同期群收入受市场经济的影响较大，其具有更高的人力资源水平，并且人力资源具有更高的收入回报率，伴随市场化改革，权力资源的收入回报率也更高，得到了全部验证；与改革早期入职的同期群相比，体制内改革深入期的入职同期群受市场经济影响较深，其具有更高的人力资源水平，并且人力资源具有更高的收入回报率，伴随市场化改革，权力资源的收入回报率也更高，得到全部验证。与改革中期入职的同期群相比，体制内改革深入期的入职同期群受市场经济影响较深，其具有更高的人力资源水平，并且人力资源具有更高的收入回报率，伴随市场化改革，权力资源的收入回报率也更高，这一假设只得到了部分验证。人力资源包括教育程度与岗位要求两个部分，其中，岗位要求对改革深入期的体制内成员而言收入回报更高，但教育程度对改革中期入职的体制内成员收入回报率更高，产生这样结果的原因可能是，到改革深入期随着国有企业现代企业制度的建立以及公务员制度的实行，无论是竞争入职还是已经入职的劳动力都具有较高的教育程度，因此，教育程度产生了"拥挤效应"，其收入回报率有所降低。依据生命历程理论，个体的经历影响其思维模式，体制内不同入职同期群具有不同资源禀赋以及差异化的收入回报率，造成其对相对剥夺风险感知的不同路径，即改革早期入职的体制内成员对相对剥夺的风险感知受体制资源的影响更大；改革中期入职的体制内成员对相对剥夺的风险感知受人力资源以及权力资源的影响更大；改革深入期入职的体制内成员对相对剥夺的风险感知受人力资源以及权力资源的影响更大。

从客观角度而言，个体的资源占有决定其对未来相对剥夺风险的感知，以往研究者都着重关注资源占有的多少对体制内成员阶层定位的影响，然而，在改革所致的动态分层机制背景下，资源的性质与个体情境的互动是影响体制内成员相对剥夺风险感知的主要机制。沿着上述体制内不同入职同期群的风险感知路径，本节分别对体制资源、人力资源以及权力资源的性质进行了分析，结合所对应的入职同期群，提出了五个假设：一是体制内改革早期入职的同期群体制资源越丰富，相对剥夺的风险感知越大，这一假设得到验证；二是体制内改革中期入职的同期群人力资源越丰富，相对剥夺的风险感知越大，这一假设得到验证；三是对体制内改革中期入职的同期群而言，权力资源越丰富，相对剥夺的风险感知越小，这一假设没有得到验证，但模型显示这一同期群与无体制资源相比，有少量体制资源的体制内成员风险感知更小，因此，这一假设没有得到验证，可能是因为这一时期权力资源仍与体制资源具有较大的关联，对因变量的影响产生了共线影响了对结果的解释；四是改革深入期入职的体制内成员人力资源越丰富，相对剥夺的风险感知越小，这一假设得到了验证；五是改革深入期入职的体制内成员权力资源越丰富，相对剥夺的风险感知越小，这一假设也得到了验证。

上述研究成果有以下三方面的意义。第一，通过对体制内入职同期群收入构成模式的差异以及相对剥夺风险感知路径的差异研究发现，渐进式市场化改革改变体制内的入职要求与不同资源的收入回报率，具体表现为体制资源的收入回报率有所下降；市场资源的收入回报率有所上升，并且教育程度在市场化改革中的收入回报率先上升，随后在教育程度普遍提升后其收入回报率又有所下降，但体制内劳动力市场内部的岗位要求在市场化过程的收入回报率一直在上升。对市场化改革过程中的体制内职场环境而言：一方面，权力资源由体制资源衍生，与市场化改革的进程密切相关；另一方面，在体制内劳动力市场趋于完善的情况下，其与人力资源的相关程度也有所上升。这方面的发现在一定程度上证实了"权力持续论"与"权力衍生论"的观点，即体制资源在市场化背景下转化为权力资源，继续对社会分层起作用；并且对既有的观点进行了一定程度的补充：一方面，权力资源由体制资源衍生而来，逐渐发展为与体制资源以及人力资源都高度相关的资源形式，意味着市场化对体制内劳动力市场影响的不断深化；另一方面，市场化改革的不断深入并没有使教育程度对收入的回报率持续上升，而是表现为体制内劳动力市场中岗位要求收入回报率的持续上升，也说明体制内外依然存在一定的劳动力市场的壁垒。第二，以生命历程理论为依据，通过实证研究发现，制度作用对个体生活的影响不仅体现在对其生活际遇的改变，更重要的是对个体思维模式的塑造。第三，从阶层的定义出发，收入水平、教育程度以及职业地位都不是阶层划分的依据，而是阶层地位的结果，阶层的划分始终是以个体资源占有为依据，本研究对市场改革背景下不同资源特性对体制内成员相对剥夺风险感知的证实，也再次印证了这一观点。这三点发现的政策意义在于：一是各项改革措施的制定需要考虑到不同群体对政策的适应性差异，着重关注那些对政策适应困难的群体，帮助其适应改革政策，关注资源分配的平衡；二是改革政策的实施是社会结构调整的推力，因此，政策的制定与实施应该更关注个体向上流动路径的多元与通畅，才能减轻社会成员对未来相对剥夺风险的感知，确保整体社会平稳有序地发展。

第三节　市场化改革与体制内成员面临的风险环境及其治理

这一节主要讨论在市场化改革背景下，体制内成员面临怎样的风险，以及如何治理。这里对体制内成员所面临风险的讨论，着力点在于与单位制时期相比，体制内成员的生活环境发生了怎样的变化，即讨论的是在制度转变情况下，风险环境的改变以及个体在过去形成的思维模式与感知方式在当下环境中的不适应。从当前整体的社会情况来看，体制内成员在劳动力市场中依然处于优势地位，但从纵向时间维度出发，市场化制度改革转变了整体社会的资源分配机制，单位过去所负责的集体福利开始消散，体制内的单位与体制外的企业、组织相比优势在缩小。因此，从体制内成员的角度出发，与过去相比更可能感知到相对剥夺风险。刘欣认为，分层机制的变化使部分群体在阶层地位上沦入相对剥夺状态，既可能表现为丧失传统体制下的既得利益，又可能表现为在新的分层机制下未获得充分的改革新收益[①]，两种情况都强调与改革前相比改革后经济地位与发展机会的下滑。

一、市场化改革过程中体制内成员相对剥夺风险形成

市场化改革的40多年间，体制内成员经历了单位内部劳动力市场的变革和外部非公有制经济的飞速发展，学者对其在市场化改革过程中客观阶层地位的变动已经有了极为丰富的探讨，但对这一群体的主观动向

---

① 刘欣. 相对剥夺地位与阶层认知［J］. 社会学研究，2002（1）：81-90.

的关注则略显不足。研究者认为自20世纪60年代开始，主观认同或认知逐渐代替经济利益成为对某一群体社会心态、阶级行动的主要解释维度。[①]市场转型打破了"大锅饭"的平均分配法则，造成阶层结构间的分化，在一定程度上导致社会贫富差距拉大。虽然市场转型带来整体经济的飞速发展，但个体流动空间的急剧收缩，将会是社会转型的一大挑战。不少研究表明，当前我国城乡间、体制内外等劳动力市场的壁垒正在消除，[②]横向流动增多，但纵向流动的频率似乎正在减少。当"阶层固化"越来越多地被提及，其究竟是学者对当前社会分层结构的风险预警还是真实描述？依据风险的主观特征，对这一问题的回答应从个体的主观感知出发。陈云松等认为，如果多数个体自身仍然具有向上流动的预期，那就说明当前的阶层结构具有流动性，如果多数个体认为未来并不具有向上流动的可能，甚至有向下流动的风险，那么整体社会就真实存在阶层固化的风险。[③]个体对相对剥夺的风险感知是当前阶层结构变动机会的真实反映。本节对体制内成员相对剥夺风险的探讨并不是将相对剥夺的研究机械地移植到某一群体，而是包含了对转型期相对剥夺机制转化的探索。

（一）组织化庇护机制的解体

转型时期，导致体制内成员面临风险环境改变的一个重要原因是过去单位对其成员的组织化庇护机制的解体，主要表现在以下几个方面。

从公共服务供给角度来看，单位制时期由单位对其职工的就业与生活提供保障。伴随单位制的解体，单位成员的养老、医疗、失业、工

---

① 范晓光，吕鹏. 中国私营企业主的"盖茨比悖论"——地位认同的变迁及其形成社会学研究［J］. 社会学研究，2018，33（6）：67-82.

② 陈云松，贺光烨，句国栋. 无关的流动感知：中国社会"阶层固化"了吗？［J］. 社会学评论，2019，7（6）：49-67.

③ 陈云松，贺光烨，句国栋. 无关的流动感知：中国社会"阶层固化"了吗？［J］. 社会学评论，2019，7（6）：49-67.

伤、生育等社会保险都从单位向社会转移，由此从整体上缩减提供公共服务以及社会福利的管理运营成本。我国当前街道组织以及社区居委会以及社区中的社会组织共同构成的社区网络组织正在对过去由单位负责的公共服务职责进行替代。各个城市也在逐步试点建设"社区服务中心"，提供社会保障、就业、养老、计划生育等多种公共服务。社区居委会也在逐渐改变过去主要由高龄妇女构成的人员结构，开始吸纳更多的专业人员参与到社区治理的过程中。虽然社区在公共服务供给方面已有长足的进步，但是无论是在公共服务的种类还是质量上，与过去单位供给的公共服务相比仍有一定差距，由此会产生一定的心理落差。

从单位制度变迁的角度来看，单位制度变迁意味着组织化关系的解散。1993年，党的十四届三中全会提出：要使市场在国家的宏观调控下对资源配置起基础性作用，建立现代企业制度。2003年，党的十六届三中全会明确提出：深化国有企业改革、完善现代企业制度。在党和政府改革政策的引导下，单位的政治、经济以及社会的复合属性，逐渐向市场导向下的经济属性转变，过去单位的资源获取与分配的方式，转变为基础的工作与劳动报酬支付，单位组织的功能以及功能发生的范围急剧收缩。在单位组织剥离了除经济职能的其他职能外，也切断了单位与其成员除了生产之外的其他联系。单位过去"大包大揽"的福利供给者角色消失的同时，单位共同体得以存在的基础也开始逐渐松动。在一系列的制度改革后，单位组织对空间以及社会的管理能力弱化，并逐渐从基层治理中退出，具体表现：一方面，是单位从过去住房的"所有者"与"管理者"的角色中退出，即单位不再对其成员的生活环境施加影响；另一方面，是整体社会结构从"单位办社会"向"社区制"转变，单位对其成员的组织管理能力也有所削弱。

从个体角度来看，单位的去组织化过程亦是对个体庇护减弱，风险增强的过程。单位组织对经济职能的强化以及对社会职能的剥离，也使单位成员逐渐丧失了对单位事务的决策权以及参与职工代表大会的动力，单位提供组织化庇护的基础逐渐瓦解：一是劳动合同制度的推行，将单位成员的工资、奖金以及津贴等收入制度化、明晰化，绩效制度、激励制度的完善使资源分配方式失去由职工共同讨论的意义。二是单位将各类与职工生活密切相关的公共服务转移至社会或社区。公共服务、福利服务从单位的移出也意味着单位内谋取共同福利议题的丧失，过去单位对其职工公共利益的代表以及传达功能弱化。单位功能的收缩，使其进行组织化庇护的条件与能力都受到影响，主观上对于单位经济职能的强调使过去单位内领导与下属的关系，发展为与市场相似的雇佣关系。李珮瑶认为，这一关系的改变使单位成员对单位的服从性与依赖性都有所降低，体制内成员不再具有对单位共同体的归属感。[①]单位制解体过程中，单位在其内部的组织管理权力无法泛化至单位成员的家庭，更无法溢出到单位外部，由此单位组织减弱了单位对其成员在整体环境中的庇护。三是单位内流进、流出频率增强，单位"铁饭碗"的破除，意味着相较于过去单位内部结构的稳定性减弱。过去，单位制时期单位组织内结构稳定、内部具有黏性的特性，能够实现成员间的聚拢。单位制解体后单位对其成员的组织化庇护难以为继。

此外，城市中的社会支持网络也从单位向社区转移。单位制解体背景下，个体在生活与就业等方面的风险增多。一个完善与健全的社会支持网络能够帮助个体在遭遇疾病、年老、失业、生活困难等风险时渡过难关，并恢复自主生活的能力。单位制时期，单位对其职工进行全面的庇护，不仅包括制度上的保险与服务供给，单位领导及同事在个体遭遇生活风险时，也会积极为个体提供支持与帮助，能够在单位内部形成个体的社会支持网络。伴随市场化改革，单位对其社会职能进行剥离，单

---

① 李珮瑶. 后发现代化进程中的"组织化"与"再组织化"——以单位共同体变迁为中心 [J]. 山东社会科学，2020（8）：69-76.

位内部的流动性增强，原来由单位承担的保障与服务职能正在向市场化
与社会化发展，单位内原有的社会支持网络也在向社区与社会转移。

（二）资源分配机制转变

伴随市场化改革进程的推进，市场制度的建立转变了过去计划经济
时期的资源分配方式，并可能导致单位成员具有相对剥夺风险。关于
市场转型对资源分配机制改变最典型的论述是倪志伟提出的"市场转型
论"，他认为当资源分配机制从再分配向市场转移时，以再分配为基础
资源的分配系统中处于优势地位的精英群体会随着市场资源分配机制的
建立而衰落，从而导致分层结构的转变与重组。[①]倪志伟的观点强调市
场资源分配机制与再分配资源分配机制之间的替代关系，并由此导致
各个精英群体在阶层地位上的改变，从资源分配机制转变到不同群体
地位的改变是一个更替与重组的过程。但"市场转型论"遭到了诸多
研究者的反驳与批评，例如，边燕杰提出的"权力持续论"[②]以及刘欣
（2005）提出的"权力衍生论"[③]等都认为即使是在市场改革进程中，
再分配精英的地位也得到保留与延续，而非被替代与解构。李路路对转
型过程中制度转型与分层机构变化之间的关系进行了详细的论述，他
认为在市场转型过程中，阶层地位的划分受到两方面的影响。一方面，
是从功能主义的视角出发，主张市场制度的建立，经济–技术理性支配
着不同阶层之间的关系，并使社会分层结构越来越具有开放性；另一方
面，则从制度主义的理论逻辑出发，认为社会分层过程并非是市场中经
济–技术理性的被动反映，社会结构中的政治、社会、文化以及传统等

---

① 倪志伟. 自下而上的资本主义［M］. 北京：北京大学出版社，2013.

② Bian Y J, Logan J. Market transition and the persistence of power：the changing
stratification system in urban China［J］. American Sociology Review，1996，61（5）：
739–758.

③ 刘欣. 当前中国社会阶层分化的多元动力基础———一种权力衍生论的解释［J］.
中国社会科学，2005（4）：101–114.

因素都会对社会分层的过程产生影响。[①]相对而言，虽然研究者普遍承认市场化制度的建立在一定程度上转变了资源分配机制的方式，但是并没有从根本上改变过去的阶层结构。受我国特定的制度环境和制度转型过程的特征影响，如国家在改革中的关键地位、自上而下的改革方式以及路径依赖等因素的影响，不同群体间的相对地位并没有发生根本的改变。

但也有其他研究者认为，市场化转型产生了精英地位的双重获得路径。刘欣认为"以产权制度及其与国家间关系以及相应的协调机制为基础，在转型社会里形成了权威型支配和市场型支配，以及在此双重分层秩序中居于支配地位的公职精英和市场精英"[②]。在计划经济时期，公有制经济在整体经济运行中占据绝对支配地位，在社会分层秩序中行政权力处于轴心地位，精英阶层主要在公有部门。伴随市场化改革的推进，非公有制经济的飞速发展使非公有制部门中产生一批居于支配地位的精英群体。这两类精英群体的形成，受到分层体系的影响，但不同于上文李路路等研究者所提出的社会分层机制主要受到过去路径依赖等影响。本研究吸纳了刘欣的观点，即存在两种资源分配系统，每套系统中都有自身的分配结构（由支配者阶层、中间阶层和被支配者阶层构成）在整体上构成双重分层体系。但两种分层结构中，遵循不同的选拔标准。刘欣提出："公职精英阶层在成员遴选上以价值理性为引导，因而也就有一定程度的闭合性；市场精英阶层在成员遴选上则以效用最大化的工具理性为引导，更有可能以普遍主义的绩效能力为基本资格，具有

---

① 李路路. 制度转型与分层结构的变迁——阶层相对关系模式的"双重再生产"［J］. 中国社会科学，2002（6）：105-118.

② 刘欣. 英才之路：通往转型社会二元精英地位的双重路径［J］. 社会学研究，2021，36（4）：159-181.

相对较高程度的开放性。"①再回到体制内成员，单位制时期整个社会的资源分配机制以再分配为主。个体的阶层地位，一方面，受到单位作为集体因素的影响，即单位行政级别越高，个体的阶层地位越高；另一方面，受单位职工在单位中的行政级别影响，个体在单位内的行政级别越高，其在整体社会中地位也越高。随着市场化改革的推进，如上文所述，出现双重分层体系，即公有制单位内有自身一套权威支配与服从的关系结构，市场部门则表现为市场型支配–服从关系。从这样的分层结构判断，虽然体制内成员在单位中的阶层地位可能在市场化改革过程中并没有发生变换，但是从整体社会的横向比较而言，其相对地位发生了变化。从整体性的视角出发，计划经济时期以及改革初期，体制内外的区分是阶层划分的重要标准，即原有单位制时期体制内外群体之间的关系是支配与被支配的关系，但单位制解体后，体制外的非公有制经济发展，市场部门出现其内部的分层标准，一部分原来在体制外的个体通过对市场机遇的把握，在市场部门处于支配地位，与体制内的权力精英相比虽然占据不同的优势，但在各自的分层系统中都处于支配地位。从这一角度来看，体制内成员的相对地位有所下降。此外，市场部门精英地位的获得受益于市场化改革。相比于市场精英，公职精英与非精英在市场化过程中所具有的发展机遇相对较少，由此在转型过程中处于相对剥夺地位。

二、体制内成员对风险感知模式的形成

在单位制下，受单位制度的影响，单位职工形成了独特的"单位人"特性，单位内部具有较强的封闭性。单位内部由工资制度、福利制

---

① 刘欣. 英才之路：通往转型社会二元精英地位的双重路径［J］. 社会学研究，2021，36（4）：159–181.

度、住房制度、奖惩制度、子女接班制度等构成了对单位职工的全面庇护。此外，单位对其职工的全方位负责与个人对单位的义务并不对等，整体而言，在这样的"父爱主义"的庇护下，"单位人"具有一些典型的特征，这些特征也在市场改革过程中受到诸多研究者的批判。具体而言，单位人的特性主要表现在以下几个方面。一是单位人对单位具有严重的依赖性。由于单位职工在各项资源的获取上都高度依赖单位，单位全方位福利保障制度的建立，使传统社会中家庭的各项社会功能减退，甚至家庭也形成对成员单位的依赖。二是对单位的顺从以及对风险的厌恶。一方面，单位的封闭性、资源的稀缺性以及晋升渠道狭窄，使个体对单位的依附程度高，表现出较高的服从性与从众性；另一方面，田毅鹏和许唱的研究中提到传统单位制下完备的福利制度以及单位与其职工间的权利、义务不对等催生出单位职工"等靠要"[1]的现象。同时单位内的资源分配主要遵从"行政分配"，而非绩效或市场竞争，导致单位职工缺乏创造与进取的活力，并形成对风险以及竞争的厌恶。三是单位内职场一方面追求结果平等，另一方面实行部分特殊主义原则。单位职工整体表现出对平均主义的重视，这一模式下多劳者也并不多得，助长单位职工的"磨洋工"心理。同时，单位内的人际关系又表现出对特殊主义原则的追求。田毅鹏和许唱提出"正式权力关系、非正式权力关系以及工作世界与生活世界重叠所形成的人际关系，相互渗透，相互制约，共同形成了单位内部错综复杂的社会网络"。[2]每一个单位职工都在一定程度上被卷入单位社会网络的漩涡，甚至对复杂人际关系的处理，本身就是单位职工的重要工作内容。由于群众支持是单位中重要的权力

---

① 田毅鹏，许唱."单位人"研究的反思与进路［J］.天津社会科学，2015，5（5）：64-70.

② 田毅鹏，许唱."单位人"研究的反思与进路［J］.天津社会科学，2015，5（5）：64-70.

来源，单位职工的特权需要掩盖在平均主义的帷幕之下，而争夺这些特权的活动就成为单位社会中主要的资源配置方式。

受单位制的影响，体制内成员形成了独特的人格特征以及相对固定的思维模式。如前几章实证研究结果所言，在市场转型以及单位制解体的过程中，虽然单位制度发生了改变，但是体制内成员的思维模式还主要受其入职时期单位状况的影响，并由此导致单位中不同入职同期群间对风险感知的分化。体制内成员之所以在制度发生转变后依旧在一定程度上保留过去的思维模式，韩亦和郑恩营认为，这样的现象主要受到组织印记的影响。在他们看来，企业或是组织"创建时期的制度环境会对企业当前的实践活动产生持续的影响，只有在制度环境发生巨大变化时，组织印记的效应才可能逐渐弱化"①。从组织印记理论出发，尽管体制内成员受劳动合同制以及国有企业改革影响，但单位对他们的影响仍然是不可忽视的。韩亦和郑恩营认为，这种组织印记主要表现在改革后单位提供的福利状况上，②但在体制内成员的思维模式中，组织印记体现的更为明显。当然，体制内成员的思维模式并非是一成不变的，随着制度改革的深入以及周围环境的改变，体制内成员的思维模式也会发生变化，但思维模式的转变过程中，可能也是体制内成员对风险的感知过程。

风险不同于客观存在的危险，风险具有主观和客观双重属性。有的研究者十分重视风险的主观属性，认为只有能被感知到的风险才是风险。因此，要研究市场改革环境下体制内成员面临的风险，既需要分析体制内成员在改革后生活环境的改变，也要分析单位成员如何感知风

---

① 韩亦，郑恩营. 组织印记与中国国有企业的福利实践［J］. 社会学研究，2018，33（3）：51-73.

② 韩亦，郑恩营. 组织印记与中国国有企业的福利实践［J］. 社会学研究，2018，33（3）：51-73.

险。如本章前两节的实证研究结果所言，体制内不同入职同期群对相对剥夺风险的感知方式不同，其中，从主观角度而言，主要受两方面的影响。一方面，不同入职同期群在当前处于不同的生命周期阶段，在生命历程受制度分割的情况下，处于生命周期不同阶段的个体面临流动风险的类型不同，如对老年人来说，阶层向下流动是风险，但对年轻人来说，无法向上流动即是风险。因此，体制内不同入职同期群对相对剥夺风险的感知方式受其自身状况的影响。另一方面，由于单位内不同入职同期群经历过不同阶段的改革，在不同的资源分配方式下，决定如何分配资源的指标不同，由此对于自身所拥有的资源指标定价有所不同。虽然当下体制内不同入职群都处于相同的时空维度，但是其入职时单位内的资源分配方式仍会对其思维模式产生影响，并进一步影响体制内成员对不同资源价值的评估。例如，改革早期入职的体制内成员认为处于行政岗位、拥有管理权威，便意味着具有更高的阶层地位。当个体从单位离开，便意味着行政权力的丧失，即会具有阶层地位向下流动的风险，这样的风险源于生命历程中个体所经历的退休这一过程。但对于改革深入期入职的体制内成员而言，他们认为拥有更丰富的人力资源是决定其阶层地位的重要因素。在单位内个体处于专业权威较高的岗位，意味着遭遇向下流动的风险较小，相反，如果个体处于专业权威较低的岗位，在未来就更可能遭遇向下流动的风险，这样的风险感知方式明显与改革早期入职的体制内成员的感知方式有所不同，而更具市场化竞争思维。造成这样差别的原因，除了不同入职同期群处于不同的生命周期外，还有体制内的不同入职同期群经历的改革过程不同，具有不同的思维模式，对资源指标的定价不同，由此对相对剥夺风险的感知方式不同。

三、后单位制时期的风险庇护与治理

单位制度变革背景下，单位的组织化庇护机制解体，资源分配机制发生转变，从相对地位的改变来看，体制内成员有可能在后单位时期处于相对剥夺地位。从主观上而言，体制内不同入职同期群对相对剥夺风险的感知方式有所不同，主要受到其所处生命周期的阶段以及其在不同改革经历中形成的思维模式的影响。那么，如何对体制内成员所面临的风险进行有效治理，是本节尝试回答的问题。对体制内成员当前面临风险的治理，应从主客观两方面展开，分别是主观角度转变过去单位人的心态，客观方面建立社会中的中间组织，激活单位成员对社会参与的积极性。

传统单位制时期，单位空间相对封闭，加之单位对其职工的全方位庇护，导致单位人形成一些惯有的思维模式与人格特征。传统单位制下的思维模式与制度改革后工作环境的不适应，导致体制内成员可能出现对相对剥夺风险的感知。由此，对体制内成员风险治理的一个重要方式即是转变其在过去单位制下固有的思维模式，形成与当前的市场化改革以及社会治理模式相适应的思维模式。王宁提出在后单位制时期公共服务供给从单位中脱离出来，并出现公共服务货币化趋势，即公共服务不再由单位供给，而主要由政府、市场以及社区提供。[①]这样的公共服务供给方式，让个体与单位之间的关联减弱，与政府、市场以及社区的联系增强。不同于过去单位对其职工的组织化庇护机制，政府、市场以及社区虽然为个体提供一定的庇护，但都是以个体为单元的庇护，过去由单位承担的对其职工生活的庇护责任，在市场化改革过程中又部分地转移到个人与家庭本身，使城市居民必须不断提高收入，才能担负起过去由单位承担的那部分责任。体制内成员如果还具有过去单位人对单位的依附特征、对风险与竞争厌恶的特征以及对平均主义与特殊主义的追求等特征，那么，在整体公共服务货币化供给的趋势下，则会具有相对

---

① 王宁. 后单位制时代，"单位人"转变成了什么人［J］. 学术研究，2018（11）：46-54.

剥夺风险的感知。王宁认为后单位制时期体制内成员由单位人向社会人转变，他们也应该在新环境下具备新的人格特征。王宁结合"自我企业家"理论，提出在市场改革环境下，社会人应该具有与单位人截然不同的文化特征："自主性、风险承担、竞争性偏好和机会公平偏好。"①从这些特征中能够发现，从单位人向社会人转变的核心内涵在于个人应努力提升自身的工作能力与市场竞争力，以强化对自身的庇护能力。由此，对于转型时期体制内成员出现的相对剥夺风险的感知，其中一部分原因在于其过去在单位中形成的单位人思维模式与当前的市场化环境不适应，应通过转变体制内成员的思维模式，强化其对市场化制度以及当前公共服务的供给模式的接受与认同，弱化其对相对剥夺风险的感知。

转型过程中，一方面，单位的封闭性空间被打破，组织化庇护机制式微；另一方面，在全球化的发展过程中，由于现代性的自反性，各类现代性风险频发，意味着整体的风险环境更为严峻，并且风险的发生具有突发性、不可预测性等特征。在此背景下，后单位制时期建立具有庇护职能的"中间社会"对于整个社会的风险治理具有重要意义。崔月琴认为，有效的社会管理的基础是"中间社会"的发达，"中间社会包括一系列可以把公民组织起来的基层组织、社会团体、非营利组织等，这些组织将构成社会管理的组织基础。但是，也应该认识到这些组织必须在正确的指导下运行，才能发挥促进社会和谐、推动社会进步的积极作用"②。有效且能够起到积极庇护作用的"中间社会"首先是有序的。社区治理模式创新，以及社区共同体的形成是当前社会再组织化的重要手段，目的是期望在风险发生时，社区能对个体起到有效的庇护作用。

---

① 王宁. 后单位制时代，"单位人"转变成了什么人［J］. 学术研究，2018（11）：46-54.

② 崔月琴. 后单位时代社会管理组织基础的重构——以"中间社会"的构建为视角［J］. 学习与探索，2010（4）：47-52.

第四章
单位制变迁下城市居民的安全风险感知与治理

第一节　从单位到社区庇护机制的转变

　　总结既有研究能够发现个体对安全风险的感知情况主要受到两个方面的影响：一方面，是客观角度的风险状况，以乌尔里希·贝克为代表的研究者认为，随着现代性的发展，人类社会面临的风险增多并呈现出一定的普遍性、不可预测性等特征，由此，整体的社会结构也从过去受财富分配逻辑支配转变为受风险分配逻辑支配；①另一方面，是个体对安全风险的感知受到主观维度的影响，以玛丽·道格拉斯为代表的风险文化理论认为，个体的文化背景是影响个体风险感知的主要因素，并认为现代社会并不是风险增多了，而是人们感知到的风险更多了。②从我国的国情出发，客观维度的城市风险环境变化已经在第一章第二节有过介绍，此处不再赘述，这一节进一步讨论个体庇护机制的转变以及在庇护机制发生变化的情况下，个体如何感知安全风险。单位制时期，单位

---

　　①〔德〕乌尔里希·贝克.风险社会［M］.何博闻，译.南京：译林出版社，2004.

　　② Mary D，Aaron W. Risk and culture: an essay on the selection of technological and environmental dangers［M］. Auckland: University of California Press，1983.

从空间与资源两个维度对城市进行整合。个体通过国家分配的方式进入到单位内，单位内部整体同质性较强，单位以及区域间的流动性弱，单位内部成员关系紧密，相互熟悉，沟通渠道多元，并且具有公共性的话题，由此单位对个体的庇护呈现出一种组织化的庇护方式。市场化改革后，单位制解体，城市基层治理单元从单位转变为社区，但社区对个体的庇护呈现出与单位庇护完全不同的机制。受住房市场化制度的影响，个体通过市场购买住房进入特定的社区。就整体而言，社区具有较强的流动性，内部异质性较强，社区内居民之间的关系也普遍呈现出局部熟悉、整体陌生的状态，且彼此之间的互动也主要依靠个体间建立的互动渠道，沟通与互动的内容以个人情况为主，缺乏公共议题。所以，社区对个体的庇护主要表现为个体化的庇护方式。

一、单位组织化庇护机制的形成

（一）单位制背景下城市通过单位进行整合

众所周知，在新中国成立之时，整体的城市空间由单位构成，在单位制的整体框架下，构成了类似"蜂巢状"的单位社会，表现为国家—单位—个体的连接结构。单位制下，城市空间的整合通过各个单位实现。单位的整合功能的实现主要通过两个维度：一是资源维度；二是空间维度。

1.资源维度

从资源维度出发，国家通过单位对个体进行资源的分配。在传统单位制下，个体在城市中无法通过城市居民的身份获取生活必需资源，只能通过"单位职工"或"职工家属"的身份参与资源分配。个体在单位中的行政级别通常决定了个体能够获取多少资源。这一资源分配过程也反映了单位间以及单位内权力的实现与分配。刘建军和王鹏翔认为，单位内资源分配所映射的权力并非完全表现为统治与服从，而是一种渗透单位内部关系甚至是整体社会关系中的一种权力机制。①在单位制背景下，这样的权力更像是一种具有象征意义的符号，将个体嵌入单位组织以及单位社会。由于整体社会缺乏流动性，单位内部能够形成较为稳定的结构。

此外，单位为个体提供的资源不仅包括工资报酬、生活福利、生活住房等有形资源，还包括对个体利益诉求的满足。张静指出，我国城市内的组织化利益表达具有很强的独特性。社会中利益的组织化并非自发形成的形式多样的社会团体，也不是以收入、阶层的分化为界限形成的具有不同利益诉求的阶级群体，而是主要通过单位的行政建制实现利益的组织化。②而单位通过弹性处理差异化的个体利益诉求，并且在单位内部调整福利政策与供给的方式实现个体利益的组织化。除了在单位内部的协调处理，单位还具有向上级部门反映集体诉求的职能，使国家与个人能够通过单位得以连接。

单位制下，单位的资源分配属性体现为全能性。单位对个体进行资源分配的过程反映了单位对个体的责任与个体对单位的义务。单位制时期，国家通过单位对城市居民进行全方位的庇护，即为单位职工提供"从摇篮到坟墓"各个方面的福利与帮助。反之，单位对个体的要求只是鼓励单位职工多做贡献、积极工作等，缺少量化与详细的规定。对个体劳动情况的规定多是劳动时间，而不会细化到个体劳动任务的完成数量以及质量。从一个时间段来看，个体对单位的贡献多少也没有细化的标准与评判，亦没有硬性规定。由此，人们将单位制时期单位的这种特性称为"大锅饭""铁饭碗"。总体而言，在单位制时期单位与个体在权利与义务上是不对等的。单位对个体所负的责任是明确的、直接的、全

---

① 刘建军，王鹏翔. 揭开"单位人"的面纱——人类学视野中的单位政治与单位生活［J］.吉林大学社会科学学报，2016，56（3）：68-79.

② 张静.社会冲突的结构性来源［M］.北京：社会科学文献出版社，2012.

面的，而个体对单位所具有的义务则是模糊的、笼统的、单一的。这样的权责关系也让单位成员从多方面对单位产生依赖。

魏昂得提出的新传统主义主要阐述了单位制下单位职工对单位的依附主要包括职工对单位社会与经济方面的依附，职工对单位领导政治上的依附，以及对单位直接领导的个人依附。[①]就社会与经济依附而言，魏昂得认为相比于世界上其他地区，中国的国有企业工人对工厂的依附程度极高。[②]受雇于国有企业，能够给予个体一个正当的社会身份，并且能够获得单位提供的极其稳定的工资报酬、生活福利甚至是特殊供给。与这一情况相对应的是单位对个体的管理不仅在工作领域，还会拓展到生活领域。就个体对单位领导政治上的依附而言，单位内的资源分配标准以行政级别为依据，并且单位领导在分配资源的过程中，通常具有一定的自由裁量权。在整体社会缺乏流动的单位制环境下，单位职工会对单位领导产生政治上的依附，以期在资源分配过程中能够占据优势。就单位职工对直接领导的个人依附而言，依旧是在整体社会缺乏流动的单位制环境下，由于单位领导具有生产控制权与人事管理权，这也意味着领导对下属具有奖赏、调动以及调换的权力，因此，单位职工在很大程度上就会依附于直接领导。整体而言，单位制时期，个体的独立性社会地位不强，其与单位间的资源交换具有全面性、强制性以及政治性，由此导致个体对单位的全面依附。

单位制时期，国家通过单位对个体进行资源分配，这一在单位内进行的资源分配过程具有以下特点：第一，单位为个体提供的资源具有全面性，几乎包括了个体生命周期的各个阶段，甚至囊括了对其家属以及

---

① Walder A G. Communist neo-traditionalism: work and authority in Chinese industry [M]. Berkeley: University of California Press，1986.

② Walder A G. Communist neo-traditionalism: work and authority in Chinese industry [M]. Berkeley: University of California Press，1986.

家庭的照顾。并且，除了有形的资源分配（稳定的劳动报酬、生活福利以及住房福利等），还包括对个体利益诉求的表达，单位领导对其下属所遭遇的特殊困难，也会给予帮助与庇护。对于单位内的集体诉求，单位会与上级部门反映与协商，由此单位形成对其成员的全面庇护。第二，单位与个体之间责任与义务的不对称。单位制时期，单位对个体的庇护是全方位的，但个体对单位的义务却是模糊不清的，单位与个体之间权责不对等，导致单位职工由此形成一定的"单位人"特性。第三，在诸多"单位人"的特性中，最为明显的是单位职工对单位的全面依附。单位职工对单位的全面依附受单位分配资源的影响，还受单位制时期整体社会结构的影响。单位制时期，个体在异地间或是单位间的流动都异常困难，因此，其本身所处单位成为其稳定但也是唯一的资源获取渠道，由此加深了个体对单位的依赖。

由于单位制在资源分配过程中所具有的以上特点，个体能够被稳定且紧密地整合进单位组织内，各个单位又构成城市及国家，整体上形成了自上而下的有效整合机制。

2. 空间维度

单位制时期，单位在城市中的整合功能还包括在空间上的整合，以及空间内社会关系、社会网络的整合。李珮瑶在研究中提到，单位制时期单位"职住合一"的空间构成塑造了单位内相对封闭的生产、生活空间。①在整体低流动的社会结构下，生活于单位空间中的个体彼此熟悉、关系紧密，而这种密切的关系：一方面，能够从秩序规范、传统道德上对个体进行约束与管理，进而在单位空间内形成一种安全、可控的生活环境；另一方面，在单位生活空间内部，通过单位职工相互之间的

---

① 李珮瑶. 后发现代化进程中的"组织化"与"再组织化"——以单位共同体变迁为中心［J］. 山东社会科学，2020（8）：69-76.

交往与互动，无论对个体的单位职能而言，还是对整体单位而言，都能形成丰富的社会资本，当个体遭遇风险，单位领导与同事或者单位社区内的邻居，都会伸出援手，帮助个体渡过难关。

据1982年的数据显示，当时全国53.6%的住房都是单位所有，产权为私有或是地方政府所有的仅占17.7%和28.7%。如上文所言，单位主导住房以及各类生活资源的配置，这样的资源配置方式为生产与生活关系的处理提供便利，单位的生活空间围绕着生产空间而布局。从城市视角来看，城市内形成了以单位为分割的居住空间。在整体的城市生活空间，各个单位构成了一个个相对独立运行的"城市中的空间"，虽然个体在生产与生活过程中也与城市空间有着诸多的接触与交流，但相比于单位空间其频率与广度都具有很大差距。单位所形成空间上的封闭性，不仅源于物理空间的封闭，还在于单位的生活空间的封闭。从物理空间来讲，围墙和大门将单位空间与单位外的空间进行区隔，并且通过访客登记、记录考勤等方式防止外来人员进入单位。单位空间的封闭性虽然在一定程度上造成了单位职工出入的不便，但封闭的空间为单位内部提供了一个相对安全的工作生活环境，并促进了单位内部的交流与互动。此外，单位空间对个体生活需求的满足是其能够保持一定封闭性的重要条件。单位制时期，单位空间不仅包括生产空间和单位职工的居住空间，还包括一系列保证职工生活的公共服务供给空间，例如，职工浴室、食堂、幼儿园、医院等。由于单位职工的生活需求能够就近得到满足，也进一步造成单位空间的封闭。

单位空间的封闭导致了单位内部较为稳定的社会关系与网络。单位制时期，单位职工间的关系与交往通常较为简单与朴素，受单位空间封闭性的影响，单位内也易于形成充满温情的熟人社会以及单位共同体。田毅鹏和王丽丽提出："单位制时期单位人形成的单位记忆、对于单位光荣岁月的共同回忆以及'劳模'精神的传承发扬是单位内重要的文化资源，无论是对单位共同体还是单位制解体之后的社会整合都具有重要意义"。①单位职工在单位空间内不可避免地要与同事进行互动，单位社会是一个没有陌生人的社会，在单位中个体彼此知根知底，朝夕相处，相互影响、相互依赖。一方面，单位制时期的资源分配机制不允许个体割断与单位的联系，个体离开单位意味着个体社会身份与地位的丧失；另一方面，对个体而言，个体离开单位不仅会出现行为的迷茫与无助，还会失去自身社会性存在的基础。由此，单位内的社会网络整体上具有稳定性强的特征。

此外，单位社会网络中还表现出较高的道德约束。受单位社会网络稳定性的影响，单位内部是"熟人社会"，单位"熟人"之间的交往所顾及的地方就多，不仅要考虑彼此的"面子"问题，还要考虑"不得罪人"的问题。因为不同于陌生人之间的交往，熟人之间的交往还涉及之后长时间的见面与互动。长此以往，处于单位社会网络中的个体，形成了一套具有自身特征的行为规范与交往准则。李汉林认为，我国的一些传统文化、价值规范以及行为准则在适应社会的过程中在单位中进行沉淀，在被单位内化与接受之后，成为人们评判个体行为对错的标准。②即使社会环境发生了变化，产生了一部分新的价值规范与行为准则，人们在单位内形成的规范与准则因为具有相当的惯性，所以难以在一时半会做出改变。

空间维度上，一方面，单位表现出较强的封闭性，将单位空间从城市空间中划分出来，在物理空间上进行整合；另一方面，单位封闭空间内形成的社会网络，受"熟人社会"、传统道德的影响较强，能够对单

---

① 田毅鹏，王丽丽.单位的"隐形在场"与基层社会治理——以"后单位社会"为背景［J］.中国特色社会主义研究，2017（2）：87-92.

② 李汉林.中国单位社会：议论、思考与研究［M］.北京：中国社会科学出版社，2014.

位中生活的个体从行为准则与价值规范上进行整合与规范。

（二）单位组织化庇护机制的形成条件

受计划经济时期资源分配机制的影响，单位对其成员形成庇护，且是全方位的庇护。受单位对社会整合功能的影响（即单位的资源整合与空间整合），单位对个体的庇护还呈现出一种组织化的庇护特性。这样的组织化庇护特性主要表现为两个方面：一方面，这一组织化庇护方式的形成需要以制度规定为基础。单位制时期，计划经济体制明确了整体社会的资源分配机制，单位组织内一致的制度与规范等都为单位组织化庇护机制的形成提供了制度条件，确保单位能够为个体提供稳定、有序的庇护。另一方面，构成组织的个体自发、自愿为单位组织化庇护机制提供了动力，让这一庇护机制能够真正实现运转。除了整体的资源分配制度以及单位制度为组织化庇护机制的形成提供支持，单位内的封闭空间以及社会网络亦是构成单位组织化庇护机制的重要条件。单位空间的封闭性将外部的风险与不确定性进行了隔离。单位空间内的福利设施、公共服务供给也对其职工进行了庇护。单位内由熟人构成、具有保守道德要求的社会网络虽然严重约束了个体的行为，但也整体上为单位塑造了一个相对安全和谐的环境。由此，单位制时期单位能够对其成员进行组织化庇护。

组织化庇护方式具有较强的韧性。韧性这一概念是从自然科学引入到风险治理的研究范畴中的，这一概念强调一个机体的可持续发展，尤其是在危机中能够保持原有的功能，并且能够对环境的变化做出迅速及有效的反应。关于韧性这一概念虽然当前还未形成统一的定义，但研究者能够从两个方面达成共识：一是韧性探讨的是一种过程而非结果；二是韧性意味着一种长期能力的建设和特征的形成，而非短期应急过渡的方法或策略。对于某一共同体庇护机制的韧性考察则主要集中于对风险的抵抗与原有状态的恢复。在对风险的抵抗方面，具有韧性的庇护机制要求共同体能够对自身的资源进行整合，利用多种资源以及多元手段帮助其成员对所遭遇的风险进行抵抗，其成员即使在遭遇风险时依旧能够维持自身的基本生活。在恢复原有状态方面，具有韧性的庇护机制期望共同体能够帮助其成员在遭遇风险之后，通过其他成员或是其他资源的帮助较为快速地恢复到风险发生之前的状态。

通过对单位庇护与具有韧性的庇护方式的探讨，笔者认为，单位之所以能够形成组织化庇护，并使单位组织化庇护具有一定韧性，是因为以下三方面：第一，稳定的组织结构。单位制时期，整体社会结构都表现出较强的稳定性，城市异地和单位之间的流动都十分困难，个体对单位形成全面的依附，离开单位的可能性较小，由此导致城市内以及单位内极为稳定的组织结构。第二，组织内部具有黏合性，分散个体能快速聚拢。一方面，较小概率的单位流出使单位职工将在很长时间内都生活于单位空间；另一方面，单位空间的封闭性在减少单位职工与外部的交流与接触的情况下，也增强了单位内部的互动与沟通。这两方面推动了单位内部个体间的依附与黏合。第三，组织内整体的权利与义务较为模糊。如上文所言，单位制时期单位与个体之间的权利与义务是不对等的，单位要对其职工进行全方位负责。除了单位对个体的全方位负责，单位内的个体间交往也不同于陌生人之间的交往，受"熟人社会"或是上下级关系的影响，单位内个体的交往也并非遵循权利与义务相对等的原则，而是呈现出整体模糊的状态。在上述三个方面中，首先，稳固的组织结构是基础，只有在稳定的组织构成中，成员之间才能在长期的互动与磨合中产生信任与理解，由此形成共同体抵抗风险的基础。其次，组织内部具有黏性，单位内个体间的相互依附意味着共同体内部有着共同的集体记忆，彼此之间具有很深的影响，由此才能在共同体中形成整体性资源，帮助个体或集体增强抵御风险的能力，加快恢复的速度。最后，只有共同体内部彼此之间的权利与义务较为模糊，整体上才能实现资源的协调与流动，实现在既定情况下对风险的抵御与风险发生前状态的恢复。

二、市场化改革过程中单位庇护机制解体

伴随市场化改革，单位制逐渐式微。单位制度的变迁从微观上对个体的生活状况产生影响，从宏观上意味着社会结构的转变。在社会结构转型过程中，有可能生成特定的社会风险。对个体而言，单位制解体意味着单位对原来所具有的社会职能的剥离，生产与生活的剥离。过去由单位提供的各项福利项目与公共服务，现在转由市场、政府或社区来提供。单位制解体后，单位对其职工的庇护从全面的庇护逐渐转变为经济上的庇护。单位内部的社会网络以及过去的"单位人"特性也发生了改变。市场、绩效、效益等关键词逐渐出现在单位职工的生产、生活中，并且逐渐为个体所认可与接受，内化为行为准则，同时人际关系也出现功利化、资本化的趋势。过去在单位制度中成长起来的"单位人"存在一些共有的特性，例如，具有依附性、风险厌恶性以及非竞争性等。单位制解体后，不仅社会空间与生活空间被释放，"单位人"的特性也在发生改变。

研究者认为，单位制解体后，过去的"单位人"向"社会人"转变。王宁用"自我企业家"的概念来理解单位制解体后的"社会人"特性。[①]单位制解体后，多元化获取资源的渠道（如市场等）被打通，单位也不再像从前一样对其职工进行全方位的负责。个体被越来越多地要求对自己的生活负责，即要求个体凭借家庭的力量或自身的努力来应对生活中可能遇到的风险与困难，导致个体需要千方百计地提升自己的竞

---

① 王宁. 后单位制时代，"单位人"转变成了什么人 [J]. 学术研究，2018（11）：46-54.

争力，获取资源分配的优势，因此这一时期的"社会人"具有主动性、风险承担以及竞争偏好等特征。从单位制下的计划经济体制向市场经济体制转型，亦是代表抽象利益的单位转向以具体个人利益为导向的契约组织的转变过程。

田毅鹏和吕方提出："所谓单位社会的终结，并非指具体的作为职场的'单位组织'的终结，而是指1949年以来形成的中国社会宏观联结方式的根本性变化，即由'国家—单位—个人'的控制体系向'国家—社区、社会团体—个人'协同参与模式的转变。"① 从整体的社会结构而言，单位制背景下的社会结构具有总体性特征，国家行政权威通过单位对个人进行管理，虽然社区、社会组织接管了一部分过去的单位职能，但在中间结构的形成过程中，社会依然容易出现原子化倾向。

相比于单位制时期的高度组织化，社会原子化亦可能带来一些新的社会风险。整体社会结构的松散与人际间的隔离会使社会出现如下风险：第一，个人与国家间连接的弱化。第二，社会公共生活的萎缩，使个人与公共世界隔离，减少社会参与。第三，在缺乏社区认同的情况下，田毅鹏提到社区组织内个体间的连接方式缺失，邻里关系疏离。② 第四，缺乏社会组织对个体价值理念与行为的规范，社会中更容易出现越轨与失范行为。第五，体制外和非正规就业以及失业的情况增多，在缺乏稳定经济保障的情况下，个体生活中的不确定性与风险性增强，并可能进一步造成社会运行的风险。因此，从宏观视角而言，在单位制解体后，个体所需面临的风险增多了，但过去单位的全面庇护却消失了，需要个体以自身的力量面对及解决这些风险。

---

① 田毅鹏，吕方. 单位社会的终结及其社会风险［J］. 吉林大学社会科学学报，2009，49（6）：17–23.

② 田毅鹏. 后单位时期社会的原子化动向及其对基层协商的影响［J］. 南京社会科学，2015（6）：62–67.

三、社区个体化庇护机制的形成

单位制解体的同时社区建设开始兴起,过去主要由单位承担的一部分社会职能向社区转移。我国的社会基层机构发生了重大变化。在政府颁布的各项文件中,越来越重视社区的建设以及社区在社会治理中的作用。2000年,民政部颁发的《关于在全国推进城市社区建设的意见》中明确提出,社区在开展社区服务、发展社区卫生、繁荣社区文化、美化社区环境、加强社区治安的基本内容外,还要加强社区党组织建设、社区居民自治组织建设和社区工作者队伍的组织机制建设,从此社区进入一个全面建设的阶段。社区不只是被动地承接职能转移和提供社会服务,社区自主建设是创新社会管理体制的重要组成部分。党的十八大提出了"社会治理"的目标,党的十九大报告则进一步提出要把社会治理的重心向基层下移,"社区治理"成为重心转移的主题词。党的十八大报告在提出"社会治理"与"社会建设"时,以"保障与改善民生"为重点,而在党的十九大报告中着重于通过"预防与化解矛盾机制建设""正确处理人民内部矛盾"以及"健全公共安全体系"打造共建共治共享的社会治理格局。即社区在社会治理中的作用逐渐凸显,并且社区应该成为单位制解体之后为个体提供庇护的共同体。

除了政府部门提出不断规范社区治理、提高社区治理水平外,研究者亦期望社区能够如同单位组织一样,成为为个体提供组织化庇护的共同体。社区建设应当追求的是在社区内形成公共的习俗与制度,能够让社区内具有异质性特征的群体在社区进行有序的互动与相处。但从当前的情况而言,社区内归属感与认同感的缺乏,对社区共同体的形成造成了不小的阻碍。孙立平提出,虽然社区的字面意思让我们更容易关注

社区的空间属性，但实际上更应该重视社区所具有的社会属性。①单位
制时期，单位具有政治职能、经济职能的同时还具有社会职能，因此个
体或是基层的问题都能通过单位内部进行化解，而不是通过社会参与进
行解决。单位制解体后，原来重叠于单位中的政治职能、经济职能以及
社会职能开始分化，单位逐渐终结了其"办社会"的功能，退出对很多
社会事务的经营与管理，社区建设在这一时期开始兴起，并承担了很大
一部分过去由单位负责的社会事务。但不同于单位自上而下的管理与动
员，由社区社会职能的实现更强调社区居民对社区事务、社会事务要积
极参与协商，这也是当前社区建设的重点与难点。虽然社区居民的参与
意识已经有了大幅的提升，但是从整体而言，社区居民对公共事务的参
与热情仍然不高，并在一定程度上影响部分社会问题的解决，增大了社
会风险发生的可能性。

如上文所言，在后单位制时期，社区被政府部门、学界寄予期望，
成为代替单位的中间共同体，起到稳定社会，抵抗风险的作用。就目
前而言，社区建设虽然在实体建设、公共服务供给方面取得了巨大的成
就，但就从共同体建设以及解决社会问题，为个体提供庇护的角度而
言，还暂时无法实现对过去单位作用的替代与升华。因此，为了能了解
社区建设的不足，理清社区建设的方向，下面将从五个方面比较单位共
同体与社区共同体之间的差异及不同（表4-1）。

第一，单位的形成以计划经济为背景，单位成员进入单位的方式以
国家分配为主，作为个体的单位职工能够选择的空间不大。社区的形成
与建设则以市场经济为背景，受住房制度市场化改革的影响，社区居民
进入社区以购买住房为途径，并且具有较大的选择空间，即可以选择进
入或是不进入社区，选择进入这一社区还是其他社区。

① 孙立平.社区、社会资本与社区发育［J］.学海，2001（4）：93–96.

第二，从整体的空间构成来看，过去单位大院、单位社区中人口的构成同质性较强，当然这样的同质性并非指年龄、性别、籍贯等因素，而主要体现为同一个单位的职工在职业地位、收入水平、价值观念上的统一与一致。此外，单位稳定结构的形成也主要是因为职工流动性弱。单位制时期单位间、区域间的流动困难，个体离开单位不仅意味着收入来源的丧失，甚至是社会身份的丧失，因此，单位整体流动性弱。而相比于单位，转型时期社区内空间人口的构成则表现出更强的异质性。社区居民主要通过市场购买住房的方式进入到社区内，因此相比于单位大院，社区内的人口构成在职业、收入以及价值观念等方面的差异都更大。并且，通过市场渠道社区居民可以自由进入与流出，对社区空间的管理也远不如过去单位空间的管理严格。因此，无论是就社区定居人口构成还是生活环境而言，社区都具有较强的流动性。

第三，从成员关系的角度而言，单位制时期，由于社会整体流动性较小，单位内部结构稳定，单位成员间经过长期的接触与磨合，形成了"熟人社会"，成员之间彼此熟悉，相互信任。相比于单位，社区的进入与流出都很普遍，整体的人员构成不稳定，并且无论是社区整体还是社区居民，与外界的接触都更为频繁，社区居民之间较为陌生，在缺乏沟通交流的情况下难以形成彼此间的信任。

第四，从互动渠道而言，单位内具有正式的、非正式的多种沟通与交流的渠道，能够帮助单位职工增进了解，加强信任。此外，由于单位几乎覆盖了个体的工作与生活，在长期的相处过程中，单位职工经常拥有公共性的话题，并通过对公共话题的讨论，公共事务的参与，公共目标的实现，进一步团结在一起。社区在建设过程中还没有形成多元化的沟通渠道，虽然近年来社区居委会组织结构逐渐完善，并在社区建设中发挥了极大作用，但由于当前的社区居委会具有较强的行政性，由社区居委会所提供的沟通渠道，更多地表现为社区居委会主动与社区居民的单向沟通，缺少居民主动与居委会的沟通，更缺少社区居民之间的沟通。此外，社区居民之间也缺少公共话题，社区居民之间零散的、碎片化的沟通更多围绕的是个人信息的交流，所涉及的住宅、物业等问题则是居民单独与物业公司、社区居委会的沟通，因此也难以在社区内形成具有公共性的交流。

第五，受到前面四个方面的影响，能够发现在不同发展时期，虽然单位与社区在诸多方面都存在着差异，但也由此形成了不同的庇护机制。单位制下，单位整体结构稳定，内部流出率低并且人口构成同质性强，单位成员长时间共同生产与生活，彼此熟悉，相互信任，在不断的沟通交流过程中，具有共同的理解与认同，形成单位共同体。单位职工对单位的认同，以及单位成员相互之间的认同是单位庇护得以形成的原因。社区的作用在市场化转型过程中，越来越多地被提及，这也意味着社区的形成、建设与单位共同体的形成、建设在制度环境上具有较大的差异。受住房市场化改革的影响，个体以及家庭主要通过市场购买住房的方式进入社区，因此社区整体的流入与流出的频率较强，这也导致了社区内的人口构成不稳定，且异质性较强。整体而言，随着生活节奏的加快，社区居民之间交流不多，究其原因一是社区内居民彼此之间的沟通渠道少；二是居民对公共事务的参与积极性不高，没有公共话题，彼此间的交流以个人信息为主。

在此背景下，社区无法形成组织化的庇护机制，而是以个体化的庇护机制为主，社区在这一庇护机制形成过程所起的作用主要是作为参照群体，使个体通过对社区其他成员的观察，判断自身所处的地位，并由此判断自身的抗风险能力。

表4-1　单位组织化庇护与社区个体化庇护形成过程比较

城市空间单元	进入方式	空间构成	成员关系	互动渠道	庇护机制
单位	国家分配	同质性强，流动性弱	相对熟悉	内部多组织化互动渠道，具有公共话题，成员间形成紧密联系	组织认同
社区	个体通过市场选择	异质性强，流动性强	局部熟悉，整体陌生	多为个体互动渠道，个人信息交流为主，个体间形成比较	个体定位

第二节　社区消费水平对个体安全风险感知的影响

在社区对其成员个体化庇护机制之下，个体所居住社区的消费水平越高，对自身的阶层定位越高，对安全风险的感知越弱。研究者认为，从我国的风险环境出发，不同于乌尔里希·贝克对现代性风险不依据地域、阶层分配而具有普遍性、无规律性的分布特征，[①]我国当前的安全风险分配依旧遵循财富分配的逻辑，因此，个体对安全风险的判断以其对自身的阶层定位为依据。本节将阐释在市场化改革过程中，个体如何对自身的阶层状况进行定位，以及如何通过阶层定位判断其所面临的安全风险。

一、住房市场化改革背景下个体的安全风险感知

现代化与市场化发展带来生存环境的改变，潜在风险增多，安全问

---

① 〔德〕乌尔里希·贝克.风险社会［M］.何博闻，译.南京：译林出版社，2004.

题成为当前重要也是棘手的问题之一。王俊秀在研究中提到"安全是相对的，不安全是绝对的"①，安全风险始终存在于各个发展时期，社会只能给其成员有限的安全感。这使得安全风险从一个描述社会状况的客观问题，逐渐转变为主观上对安全风险感知的问题。转变的原因在于，人们意识到无法构建一个没有安全风险的环境，但却可以营造一个充满安全感的社会。转型时期，基层社会的组织形式从单位制下"街居制"和"家属大院制"转变为"社区制"，张翼（2020）认为"单位办社会"转型为"居委会办社会"。②转型过程中，研究者关注到社区作为基层治理单元对安全风险抵御的重要作用。唐庆鹏和文军指出，在面对各类风险时，社区韧性以及社区治理的核心作用逐渐凸显。③-④但相对而言，既往研究忽略了基层社会治理、社区参与等所受到的情境限制。从单位到社区，意味着基层社会治理、社区参与前提的转换，城市居住空间的变迁也反映了转型时期多重制度变革背景下，个体主客阶层定位过程的改变。

自住房市场化改革以来，住房从社会福利转变为能够自由流通的商品，城市内居民的聚集空间也从同质性较强的单位大院演变为贫富有别、空间分异的社区。单位制时期，城市布局展现了生产性城市的发展定位，柴彦威提出"与居民生活密切相关的居住等生活设施依据居住接近原则，跟随生产功能的布局而分布"⑤。城市内不同单位间形成居住

---

① 王俊秀. 面对风险：公众安全感研究［J］. 社会，2008，28（4）：206-221.

② 张翼. 全面建成小康社会视野下的社区转型与社区治理效能改进［J］. 社会学研究，2020，35（6）：1-19.

③ 唐庆鹏. 风险共处与治理下移——国外弹性社区研究及其对我国的启示［J］. 国外社会科学，2015（2）：81-87.

④ 文军. 直面新冠肺炎：风险社会的社区治理及其疫情防控［J］. 杭州师范大学学报（社会科学版），2020，42（2）：3-11.

⑤ 柴彦威. 中国城市的单位透视［M］. 南京：东南大学出版社，2016.

空间的区隔与社会阶层的分化。转型时期历经单位制解体与住房市场化发展，城市居住空间划分从单位向社区转变。徐晓军认为在对单位社区与自然社区逐渐的分层过滤中，作为市场选择的结果，城市社区呈现阶层化的发展趋势。① 此外，市场化改革过程中，物质刺激构成劳动激励的一部分，消费水平由阶层地位决定，消费本身也是塑造与构建阶层地位的过程。社区消费水平作为集体消费的一种形式，成为一个符号意义上的身份象征。因此，转型期社区间消费水平的差异从整体上映射了分层动力的转变。对体制内成员而言，从单位到社区生活环境的改变意味着阶层定位过程中参照群体与指标的扩展与变换。

根据现代化发展的路径，乌尔里希·贝克将风险划分为三种类型：前工业时期的自然风险、工业社会时期的生产与发展风险以及后工业化时期的现代性风险。乌尔里希·贝克认为现代性风险作为当前的主导风险，在形成巨大安全威胁的同时，具有分配的普遍性与判断的困难性。② 研究者对这样的风险分类与风险特征在我国的适用性进行了广泛的探讨，认为当前我国处于多重发展阶段并存的快速转型时期，不同领域以及不同形态的安全风险可能会相互渗透。③ 具体而言，安全风险的来源具有复合性，风险的分配与判断主要受阶层地位的影响，但对于具体阶层地位如何影响个体的安全风险感知，不同研究者的实证研究结果支持了阶层地位对安全风险感知正向还是负向影响，相反的结论在已往的研究都有证明。王俊秀和景军通过实证研究证实，社会阶层越高，

---

① 徐晓军.论我国社区的阶层化趋势［J］.社会科学，2000（2）：52–55.
② ［德］乌尔里希·贝克.风险社会［M］.何博闻，译.南京：译林出版社，2004.
③ 刘岩，赵延东.转型社会下的多重复合性风险——三城市公众风险感知状况的调查分析［J］.社会，2011，31（4）：175–194.

个体越容易获得安全感。[①-②]而王甫勤则认为阶层地位越高风险认知越强。[③]笔者认为，之所以会出现这样相互矛盾的情况，主要与以下两点有关：一是不同研究者对阶层地位的操作化不同，以及对职业地位、收入水平、居住条件、地区的测量方式不同可能导致研究结论的不一致；二是对客观阶层地位与安全风险感知之间的机制解释仅关注安全风险的客观维度，忽略了主观维度。既往研究主要从客观维度出发，将客观上的阶层地位与风险认知作为阶层地位影响风险感知的机制。但风险具有主客观双重属性，风险文化理论还提出风险并没有增多，而是人们感知到的风险增多了[④]，由此可见，个体主观感知维度的重要性。伍麟从主观维度关注到了个体认同与风险感知间的关系，他认为："具有主体属性的个体同具有客体属性的风险因素之间的联系不是孤立无关的'独白'，而是互为依赖、彼此共存的'对话'"。[⑤]因此，将个体的阶层认同纳入安全风险感知的解释框架中，一方面，能解决测量方式不统一的问题；另一方面，有助于解释不同研究中阶层地位与安全风险感知关系的矛盾。

很长一段时间内，受制度分割的影响，单位对个体阶层的主客观定位具有重要影响。王文彬认为这样的影响进一步造成体制内外群体以及不同单位群体对风险感知的差异。[⑥]高勇提出随着市场化改革的深入发展，国有企业改革与非公有制经济发展的同步推进，阶层划分机制与体

---

① 王俊秀. 面对风险：公众安全感研究［J］. 社会，2008，28（4）：206-221.

② 景军. 泰坦尼克定律：中国艾滋病风险分析［J］. 社会学研究，2006，21（5）：123-150.

③ 王甫勤. 风险社会与当前中国民众的风险认知研究［J］. 上海行政学院学报，2010，11（2）：83-91.

④ 斯科特·拉什. 风险社会与风险文化［M］. 马克思主义与现实，2002（4）：52-63.

⑤ 伍麟. 风险的生活叙事与自我认同［J］. 哲学动态，2016（9）：92-98.

⑥ 王文彬. 当代中国风险社会的体制差异［J］. 学习与探索，2016（5）：23-27.

制内成员的参照群体均发生改变①。由此，下面着重阐述两个问题：在单位制度发生改变的情境下，社区整个消费水平是否影响个体的安全风险感知？社区整体的消费水平通过怎样的机制影响个体对安全风险的感知？

二、社区消费水平与个体安全风险感知

关于个体对安全风险感知的探讨需要明确两个大前提：第一个前提是我国面临风险环境的特殊性。研究者对这一问题进行了多方面的论述，认为当前我国安全风险的来源复杂，但分配规律基本与阶层划分相适应，即社会阶层越高，面临风险越少。②第二个前提是转型期体制内成员面临的庇护环境发生改变。一方面，单位制解体，单位对其成员的庇护方式从全面庇护转变为更具一般意义的收入稳定庇护；另一方面，风险来源的复杂化也意味着单位无力从整体的风险环境中对其成员进行庇护。因此，不同于单位制时期，转型期个体形成新的安全风险感知路径。结合上述两个前提，个体对安全风险的感知路径分为两个步骤：第一步，选择参照群体与指标，然后对自身的阶层状况进行定位；第二步，依据自身的阶层定位，判断面临安全风险的强弱。下面将以市场转型为背景，根据上述两个步骤展开对城市个体的安全风险感知的探讨。

（一）社区消费水平与个体的阶层定位

从结构地位论的视角出发，个体对自身的阶层定位是其客观地位的直接体现。但范晓光和吕鹏的实证研究显示，个体对自身的阶层定位与

---

① 高勇. 地位层级认同为何下移——兼论地位层级认同基础的转变［J］. 社会，2013，33（4）：83-102.

② 肖瑛. 风险社会与中国［J］. 探索与争鸣，2012（4）：46-51.

其客观阶层地位多有不符。[①]为了解释这一悖论，研究者开始关注个体的心理过程，认为参照群体的选择对个体的阶层定位具有重要影响。阶层认同受到所处社会环境的限制，人们通过与参照群体的对比，对自身的阶层地位进行评估。对于如何选择参照群体，费斯汀格提出社会比较理论时强调，在无法用客观标准对自身状况进行评估时，人们会与相似的人进行比较。[②]因此，相似性成为选择参照群体的标准，在这一原则的指导下，研究者通常从地域接近与经济状况相似两个角度界定参照群体。明确参照群体的选择规律后，当前研究中一个较为模糊的环节是参照指标的界定，即在对自身进行阶层定位时，与参照群体比较的内容是什么？参照指标的选择受到社会资源分配方式的影响，但涉及比较的心理过程，参照指标应该更具结果性、符号性的特征。

单位制时期，柴彦威将单位界定为"以生产为核心，封闭性的空间综合体"[③]，生产与生活空间的一体化意味着单位成员在居住空间上较为接近。就经济状况而言，在计划经济体制下，资源由国家通过企事业各个系统分配给单位，单位间分化通常意味着个体经济地位的不同，反之，同一单位的成员则具有经济地位的相似性。因此，单位制时期，个体居住空间统一，经济地位相似，在对自身阶层状况进行定位时，单位内的其他成员自然成为参照群体。这一时期，受计划经济体制的影响，单位的资源由国家赋予，单位再向其成员分配生活所需资源，个体的行政级别是资源获取质量与数量的标志，由此形成直观且易于比较的参照指标。

---

① 范晓光，吕鹏. 中国私营企业主的"盖茨比悖论"——地位认同的变迁及其形成[J]. 社会学研究，2018，33（6）：62-82.

② Festinger L. A theory of social comparison processes [J]. Human Relations，1954，7（2）：117-140.

③ 柴彦威. 中国城市的单位透视 [M]. 南京：东南大学出版社，2016.

随着市场化改革的推进，个体在阶层定位过程中的参照群体发生了变化。刘欣提出"相对剥夺地位"，认为与过去相比，体制内成员处于相对剥夺地位，由此更可能产生社会不公平的判断。[①]张海东和袁博认为，虽然比较指标有所不同，但体制内外的城市居民对阶层认同都受主次劳动力市场分割的影响。[②]这些研究虽然直接或间接地选定了转型期体制内成员在阶层定位时的参照群体，但始终没有划分相对具体的参照群体，主要从宏观视角探讨在转型时期阶层定位方式的转变。这样的方式虽然有其合理性，但也可能由于参照的范围过于广泛，使研究结果产生偏差。埃文斯对"参照群体"进行解释时强调，当人们进行阶层地位比较时，参照的并非是抽象的社会，而是自身熟悉的群体。[③]依据上文所言"相似性"原则，转型时期体制内成员的生活空间从单位向社区转移，表现在一方面，社区内的居民所在的居住空间临近；另一方面，受住房市场化改革的影响，城市社区向阶层化方向发展。吴庆华认为原有社区通过分化、解体、重组使阶层地位相近的人聚合到一起。[④]因此，转型时期社区居民满足地域临近，阶层地位相似的特征，对生活在城市的个体而言是具体且熟悉的参照群体。

同时，在社会分层动力多元化发展过程中，个体在阶层定位时参照的指标也有所变化。"权力持续论"认为，"权力精英"与"技术精英"

① 刘欣. 相对剥夺地位与阶层认知 [J]. 社会学研究，2002，16（1）：81-90.

② 张海东，袁博. 双重二元劳动力市场与城市居民的阶层认同——来自中国特大城市的证据 [J]. 福建师范大学学报（哲学社会科学版），2020（1）：25-37.

③ Evans，M D，Jonathan K，Tamas K. Image of class：public perceptions in hungary and australia [J]. American Sociological Review.1992，57（4）：461-482.

④ 吴庆华. 社区阶层化：后单位社会城市社区变异的必然趋势 [J]. 学术交流，2008（10）：135-137.

都在生活机遇上处于优势地位。[①]从组织视角出发，李路路和秦广强提出，阶级成员位置的指标坐落于工作组织领域的原则现在依然适用。[②]张传勇等和林晓珊等以消费分层的理论为依据，认为住房、消费影响社会分层的实现过程。[③]-[④]社会分层动力的多元化，意味着阶层地位的形成受多方面因素的影响。阶层定位参照指标的选择是阶层划分动力在个体主观心态上的映射，但为了实现更直观的比较，参照指标的选择应更具有结果性与普遍性以便于比较和定位。高勇以"参照系"诠释阶层定位过程中比较指标的改变，提出转型时期阶层定位的参照系发生了重要转变，阶层认同基础从对单位的归属感，转变为对市场要素的占有。[⑤]当以社区居民为参照群体，相比于市场要素占有，社区居民的消费水平作为一种文化符号与身份区隔能够进行更直观的被识别与比较，由此更容易成为阶层定位过程中的参照指标。

默顿在揭示隶属同一群体如何进行参照时，强调应从三方面关注比较过程：第一，个体与所隶属群体的互动情况与熟悉程度；第二，新成员是否具有加入这一群体的动机；第三，新成员与老成员之间是否存在双向同化。[⑥]结合默顿对比较过程的论述与转型时期个体的阶层定位的参照群体选择，本研究有三点发现：首先，社区居民在生活空间上临

---

① Bian Y J, Logan J. Market transition and the persistence of power: The changing stratification system in urban China [J]. American Sociology Review, 1996, 61（5）: 739–758.

② 李路路，秦广强. 当代中国的阶层结构分析 [M].中国人民大学出版社，2016.

③ 张传勇，罗峰，黄芝兰. 住房属性嬗变与城市居民阶层认同——基于消费分层的研究视域 [J].社会学研究，2020，35（4）: 104–127.

④ 林晓珊，张翼. 制度变迁与消费分层：消费不平等的一个分析视角 [J].兰州大学学报（社会科学版），2014，42（1）: 8–15.

⑤ 高勇. 地位层级认同为何下移——兼论地位层级认同基础的转变 [J]. 社会，2013，33（4）: 83–102.

⑥〔美〕罗伯特·K. 默顿. 社会理论和社会结构 [M].唐少杰，齐心，等译. 南京：译林出版社，2006.

近，相对而言，彼此之间较为熟悉。但不可否认的是，近年来人们普遍认为城市化过程中尤其是在生活节奏加快的大城市，邻里间熟悉程度与互动频率都有所下降。从阶层定位的视角出发，近年来研究者开始关注消费分层的作用，[①]其中，桑德斯提出"消费部门分割"理论，他认为，由于消费分层的差异和消费资源归属权的不同，不同消费利益集团间出现生活方式乃至政治倾向上的区别。[②]在社区居民之间缺乏互动与交流的情况下，汽车品牌、衣着品位等作为消费的显性指标，使个体能够判断社区整体的平均消费水平，并据此对其自身进行阶层定位。其次，城市居住空间从单位大院迁移到社区，在逐渐形成社区间异质性的过程中，出现两种迁移方向：一种是过去居住在单位社区的居民向外迁出，其中体制内成员又涉及两种迁出情况，即向更高档社区的迁出还是向更低档社区的迁出；另一种是其他居民向单位社区迁入，这种情况下体制内成员仍居住在原来的社区，但单位社区内不断有城市内的其他居民迁入。这样的居住状况从整体上改变了过去单位制时期城市内各个单位社区相对封闭的状况，一方面，过去的单位社区解除封闭性，在原有空间内形成异质性更强、更陌生的居住空间；另一方面，从单位成员的角度出发，一个单位内的成员也解除了生活上的高度联结，能够对自己的居住空间进行选择。因此，城市内由单位进行划分的空间结构被打散，原来的单位社区与新形成的商品社区都在制度变迁中转化为相对陌生的居住环境，但又在空间上塑造了以社区为单元的共同体。在此背景下，社区内彼此陌生的群体通过消费状况观察彼此，并将情况汇总，以

① 张传勇，罗峰，黄芝兰. 住房属性嬗变与城市居民阶层认同——基于消费分层的研究视域 [J]. 社会学研究，2020，35（4）：104-127.

② Saunders P. Beyond housing classes the sociological significance of private property rights in means of consumption [J]. International Journal of Urban and Regional Research.1984，8（2）：202-227.

社区的整体消费状况对自身的阶层状况进行定位。

（二）阶层定位与个体安全风险感知

风险具有主客观双重属性，因此个体对安全风险的感知既受客观风险分配的影响，也受个体对风险判断的影响。研究者普遍从这两个角度出发，探讨个体安全风险感知机制。通过对乌尔里希·贝克论述的现代性风险与我国所面临的复合性风险的比对，发现研究者对我国风险特征的认知着重于风险分配与个体判断两个角度，但对风险分配与个体判断间的关联却鲜有论述，这就导致对风险感知的研究分裂为风险分配的客观视角与风险感知的主观视角，二者之间缺少联系与统一。因此，本节介绍了从对现代性风险与我国复合性风险的比对中，寻找整体风险分配与个体风险判断间的关联。

乌尔里希·贝克认为伴随现代性的自反性，风险社会代替了阶级社会，且这一时期的现代性风险呈现新的特征。[1]从风险分配角度而言，现代性风险的分配具有普遍性。首先，现代性风险发生的范围具有全球化的内在倾向。其次，现代性风险分配的规则具有平等性，"风险在其范围内以及它所影响的那些人中间，表现为平等的影响"[2]。再次，风险在扩散的过程中会展示出社会性的"飞去来器效应"。在传统环境中，风险与获益通常相伴发生，但在风险社会中，现代性风险在扩散过程中很可能对制造风险的中心反戈一击，即现代化动力自身也被卷入到其释放的风险之中。[3]总体而言，现代性风险影响范围广泛且在影响范围内平等分配风险，其实质是风险发生的无规律性。因此，乌尔里希·贝克认为，现代性风险具有不可见以及不可感知性，并且在对风险的判断

---

① 〔德〕乌尔里希·贝克.风险社会［M］.何博闻，译.南京：译林出版社，2004.

② 〔德〕乌尔里希·贝克.风险社会［M］.何博闻，译.南京：译林出版社，2004.

③ 〔德〕乌尔里希·贝克.风险社会［M］.何博闻，译.南京：译林出版社，2004.

过程中，科学家与普通民众之间分裂出科学理性与社会理性。①科学理性以严谨论证的因果解释为基础，以概率以及可接受水平界定风险的大小。社会理性则以社会期望与价值判断为基础，将安全需求置于发展需求之前，对风险的判断更加关注风险是否会造成不可挽回的伤害与损失。从乌尔里希·贝克对现代性风险的论述中能够发现风险分配与风险判断的内在关联，因为现代性风险整体分配具有平等性以及发生的无规律，所以，就个体而言，通常对看不见、摸不着的风险无从感知，对现代性风险的判断需要科学理性与社会理性共同发挥作用。

　　不同于乌尔里希·贝克所言的现代性，刘岩和赵延东认为，我国当前所面临的风险具有复合性特征。②我国的现代化发展时间短、速度快，但也导致转型过程中风险的集中呈现。乌尔里希·贝克也承认当历史与现实、传统与现代等多重因素交织在一起时，我国城市内部发展失衡，城乡差距持续扩大，使城市发展面临整体性风险，且主要表现为安全风险③。虽然，我国安全风险的来源具有复合性特征，但是就分配规律而言，仍与财富分配逻辑相适应。王俊秀从马斯洛需求层次理论出发，提出风险分配地位决定了安全感的获得，个体的经济地位越高，所面临的风险越少。④郑永年和黄彦杰则从组织的视角探讨风险的分配规则，认为"中央财政和央企集中了经济和财政权力，负担最小的短期风险；地方政府和国有企业的权力其次，但面临风险更大；民营企业只剩下进入部分市场的权力，却要以高利率的形式分担最多的风险"⑤，这

---

① 〔德〕乌尔里希·贝克.风险社会 [M].何博闻，译.南京：译林出版社，2004.

② 刘岩，赵延东.转型社会下的多重复合性风险——三城市公众风险感知状况的调查分析 [J].社会，2011，31（4）：175-194.

③ 薛晓源，刘国良.全球风险世界：现在与未来——德国著名社会学家、风险社会理论创始人乌尔里希·贝克教授访谈录 [J].马克思主义与现实，2005（1）：44-55.

④ 王俊秀.面对风险：公众安全感研究 [J].社会，2008，18（4）：206-221.

⑤ 郑永年，黄彦杰.风险时代的中国社会 [J].文化纵横，2012（5）：50-56.

就意味着处于不同所有制体制的个体面临差异性的风险分配。不同于现代性风险分配的平等与发生的无规律，我国面临的复合性安全风险分配具有明确的分配逻辑，且这样的分配逻辑是能够被了解与感知的。个体对安全风险的感知经历了先定位自身阶层，再判断风险大小的过程。因此，相比于客观的阶层地位，从个体的主观阶层定位出发，预测其对安全风险的感知应该更为准确。由此，本节提出个体安全风险感知的社区消费感知路径假设：

假设4-1：社区平均消费水平越高，个体对安全风险的感知越弱。

假设4-2：社区平均消费水平越高，个体对自身的阶层定位越高。

假设4-3：个体对自身的阶层定位越高，其对安全风险的感知就越弱。

三、数据及分析结果

（一）使用的数据

本节选取了西安交通大学组织的"社会网络与职业经历"（JSNET）问卷调查2014年的数据，调查样本涵盖了长春、广州、济南、兰州、上海、天津、厦门和西安八城市，采用多阶段系统随机抽样的方式，每市的抽样分区、街道、居委（社区）进行，每个抽样中的社区随机调查20户，满足多层次分析所需的条件。调查对象为18—69岁有过非农职业经历的居民。总样本为5 476个。

（二）使用的变量

1. 因变量

因变量包括两类，一是体制内成员的安全风险感知。"社会网络与职业经历"问卷分别设置财产安全、人身安全与隐私安全三个问题询问了被访者对安全风险的感知情况，每个问题都有"极不安全""不太安全""比较安全""非常安全"4个选项，本节分别赋值为4、3、2、1。这三个问题的KMO系数是0.635 3，适合做因子分析，具体过程见表4-2。

结果获取一个因子，将其作为对安全风险感知情况的测量。二是体制内成员对自身的阶层定位。采用问卷的方式请被访者对自身所处阶层地位进行评价，将10个阶层从高到低分别赋值为10、9、8、7、6、5、4、3、2、1。

表4-2　安全风险感知测量及因子分析

因子分析结果	因子负载系数
财产安全	0.844 1
人身安全	0.840 3
隐私安全	0.695 4
KMO值	0.635 3

2.自变量

本节的自变量是社区平均消费水平。既有研究对社区层次变量的测量主要分为对社区内差异性的测量与社区间情况的比较。对社区内差异性的测量主要用社区内个体层面变量的标准差表示。对社区间情况的比较则经常使用个体层面变量的平均值来表示一个社区的状况，例如，蔡禾和王甫勤等对社区间异质性的测量主要考察了社区内个体受教育程度、职业地位和收入水平的平均值，平均值越大，则意味着该社区整体的阶层地位越高。[①-②]本节关注社区间的比较，由此对社区层次变量测量也选择采用平均值的方式，而之所以选择社区的消费水平而不选择教育程度、职业地位以及收入水平等指标，原因是本节关注在转型背景下，社区居民成为个体在进行阶层定位时的参照群体。考察这一过程的

① 蔡禾，张蕴洁. 城市社区异质性与社区整合——基于2014年中国劳动力动态调查的分析 [J]. 社会科学战线，2017（3）：182-193.
② 王甫勤. 社区异质性与中国民众村居委选举参与研究 [J]. 同济大学学报（社会科学版），2016，27（3）：60-69.

前提是个体熟悉其所处群体，相比于教育程度、职业地位以及收入水平这些通过交往与交谈才能知晓的情况，消费状况是很容易通过观察获取的信息。相比于教育程度、职业地位以及收入水平，个体更可能对社区整体的消费水平较为了解。因此，以社区为单位，取社区内每个被访家庭上一年消费总额的平均值，以此反映社区消费水平。

3. 控制变量

为了更好地厘清社区消费水平、阶层定位以及安全风险感知三者间的关系，控制了其他可能对个体安全风险感知产生影响的变量，具体包括户口性质、性别、年龄、年龄平方、教育程度、婚姻状况、是否具有房屋产权、职业、家庭消费以及社交软件使用频率，详细情况见表4-3。

表4-3　主要变量的描述统计信息

变量	均值或百分比	标准差	变量	均值或百分比	标准差
安全风险感知	0.485	0.002	教育程度	12.652	0.047
阶层定位	3.972	0.023	处于婚姻状态/总样本	71.51%	—
社区消费水平（万）	8.117	0.003	有房屋产权个体/总样本	70.94%	—
样本中本地户口/总样本	80.35%	—	职业	44.840	0.196
男性/总样本	47.17%	—	家庭消费（万）	8.114	0.009
年龄	43.51	0.185	社交软件使用频率	2.973	0.020
年龄平方/100	20.81	0.165			

（三）分析方法

本节的统计分析包括两部分：一是由于社区消费水平是社区层次变量，通过多层次回归模型考察处于不同消费水平的个体对安全风险感知是否具有差异；二是本节还希望验证社区消费水平是否通过阶层定位影响个体对安全风险的感知。为此，逐步对阶层定位的中介效应进行分解，考察社区消费水平对个体风险感知的直接效应和间接效应的相对大小。

（四）分析结果

表4-4中，模型1给出了居住于不消费水平社区的个体安全风险感知上的差异。结果显示，在控制了其他变量的情况下，社区消费水平对安全风险感知产生了十分显著的影响（$P<0.01$），多层次模型中社区消费水平的回归系数为-0.053 8，即个体居住社区的消费水平越高，其对安全风险感知的程度越弱，假设4-1得到验证。为了揭示社区消费水平影响安全风险感知的具体机制，模型2在模型1的基础上加入个体对自身的阶层定位，结果显示，在加入阶层定位变量后，社区消费水平对安全风险感知的影响依然十分显著（$P<0.01$），但影响效应有所减小。此外，个体对自身的阶层定位会十分显著（$P<0.01$）地影响其对安全风险的感知，多层次模型中阶层定位的回归系数为-0.012 8。即个体对自身的阶层定位越高，其对安全风险的感知越弱，假设4-3得到验证。模型3将中介变量阶层定位作为因变量进行回归分析，结果显示，在控制了其他变量的情况下，社区消费水平会十分显著（$P<0.01$）地影响个体对自身的阶层定位，在多层次模型中社区消费水平的回归系数为0.765，即个体所居住社区的消费水平越高，其对自身的阶层定位越高，假设4-2成立。

表4-4　个体安全风险感知多层次回归分析表

变量	模型1	模型2	模型3
	安全风险感知	安全风险感知	阶层定位
控制变量①	0.010 7	0.013 2*	0.138**
社区消费水平	−0.053 8***	−0.037 8***	0.765***
	（0.014 7）	（0.014 6）	（0.141）
阶层定位		−0.012 8***	
		（0.001 47）	
常数项	0.874***	0.754***	−5.494***
	（0.118）	（0.117）	（1.141）
观察值	4，933	4，877	4，962
样本分组	174	174	174

注：括号内数据表示标准误，*** 表示$P<0.01$，** 表示$P<0.05$，*表示$P<0.1$。

　　以单位制为背景，对安全风险感知的研究通常聚焦于体制内外群体的对比，研究普遍认为个体在单位的庇护下，不仅具有风险分配上的优势，单位给予其的归属感也能弱化其对风险的判断。本节介绍了转型时期，在单位庇护逐步削减，社会分层机制变迁，社会治理单元向社区转变的情况下，个体如何对安全风险进行感知。基于2014年"社会网络与职业经历"的调查数据，笔者分析了社区消费水平对安全风险感知的影响。分析结果显示，转型时期，社区作为个体主要的生活环境，其整体的消费水平会显著影响个体对安全风险的感知。居住在消费水平更高的社区，个体对安全风险的感知较弱。相较于既有对社区治理、社区参与对风险感知与控制的研究，笔者的研究从社区构成的角度拓展了这一领

---

　　① 控制变量包括户口类型、性别、年龄、年龄平方/100、教育程度、婚姻状况、是否有房屋产权、职业地位、家庭消费、网络使用情况。

域的研究范围。

为了进一步明晰社区消费水平对安全风险感知的内在影响机制，本节引入个体对自身的阶层定位作为中介变量，梳理了社区消费水平、个体对自身的阶层定位与安全风险感知之间的关系。在社区消费水平对安全风险感知的影响路径中，个体对自身的阶层定位起着部分中介的作用。即社区消费水平对个体的安全风险感知具有直接作用。同时，转型期社区内所形成的参照群体，影响个体对自身的阶层定位，强化了社区消费水平对安全风险感知的作用。

遵循风险感知研究的主客观维度，本节介绍在市场转型的背景下，个体对安全风险感知的过程，并以市场转型从微观与宏观角度所导致的变迁作为分析框架。研究的实证结果也表明，市场转型从个体参照选择与整体风险特征两方面对安全风险感知产生影响。首先，单位制式微背景下，单位对其成员的庇护方式从特殊向普遍流转，即单位福利、单位归属等不同于体制外的庇护有所弱化，与市场化发展一致的工资报酬体系在转型时期的庇护作用愈加明显。从这一角度出发，风险环境中体制内外的壁垒被打通，也为社区内参照群体的形成提供了前提。此外，市场化的持续推进也导致个体对阶层定位参照指标的改变。蔡禾和何艳玲认为市场环境中人们通过财产展示将抽象的自我具象化，消费为阶层定位提供了一种符号系统的意义，使消费的商品与社会阶层相连。[①]参照群体与指标的改变在本节中集中体现为居住在不同消费水平社区所导致的阶层定位差异。其次，市场转型亦对我国整体的安全风险产生影响。传统风险环境在改革开放的过程中受到市场化与全球化的影响形成复合性特征，表现为传统风险、转型风险以及现代风险的相互交错与渗透。

---

① 蔡禾，何艳玲. 集体消费与社会不平等——对当代资本主义都市社会的一种分析视角［J］. 学术研究，2004（1）：56-64.

现代风险拓宽了安全风险发生的范围与领域，单位无法再对其成员进行全面庇护；转型风险则意味着从计划经济体制到市场经济体制转变过程中，个体生活的整体不确定性增强，市场化对原有社会结构的冲击，形成监管滞后于发展的空隙，产生更多人为风险的同时也使安全风险的分配与转移更加依附于财富分配逻辑。并且，这一逻辑匹配关系能够为个体所感知，个体对安全风险的判断以其对自身的阶层定位为前提。

综上所述，本节廓清了风险主客观属性间的关系，认为安全风险存在与感知的匹配关键在于风险分配逻辑是否能为普通个体所认知。当个体清楚风险整体的分配逻辑，将自身的状况代入这一逻辑，就可对其所面临的风险进行判断。但当个体无法认知整体风险分配逻辑时，如乌尔里希·贝克所言，则可能产生科学理性与社会理性的背离及风险的不可感知或是普遍的恐慌。市场转型并没有直接破坏我国整体的风险分配规律，风险分配逻辑与财富分配逻辑相匹配。市场化改革对安全风险感知的影响集中于个体对自身状况的定位过程。单位壁垒的松动与市场范围的延伸，使个体对自身状况的认知不再局限于体制内外，参照的群体与指标都在转型过程中得到扩展与重塑，在转变个体对自身的阶层定位时，进一步影响个体对安全风险的感知。

回到社区消费水平与安全感知问题本身，在社会治理单元从单位向社区过渡的背景下，本节所介绍的研究对于社区治理问题的理解具有一定的现实启示意义：一是住房市场化的发展使房屋同时具有了消费属性与投资属性，以住房构成的社区形成了文化符号的象征意义，产生了新的不平等。因此，住房政策的制定不仅要考虑居住条件的改善，还要缩小城市社区间差异，平衡城市不同社区间的公共服务供给，让社会成员在转型时期更具获得感与归属感亦应是住房政策改革应有之义。二是社区居民的社区参与及互动的匮乏意味着获取其他参照指标的困难，使更为直观的消费水平成为社区居民对风险环境以及自身定位的参照指标，但各种现代安全风险的频发，预示现代安全风险对我国风险环境的影响正在逐步加强，当前明晰的风险分配逻辑将会逐渐模糊，以社区为单位的整合将在未来的安全风险应对中发挥重要作用。因此，在当前环境中鼓励社区参与，释放社区活力，以更多元化的指标助推个体在城市社区中安全感与归属感的形成，能为未来更多现代安全风险的发生做好应对准备。

第三节　社区韧性与城市安全风险治理

整体而言，我国当前面临较为复杂的风险环境，从现代性理论对风险的分类维度出发，个体与社会既受传统风险的影响，也受现代安全风险的威胁。同时，转型时期所出现的各类社会风险也不容忽视，各类纷繁复杂的风险类型交织构成我国整体的风险环境。就庇护角度而言，单位制解体后，社区代替单位成为城市社会治理的基本单元，并对个体进行庇护。受市场化制度的影响，当前社区对个体的庇护主要呈现出个体化的庇护方式，但这样的庇护方式所能对抗的风险有限。从社区市场化的形成过程来看，越高档的社区通常越具有更封闭的居住环境以及更完善的公共服务，这样的庇护措施能从风险隔离以及风险兜底的角度对个体提供庇护，这样的庇护方式对传统风险产生一定的作用。但对于现代安全风险而言，研究者认为更具韧性的社区才能在风险中对个体进行庇护。因此，风险环境下，应当从居住共同体的角度出发，着力提升社区韧性，以此在风险发生过程中以及风险发生后对个体进行庇护。

一、当前城市安全风险的形成

对于安全风险，不同研究者提出了不同的分类与定义。尼克拉斯·卢曼认为，风险是由技术及其决策的累积效应引发的，是由于计划的复杂性所新产生的不确定性。[①]这一对风险的概念界定强调不确定性与不安全性。同样强调风险不确定性特性的还有经济学家奈特，他认为，如果一个经济代理人面对的随机状态可以用某种具体的概率值表示，那么这种随机状态就称为风险；[②]如果一个经济代理人面对的随机状态不能够以某种实际的概率值表述出可能产生的结果，这种随机状态则称为不确定性。英国皇家学会在1992年提出风险感知的经典定义，把风险感知定义为涉及"人们对危险和收益的信念、态度、判断和情绪，以及更广泛意义上的文化和社会倾向。"[③]乌尔里希·贝克（204）则认为，风险的概念直接与反思性现代化的概念相关。[④]风险可以被界定为系统地处理现代化引起的危险和不安全感的方式。

除了对风险具有不同的定义之外，研究者还对安全风险的类型进行了划分，主要有个人安全、经济安全、社会安全、政治安全以及环境安全等。[⑤]其中，个人安全主要是指个体是否能够保持健康，获得充足的食物，以及处于安全的生活环境中。经济安全主要是指个体在工作安全、个人财产权利、土地使用以及个人投资等方面是否受到应有的保护。社会安全是指能否获得所需要的公共服务。政治安全是指国家安全、政治组织合法性能否得到保护以及公共秩序是否得以维护。环境安全则主要是指人与环境是否和谐、可持续发展。乌尔里希·贝克关注现

---

① 〔德〕尼克拉斯·卢曼. 风险社会学［M］. 孙一洲，译. 南宁：广西人民出版社，2020.

② Knight F H. Risk，uncertainty and profit［M］. Lowa City: Houghton Mifflin Company，1921.

③ 伍麟，张璇. 风险感知研究中的心理测量范式［J］. 南京师大学报（社会科学版），2012（2）：95–102.

④ 〔德〕乌尔里希·贝克. 风险社会［M］. 何博闻，译. 南京：译林出版社，2004.

⑤ Vail J. Insecure times: conceptualizing insecurity and security［M］. New York：Routledge，1999.

代性发展过程中风险类型所发生的变化，并将风险分为传统风险与现代风险。[①]其中传统风险以自然风险为主，例如，地震、洪水、暴风等自然灾害；现代风险则主要指由人为原因造成的风险，例如，交通安全、食品安全、环境污染等。传统风险与现代风险的差别还体现在时空性上。传统风险受时空约束，特别是受空间约束。而现代风险与传统风险的最大区别就是突破时空约束，在各种媒介的作用下，风险的影响在时间上更加久远和潜伏，在空间上更加广阔和弥散。

此外，安东尼·吉登斯提出本体性安全的概念，他认为，在传统社会（前现代社会），本体性安全来源于四种信任类型：亲缘、地缘、宗教和传统。而在现代社会中，这四种信任类型或是发生阻断，或是失去重要性。因此，在现代社会中人们具有更多的不安全感。[②]从安东尼·吉登斯的阐述中能够发现，相比于将安全风险视为一种客观危险，安东尼·吉登斯强调在现代社会中人们对危险的感知与预期，即危险只有经过个体的主观判断才会成为风险。因此，现代社会中个体如何判断风险也越来越受到研究者的重视。

除了对风险的定义与分类外，研究者对我国所面临的主要风险也做进行了多方面的探讨。在诸多观点中，对于我国城市风险具有较强的复杂性这一观点，研究者已基本达成共识。对于我国风险的复杂性来源，主要有两种看法：

第一种看法，从现代性发展的视角出发，一方面，我国还处于高速发展阶段，面临的风险主要还是源于资源分配不平等问题；另一方面，在全球化的发展趋势下，又不得不承担西方国家生产、制造的现代性风险。在我国的发展过程中既面临传统社会的风险、工业社会的风险和后

---

① 〔德〕乌尔里希·贝克.风险社会［M］.何博闻，译.南京：译林出版社，2004.
② 〔英〕安东尼·吉登斯.现代性的后果［M］.田禾，译.南京：译林出版社，2011.

工业社会的风险，还面临传统社会、工业社会以及后工业社会互动带来的风险。如前文所言，风险既具有客观属性还具有主观属性，因此，风险种类增多，不仅意味着客观风险的增加，而且生活环境的变化还会导致人们对风险认知能力的增强。因此，在这样"压缩的现代性"下，城市发展过程面临复杂的风险环境。胡鞍钢和王磊认为，我国风险环境"整体表现为多种类风险共生共存，既包括传统类型的风险，例如，传染病、自然灾害等依然对人民生活和社会安全构成威胁，也包括在工业化、城镇化、现代化进程中，不断涌现和加剧的诸如失业、贫富分化、生产事故、劳资冲突和刑事犯罪等风险因素。"[1]在局部意义上，后工业社会或后现代化时期新型社会风险也逐渐显现出来。脱离了对我国社会发展环境与发展阶段的认识，就难以对我国当前的城市安全风险进行深入的认识与准确的把握。

第二种看法，从转型、风险社会的视角出发，刘岩和张金荣等认为，我国风险的复杂性来源于"转型社会"与"风险社会"的叠加。[2]他们认为，当前我国城市中的安全风险主要源于社会的转型。这里转型的含义既包括乌尔里希·贝克在风险社会中所强调的现代性的不同发展阶段，也包括我国所经历的经济制度改革以及社会转型的变化，并且二者相融合共同导致了城市安全风险的复杂性。以城市为载体，从转型社会的视角出发，城市安全风险主要可以分为三类：第一类是指转型过程中所产生的不稳定性，城市承载了经济发展与社会生活，当面临全球化发展、市场经济改革以及其所导致的资源分配机制改变与生活秩序重建时，转型过程中所产生的不确定性集中在城市中体现。第二类是指城市

① 胡鞍钢，王磊. 社会转型风险的衡量方法与经验研究（1993—2004年）［J］. 管理世界，2006（6）：46-54.

② 刘岩，张金荣. 风险社会公众面对环境风险的行动选择与应对［J］. 社会科学战线，2015（10）：184-192.

化进程中所产生的风险，市场化改革在推进城市化发展的同时，也大大增强了区域之间、城市之间以及城乡之间的流动，由此生成了城市发展、扩张过程中所特有的风险。当城市人口越来越多，经济聚集度大，人口、生产资料、公共资源在一定时空范围内急剧压缩，一方面，会增强风险发生概率，在这样的情境中风险的突发性、蔓延性以及难以预测特征明显，一旦风险发生造成的破坏力巨大；另一方面，受人口密集、空间压缩的影响，城市风险的预防、控制以及恢复的难度大。第三类是指在城市空间内可能发生的其他风险，例如，传染病、生产事故以及其他会威胁公共安全的灾害与风险。

如果安全风险是在社会转型程中所形成的，那么更深层次的原因在于系统要素的不平衡、不兼容以及不匹配所造成的，其具体的表现形式可能是自然灾害的不当处理所造成的二次伤害，也可能是城市内部其他生产、生活风险的出现。城市的安全风险在城市场域内生成与扩散，城市的制度与治理是对这种不确定性的回应。制度的无效与失灵本身亦会造成风险，从这一角度出发，不同时期的制度与治理模式将对城市风险的生成与应对产生不同的影响，也可能对城市内不同群体产生差异性影响。

二、社区在风险治理中的作用

现代社会，随着科技的发展，社会成员的角色也在不断发生变化，即从"家族人"向"单位人"再到"社区人"进行转变。虽然社区的功能日益完善，但出现的问题也不能忽视，社区居民对社区安全的需求成为首要问题，这对社区安全治理工作形成了巨大的挑战。在拉丁语中"社区"意为"关系密切的伙伴和共同体"。而在当今学界，较为认可的是斐迪南·滕尼斯在代表作《共同体与社会》中所提到的社区概念。斐迪南·滕尼斯认为，社区的核心理念在于体现一种"共同体的价值取向"，强调的是人与人之间相互依赖、休戚与共的社会关系和社区情感，具有共同的风俗习惯和价值伦理，"社区"不只是具有短暂性的、表面的共同生活，而是具有持久性的、真实的共同生活。①因此，社区人对社区安全提出了更高的要求。

我国学者将现代治理体系分为两种传统：一种是按照血缘和地缘所划分的风俗与伦理习惯为主要治理方式的"大传统"；另一种是以集体化生产和再分配为基础的和以单位制为治理方式的"小传统"。在社会转型中，无论哪种传统都使现代城市社会安全治理逐渐丧失实践应用的现实基础。目前社区安全治理工作依附地方性治理资源，关切现代社区转型的安全运行机制还未构建起来，所以，社区治安问题陷入困境。由于安全保障、社区环境、配套设施、医疗卫生以及社区纠错功能都存在明显问题，社区犯罪率上升、社区矛盾不断发生。从表面上看，社区中车辆乱停、违建以及垃圾胡乱堆放；从行为上看，社区周边闲散人员以及在公共场合出现的打架斗殴等，都成为现代社区安全隐患的重要标志。

社区安全治理工作需要多方共同有效运行才能发挥作用。笔者通过理论梳理和实践研究，认为社区安全治理工作具有以下三个特征：一是基础性。社区安全治理不等同于社区治理，区别在于社区安全治理更加重视社区居民的生命财产安全，并在社区治理体系中处于基础地位，具有团结社区居民、调解居民矛盾和维护社区秩序等基础职能，不仅能够预防和打击违法犯罪活动，更能够维护与稳定社会安全。二是社会性。社区安全治理工作项目多且任务重，只依靠社区自身力量无法完成全部的社区安全治理工作，这就需要调动广大社区成员的积极性，才能及时

---

① 〔德〕斐迪南·滕尼斯. 共同体与社会纯粹社会学的基本概念［M］. 林荣远，译. 北京：北京大学出版社，2010.

有效地控制社区失范行为，全面完成社区安全治理工作。三是服务性。社会作为居住共同体，其安全生活环境的形成需要多个主体的共同努力。对于社区安全生活环境进行塑造的主体既包括物业公司、社会居委会以及社区内的社会组织，还包括居住在社会中的每一位居民。除了多元主体外，安全生活环境的形成少不了多元主体间的合作，共同的目标是多元主体合作的前提，只有各个主体都具有服务意识，即不仅为自身服务，还具有为他人服务以及为整体社区服务的意识，多元主体的合作才能有效进行。

社区安全治理表现出的基础性、社会性以及服务性，都需要与社区成员保持密切关联才能发挥出最大的效用。但如今，现代社区形态的变迁却与社区安全治理的三个基本特征相背离，形成了一种以"居住"为核心功能的共同体形式，可称之为"居住共同体"。居住蕴含着深刻的"地域"和"空间"含义。这里所谓"居住地域"或"居住空间"并非传统地理学或几何学中的自然概念，也不是空洞的、刻板的固定空间，而是具有居住主体、社会行为和社会关系等内容的实践空间。

通过上述分析，笔者认为，居住共同体作为社会共同体的重要组成部分，是指在同一居住空间基础上的社区成员具有流动性、社区活动呈现原子化以及人际关系呈现疏离化的居住群体。居住共同体是转型期社会和信息化社会发展过程中特有的共同体形态。在此现实背景下，社区安全治理无法实现系统有效的主要原因在于社会转型时期各地风俗与伦理习惯以及单位制的联结机制消失，表现为"沟通不畅""信息不足"和"衔接不顺"等困境。解决问题的方式主要为驱动型模式，以及法律执行与逮捕罪犯的被动措施，缺少将社区安全治理作为一种主动的管理方式与组织策略。总体而言，"生活共同体"意涵的消逝和"居住共同体"社区形态的形成瓦解了社区安全的治理基础。

西方的城市管理经验认为，封闭社区的研究应从"私人治理"的视角出发，即社区是物质空间、精神空间和社会空间三者共同构建的一种"私有化空间"。不可否认的一个客观现实：改革开放以来我国的市场经济不断发展，在社区公共服务市场化供给方面呈现出"私人治理"的特征。反之，或许也可以说"中国特色门禁社区的私人治理标志着社区公共服务的市场化供给"，在实践中这主要是通过物业管理公司提供服务，而不是通过业主委员会追求自治。从这种意义上说，当前我国门禁社区的私人治理更像是"消费者的俱乐部"，而非社区自治的赋权。

社区公共服务市场化呈现出"私人治理"的特征，反映了市场在我国社区服务中的地位得到进一步增强。党的十九大报告指出，"使市场在资源配置中起决定性作用，更好发挥政府作用"。在实践中，全国各城市封闭社区的发展与治理表现在两方面：一是政府将公共物品的责任下放给市场，使社区公共物品私有化；二是中国特色居民自治强调将提供社区服务的额外成本转移给居民，而不是将社区治理的权力赋予居民。

在公共选择视角下，重视物业服务、使用第三方提供私人活动以及居住高档小区都表明封闭社区的居民更加偏好私人治理。我国城镇化率的上升，带动了城市商品房住宅的发展与普及，越来越多的居民选择治安更好、封闭性更好的社区作为安家之处，这在很大程度造成了中国式封闭社区开发数量的急速增长，最终导致"门禁化"成为现代商品房住宅的标配。而在公共选择的市场逻辑下，这种所谓的"标配"又强化了封闭社区的形成与发展。

在市场逻辑下，新型的封闭小区受到广大居民的追捧。特别是在专业物业服务企业的介入、第三方提供私人活动以及业主委员会兴起的同时，使封闭小区档次更高。同时，物业以及第三方的介入使基层社区治理主体逐渐多元化且复杂化，而这并不是政府选择的结果。社区风险治理研究基于"风险社会"理论，结合治理视角，围绕"风险"这一客体，从对不确定性因素的认知、识别与分析出发，结合外部干预与自身主体能动性的发挥，通过涵盖事前的预备与风险降低、事中的风险处置以及事后的快速响应与恢复全过程的措施与行动，尽可能降低风险带来的负面后果。

在社区层面的风险治理研究中，存在两种不同的认识与理念，并进而导向差异化的社区治理行动。"社区单元论"的观点将社区作为国家/城市风险治理的基本单元，关注风险治理在基层社会的实施路径。风险治理的重点行动内容包括社区应急管理体系建设和社区安全评估等。"社区资本论"认为相对于国家/城市层面，社区层面的风险治理应采取不同的范式，强调从社区资本出发，突出主体能动性的发挥，关注社会网络的建构与社区的共同行动。例如，社区居民间的沟通、社区的社会资源网络对社区的风险准备、应急响应有着显著的正向作用。

对于现代性风险，有效的治理共同体的构建可以更好地对风险进行防控，并且在实际行动中可以不断检验和提升风险应对能力。例如，防控疫情风险的社区治理共同体既是基础组织在联结形式上创新的一个工具性的共同体，也是一个具有实质内涵的价值性的共同体，是基层社会治理迈向现代化的动力源泉和价值追求。只有社区多方主体参与到疫情防控当中，才能在基层疫情防控中发挥出社区治理的作用，社区居民的健康安全才更有保障。

社区治理共同体既是具有明确工作任务形式的共同体，也是具有具体目标导向的价值共同体，在面对突发公共事件时，社区居民自觉自愿参与到其中以及他们对社会的认同感是共同体建设的社会化活力来源。因社区治理具有多个主体如社区街道、居委会、社区居民、群众性自治组织等，所以各主体联结后能够形成以自治加共治为基础的共同体，其中包括政府的依法管制、社区居民的自治以及社会组织的共治。实际上，在风险面前人人平等，风险社会是由不同的个人作为主体组成的，根据风险的无边界性和流动性等特征，国家或政府已不再是唯一治理主体，而是需要更多的治理主体参与其中，这样才能在今后面对全球性重大公共事件发生时为社会治理共同体的形成打下基础。

三、建设与培育社区安全韧性

在国外文献中对"社区安全韧性"这一概念的界定主要是从社会恢复能力、社区适应能力、社区重建能力等方面进行阐述。但对社区安全韧性概念的界定，需要明晰社区安全韧性是从社区安全治理系统转化而来。社区安全韧性得获得不仅需要从增进社区安全网络协同系统的有力性、拓展社区风险管理系统的全面性、提高社区安全创新系统的灵活性、完善社区安全恢复响应系统等层面对社区安全韧性系统展开探究，还需要对社区的应对能力、适应能力、恢复能力、抗干扰能力等安全特征予以更全面的重视，并将其置于安全韧性视域下加以重新审视。社区安全韧性内涵在伦理层面体现为安全意识的整体观、大局观，在功能层面体现为安全区域化治理的安全系统韧性建构，在经济层面体现为韧性发展、健康稳定和可持续，在社会层面表现为观念共识、价值共创、成果共享，在技术层面体现为宜适性、整合性、创新性、联动性、动态性。

因此，在社区共同体的理论框架下思考社区安全治理问题，可以有效地构建良性有效的社区安全治理体系。如今，面对社区治理现实困境，应当准确了解当前我国社区治理的核心问题，通过对"居住共同体"的深入研究，可以按照时代的发展特征推动城市社区从"居住共同体"走向"新生活共同体"。"新生活共同体"是指以利益为主导、以信息网络为平台和以传统文化与公民精神为认同基础的联结互动的社区群体。本节提出"新生活共同体"概念，主要原因在于，在现代城市社区治理中传统联结基础的断裂已造成与原生活共同体的不同。下面介绍以社区安全工作为切入点，对构建"新生活共同体"做尝试性的探讨。

（一）利益主导，提供服务需求

以利益为主导可以更好地完善社区安全治理基础，并且可以了解社区成员对社区生活的需求。当前，社区矛盾大多都是因为社区居民需求未能得到满足造成的，所以可以通过评估来了解社区居民的需求，如卫生需求、生存活动需求、绿化需求、治安需求、青少年学习培训需求以及人身安全需求等。社区安全治理应从"关注解决犯罪"走向"解决更多问题"，从"重点事件事故"走向"居民的问题和利益"。例如，社区治安不仅为了保护社区居民生命及财产安全，还应更好地平衡社区居民间日常生活的关系，实现社区可持续发展，推动社区居民话语权的实现，保障社区居民公共利益的表达。此外，建立社区警卫室可以预防犯罪的发生和更好地保障社区居民的生命财产安全以及提供其他便民服务，这些都可以提升社区居民的生活质量。但当前大多数警务室的设计与运行都与所设想的有所偏差，很少有社区居民遇到困难会向警卫室求助，在此方面，社区警务要强调"警务室温情"的概念，在警务室的设计以及服务上做出改变，比如设置会客厅或者提供居民开会与活动的社区空间等。这样，通过提供更多的社区服务来满足社区成员的需求，提升社区成员参与社区安全治理的积极性，更好地呈现现代社区"新生活共同体"的优势。

社区安全韧性视角更多以社区主体建设为中心，因社区长期发展中不仅只有风险，而且在风险的带动下还具有机会，所以，需要抓住风险中的机会使其成为不确定环境中变化的推动力。本节重点阐述如何提升社区能力，充分利用以及整合社区资源。社区能力的提升应将社区作为分析单元和实践平台，开发不同维度的治理方式，尤其是整合多主体认识与一致行动的有效治理方式。如可以采用小组讨论、匿名意见等方式了解社区成员对社区的需求，利用第三方机构的专业性对小组讨论及匿名意见的方式进行分析评估并且对整个过程进行指导。

具体实践路径应当从整合性的、面向风险治理的社会韧性出发。一方面，将韧性的建构纳入风险治理框架中，将风险治理用在建设管理、社会福利、环境卫生等方面，使社区各个方面都得到发展，建立起与社区治理、社区规划相整合的可持续实施机制；另一方面，在社区韧性建设中引入治理理念，通过适应性共同管理、组织化学习等方式，使更多的社区主体参与到决策中，发挥社区的主体能动性。

总体看来，当前社区治理应当重视人、能力、规划和党建这四方面的工作。

首先，社区治理应当以人为本。当前社区的动员工作在激发意愿和实际行动参与上都颇有成效，社区成员和组织都认为其自身是社区的一分子，愿意投入到社区治理当中，但对于社区具体情况的了解还有所欠缺。例如，业主委员会成员对社区的住户、人口结构、社区路线等都不够了解，对社区的了解主要来自居委会。业主委员会对社区状况缺乏了解，将对未来的资源利用与服务供给都十分不利，无法从全方位满足居民的需求。

其次，社区治理要不断提升社区成员的治理水平。我国对于社区成员治理能力的提升培训还十分缺乏：一是培训是一时的，无法长期训练社区居民提升达成社区共识上的能力；二是社区成员对社区共识的达成方式不甚了解。所以，应当通过相应的培训与学习促使社区成员更好的表达自身的诉求，形成对社区的认同感。

再次，社区治理要提升服务水平。伴随着人民生活水平的提高，社区居民对社区服务差异化的需求也有所增长，当前社会组织的加入满足了社区居民个性化的需求。但缺少能让整个社区成员都参与其中的活动，而整体性活动对社区建设以及居民提出自身的要求都非常有必要。比如，南京C社区建立了互助会，社区每月都会开展各类节日晚会、相亲会、跳蚤市场等，这不仅凝聚了社区力量，更能够让社区成员相互认识，能在广泛层面了解彼此的需求。在农村社区中也是如此，比如，贵州丹寨县M村，在建成公共广场后，村民可以在农闲时组织开展各类活动，整个村庄的面貌有了极大提升。所以社区活动的开展需要社区整体居民的参与和沟通。

最后，社区治理要发挥党组织的先锋模范作用。在党建方面，党组织的建设是打破社区内各个组织壁垒的重要机制，是党与国家和人民沟通的桥梁，所以，在社区治理中需要发挥党组织的带头作用，为社区居民解决困难，建立彼此间的信任。

结合实际，社区中的党建工作可以不局限于组织关系的路径，一方面，可以让党组织成员起带头作用，帮助社区居民解决生活中的困难；另一方面，选择党员作为各组织的联系人，第一时间了解各个组织与个人的需求与困难，真正把基层党建工作落实到实处，使党员成为社区信任建立的桥梁。社区是社会治理的基本单元，在社会转型中建立良好社会秩序需要改善社区成员关系、搭建互信社区以及从源头上化解各类风险。在建设中国特色社会主义的宏观背景下，在应对风险时应当注重制度建设背后的非正式因素，应当制定与各地相适应的差异化政策，应当在引入多元组织共同治理的基础上建立广泛的社会信任。

（二）凝聚共识，增强社区认同

党的十八届三中全会明确提出"创新社会治理体制"，并提出把"推进政府治理体系和治理能力现代化"作为全面深化改革的总目标。社会治理应该更多地聚焦于地方政府组织，在宏观层面，政府仅仅负责那些特定的、有限的功能；在微观层面，政府强调"依靠自己和社区"的价值理念。因此，社区居民的共享意识和价值体系成为建立良好社区秩序的重要条件。社区秩序的建立还需要社区居民增强公共意识，发挥志愿者精神。随着社会的进步，社区公共事务的管理也将更加细化，社区居民和社区居委会成员之间的良好互动，可以使社区治理系统更好地运行。社区安全治理过程中社区居委会更多地扮演职业行政管理者的角色，他们的功能是作为社区参与管理的促进者、协调人和专业咨询者、辅助者，达成某种权力的"让渡"，促使社区居民对社区抉择发挥实质性的影响和作用。社区民警作为社区安全治理体系中的重要主体，需要在服务与执法过程中听取社区居民的意见和建议，了解社区居民的需求，并提升自身的专业能力，促使社区居民参与社区公共项目的决策和实践过程，维护社区居民的安全。

（三）信息共享，搭建信息平台

当今，社会成员通过互联网获取信息已经成为一种常态，网络空间和日渐完善的传递经验在社会事件中不断发生着变化。社区安全治理也随着网络化做出了相应的调整与创新，网络世界虽说是看不见摸不到的世界，但通过网络平台管理的社区却真实存在。在社区安全治理实践工作中，可以通过微信等新媒体平台更好地将社区居委会、业主委员会、物业以及社区成员连接在一起，网络平台发布的社区安全信息与服务可以推动社区安全基础设施以及治安的完善与发展，实现线上线下双重管理的结合。此外，还需要社区居民共同参与社区治理信息化平台建设中，通过社区居民共同收集数据信息，为社会治安防控体系提供更加准确与完善的信息网络，使社区共同体凝聚力不断增强。在社会转型时期，"大传统"与"小传统"在现代城市社区治理体系中逐渐消失。随着工业化、信息化和全球化时代的迅速发展，对于社区安全治理工作而言，只有在社区居民具有良好的道德以及共同意识的基础下才能更好地体现社区安全治理工作的基础性、社会性与服务性特征。从"大传统"和"小传统"在现代社区安全治理中逐渐消失来看，社区具体表现为成员流动性强、人际关系疏远化。"居住共同体"概念的提出帮助我们从问题源头提出系统性和创新性的解决机制。在社区安全治理工作要适应信息化的时代特征，坚持以利益为主导的原则，满足社区成员提出的多重服务需求；居住共同体的实现还要凝聚社区居民共识，提升归属感，做好线上线下双重社区安全网络互动平台，构建社区安全治理体系。

后 记

　　书中所阐释的内容与博士阶段的研究方向即"单位制""风险社会"相一致，是对博士毕业论文观点的发散、博士毕业论文关注转型时期体制内成员面临的独特性风险与一般化风险感知路径的形成。在收集资料与形成写作思路过程中，发现单位制度解体的影响不仅存在于对体制内成员特殊风险的产生与一般化感知路径的形成中，而且从更为广阔的城市治理视角来看，单位制度的解体还会导致城市风险的产生。因此，以单位制度解体为背景，尝试性地在本书中对转型时期城市风险的形成与治理进行了探讨。

　　本书在写作过程中得到多方面的帮助与支持。从选题到写作定稿，我的导师王文彬教授倾注了大量的心血，提出了许多宝贵的建议，尤其书中所使用的数据来自导师主持的"东北'一城一企'区域单位体制变迁中大型国有企业社会资本作用"项目对国有企业职工的调查，以及西安交通大学边燕杰教授主持的"社会网络与职业经历"（JSNET）的问卷调查。在此，由衷感谢两位老师对数据使用的授权，感谢调查团队同学的辛勤付出。在书稿写作中吸取了国内外专家学者对单位制度研究的诸多成果，并已在行文中列出，在此表示真诚的谢意。特别要感谢中国海洋大学出版社编辑老师对本书的出版所付出的辛勤工作，没有你们的倾力相助本书不可能顺利出版。感谢青岛大学马克思主义学院的领导与同事的支持，感谢同窗好友的帮助以及家人对我的理解和默默付出。

由于本人水平所限，对"单位制"的研究是初步的、尝试性的，书中不妥之处在所难免，敬请读者批评指正，这将是我继续研究的动力和源泉。

王佳珩

2022年11月5日